Benjamin Idriz

GRÜSS GOTT,
HERR IMAM!

Benjamin Idriz

GRÜSS GOTT, HERR IMAM!

Eine Religion ist angekommen

Diederichs

Überarbeitet von Christina Tremmel-Turan und Tevfik Turan

Verlagsgruppe Random House FSC-DEU-0100
Das für dieses Buch verwendete FSC®-zertifizierte Papier
Classic 95 liefert Stora Enso, Finnland.

© 2010 Diederichs Verlag, München,
in der Verlagsgruppe Random House GmbH
Umschlaggestaltung: Weiss | Werkstatt | München
unter Verwendung eines Motivs von
© mauritius images / imagebroker / Hartmut Pöstges
Druck und Bindung: GGP Media GmbH, Pößneck
Printed in Germany
ISBN 978-3-424-35042-5

www.diederichs-verlag.de

INHALT

VORWORT 7

IST DER ISLAM INTEGRIERBAR? 13

DIE FÜNF SÄULEN DES ISLAM
UND IHR BEITRAG ZUR INTEGRATION
DER MUSLIME IN DEUTSCHLAND 32

DER »EURO-ISLAM« 40

VIER FUNDAMENTE FÜR EINE ISLAMISCHE
THEOLOGIE IN DEUTSCHLAND 61

DIE IMAM-AUSBILDUNG IN DEUTSCHLAND
UND DAS PROJEKT ZIE-M 77

ISLAM UND POLITIK 97

DIE SCHARIA UND DAS GRUNDGESETZ 114

FRAUEN IM ISLAM:
DER WEG ZU NEUEN REFORMEN 131

UNSERE GEMEINSAMEN WERTE 170

»60 JAHRE DEUTSCHLAND« 219

VORWORT

»Grüß Gott!«, sagen die Menschen in Süddeutschland gerne zueinander. Freilich meist ohne über das eine wie das andere nachzudenken, verbinden sie damit doch tagtäglich einen Segenswunsch mit dem Bekenntnis zur Kultur, zu der sie gehören, vielleicht sogar zu ihrer Heimat. Muslime fühlen sich kulturellen Wurzeln häufig stark verbunden, und Muslime sprechen gern und jeden Tag von, über und mit Gott.

Was also überrascht an der Formulierung »Grüß Gott, Herr Imam«? Das wird nicht nur an dem immer noch anzutreffenden Irrglauben liegen, es existiere eine Spannung zwischen dem »Gott der Christen« und einem »islamischen Allah«. Dabei ist Letzteres nur die wunderbar wohlklingende, arabische Vokabel für denselben, weil einzigen Schöpfer und Herrn der Welt. Es kommt hier sicherlich hinzu, dass das Bild von einem Imam hierzulande noch weit davon entfernt ist, als Bestandteil des kulturellen Wir-Gefühls wahrgenommen zu werden.

In unserer kleinen oberbayerischen Stadt Penzberg, rund 50 km südlich von München, vielen nur im Vorbeifahren auf der A95 München-Garmisch bekannt, höre ich diesen Gruß tatsächlich tagtäglich. Nicht anders als das für meine katholischen und evangelischen Kollegen in der Seelsorge gilt, ist es hier in den letzten zehn, fünfzehn Jahren selbstverständlich geworden, dass der Imam seinen Platz im gesellschaftlichen und kulturellen Gefüge der Stadt einnimmt, dass er – und mit ihm seine Islamische Gemeinde – ein Teil davon ist.

Dieses Buch geht von dem aus, was in Penzberg gelungen ist. Aber es begnügt sich nicht damit, eine oberbayerisch-muslimische Erfolgsgeschichte zu erzählen. Es ist getragen von der Überzeugung, dass die Muslime in Deutschland – wann und weshalb auch immer sie gerufen wurden oder selbstbestimmt gekommen sind – an der Zukunft dieses Landes ihren Anteil haben. Dass damit schwierige, ja enorme Herausforderungen verbunden sind, wissen und spüren wir alle. Erfolgreich bewältigen können wir sie nur gemeinsam.

Zum ersten Mal im deutschen Sprachraum unternimmt es ein Imam, der von sich sagen darf, ein *Hafis* zu sein (jemand, der den Koran vollständig auswendig beherrscht), zu den drängenden Fragen, die die Diskussion um den Islam in Europa beherrschen, auf Grundlage seiner theologischen Ausbildung und jahrelangen Praxiserfahrung Stellung zu beziehen. Meine eigenen Wurzeln liegen in Europa. Im mazedonischen Skopje wuchs ich in einem mehrsprachigen Haus auf und in eine viele Generationen zurückreichende, ehrwürdige Reihe von Imamen hinein. Das multiethnische und -religiöse Gepräge des damaligen Jugoslawiens, besonders auch Bosnien-Herzegowinas, woher meine Frau stammt, die Selbstverständlichkeit des Miteinanders, prägt meine Biografie. Die Sorgen vor den Gefahren, die es zerstören können, mit verheerenden Folgen – auch sie haben ihren Anteil daran.

Dieses Buch will Wege aufzeigen, wie Verständigung zu schaffen ist und Gefahren entgegengewirkt werden kann. Trotzdem wird dieses Buch auch Widerspruch ernten. Es beansprucht natürlich nicht, »den Islam« letztgültig für alle Zeiten und Kulturen zu erläutern. Gottes Offenbarung an die Menschen, aus der die Quellen des Islam schöpfen, ist für alle Zeiten unveränderlich. Doch jede Zeit, jede Kultur, hat diese Quellen immer wieder neu befragt. Das hat zu keiner Zeit zu einer Spaltung der Ummah (der Gesamtheit der Muslime) geführt und niemals dem Islam geschadet. Im Gegenteil. Als vitale Religion hat sich der Islam immer dann und dort erwiesen, wo sich die Muslime nicht an die Traditionen anderer Kulturräume und vergangener Epochen gekettet haben, sondern neue Antworten für ihre Lebenswirklichkeit suchten und fanden. Dieses Buch sucht nicht nach Lösungen für die Probleme anderer Völker.

Ganz bewusst befasst es sich nicht mit der Arabischen Welt, mit der Türkei oder mit Südostasien, auch wenn immer wieder Aspekte aus der weiten Islamischen Welt einbezogen werden und manche Impulse auch über Deutschland und Europa hinaus von Interesse sein mögen. Das zu beurteilen bleibt den Glaubensgeschwistern überlassen, die in ihrer Kultur das jeweilige Antlitz des Islam reflektieren. Dieses Buch ist an Muslime und Nicht-Muslime in Deutschland im Europa des 21. Jahrhunderts gerichtet. Es stellt sich den Fragen, die diese Generation bewegen, und versucht Antworten zu geben. Diese Antworten sind in den Quellen des Islam verwurzelt und von unserer Lebenswirklichkeit gespeist.

Gleichzeitig verstehen sich die Positionen, die dieses Buch entwickelt, als Beitrag zu einem Prozess, der nie abgeschlossen sein wird. Die Debatte ist nicht nur der Weg, sondern in sich schon ein Ziel.

Gerade die zur Zeit des Erscheinens, im Herbst 2010, in Deutschland aufgerührte Integrationsdebatte macht aber auch erschreckend deutlich, wie weit die Gesellschaft vom Ziel eines konstruktiven Miteinanders entfernt ist. Wieder einmal zeigt sich, dass mit populistischer Stimmungsmache sehr viel mehr Aufmerksamkeit zu ernten ist als mit dem tagtäglichen Bemühen um Besonnenheit und um seriöse Aufklärung. Bundespräsident Christian Wulff hat in seiner Rede zum 20. Jahrestag der Deutschen Einheit nichts als Tatsachen beschrieben, als er formulierte: »Das Christentum gehört zweifelsfrei zu Deutschland. Das Judentum gehört zweifelsfrei zu Deutschland. Das ist unsere christlich-jüdische Geschichte. Aber der Islam gehört inzwischen auch zu Deutschland.« Er erntete dafür nicht nur Zustimmung.

Die Debatte um die Integration der Muslime in das europäische Umfeld wird weitergehen. Der Buchmarkt ist bereits überflutet mit den unterschiedlichsten Beiträgen zum Thema Islam. Manche davon sind bewusst provozierend geschrieben, auch in der Absicht, die Integration infrage zu stellen und letztlich die friedliche Koexistenz zu gefährden. Manche zielen auf den eigenen Profit ab, sei es auf politischer oder auch auf kommerzieller Ebene. Die meisten Publikationen benennen zwar explizit und beharrlich bestehende Probleme, aber nur wenige bringen seriöse Lösungsvorschläge ein. Dieses Buch bietet konkrete Modelle zur Lösung der viel diskutierten Probleme. Es will den Unterschied verdeutlichen zwischen denen, die *über* Muslime reden und zur Eskalation von Konflikten beitragen, und denjenigen, die *mit* Muslimen reden und gemeinsam mit ihnen nach Lösungen suchen.

Meine Islamische Gemeinde Penzberg hat den Druck kompromissloser Islamfeindlichkeit in den letzten Jahren zunehmend zu spüren bekommen. Obwohl sie seit vielen Jahren in vorbildlicher Weise für die gelungene Integration steht – oder womöglich gerade deshalb –, ist sie, wie auch meine Person, zur Zielscheibe von Kräften geworden, die dem Islam *per se* extremistische Züge, Gewaltaffinität und eine grundsätzliche Unvereinbarkeit mit den Werten der freiheitlichen, demokratischen Staats- und Gesellschaftsordnung zuschreiben. Es gibt leider tatsächlich Muslime, die Dschihad mit Gewalt und Terror verwechseln, unter Scharia mittelalterliche Körperstrafen verstehen und einen Konflikt zwischen Islam und so genannter westlicher Kultur propagieren. Aber es gibt auch Nicht-Muslime, die ihnen folgen. Deren Ideologie, die im Europa des 21. Jahrhunderts eine große Minderheit wegen ihrer Religion pauschal diffamiert und ausgrenzt, stellt heute die wohl meistverbreitete Form von Extremismus dar, mit der unsere Gesellschaft insgesamt konfrontiert ist. Islamfeindliche Agitation nimmt zunehmend alarmierende Dimensionen an; die Gesellschaft und ihre öffentlichen Repräsentanten müssen sich dazu durchringen, diese Form von Extremismus als solchen wahrzunehmen und zu brandmarken. Wir alle, Muslime wie Nicht-Muslime, müssen sicher sein, dass die Instanzen des Staates auf der richtigen Seite stehen und niemand mit extremistischer Gesinnung, welcher Art auch immer, von Ministerien, Gerichten, Behörden oder Schulen aus offen oder verdeckt wirken kann.

In meinen wöchentlichen Predigten lege ich den Schwerpunkt

auf die universellen Werte, die so alt sind wie unser Kosmos und auf die ich mich auch in diesem Werk stütze. Im Fokus stehen für mich zwei Instanzen, die miteinander harmonisieren: der Koran und der Prophet einerseits und das Grundgesetz andererseits. Die ersten bieten Orientierung für die Beziehung zum Himmel, das zweite für die Beziehung zur Erde. Darauf fußen meine Person und meine Gemeinde.

Zu den Erfahrungen meiner Gemeinde gehört auch ein ganz außerordentliches Maß an Unterstützung, an Sympathie und Freundschaft, die wir weit über das unmittelbar lokale Umfeld hinaus erfahren haben. Auch darauf stützt sich dieses Buch. Deshalb kann ich hier nur stellvertretend für so viele, die dazu beigetragen haben, meinen Dank formulieren an die Bürgerinnen und Bürger von Penzberg, Rechtsanwalt Hildebrecht Braun, Regionalbischöfin Susanne Breit-Keßler (München), Großmufti Dr. Mustafa Cerić (Sarajevo), Ralph Deja (Pax Christi München), Landesbischof Dr. Johannes Friedrich (Ev.-Luth. Kirche in Bayern), Alois Glück (Bayerischer Landtagspräsident a.D. und Präsident des Zentralkomitees der Katholiken), Dr. Friedemann Greiner (Evangelische Akademie Tutzing), Pfrin. Jutta Höcht-Stöhr (Evangelische Stadtakademie München), Pfarrer Joseph Kirchensteiner (Penzberg), Dr. Heiner Köster (Eugen-Biser-Stiftung), Bundesjustizministerin Sabine Leutheusser-Schnarrenberger (Landesvorsitzende FDP Bayern), Bürgermeister Hep Monatzeder (München), Bürgermeister Hans Mummert (Penzberg), Dr. Rupert Neudeck (Grünhelme), Dr. Rainer Oechslen (Beauftragter für interreligiösen Dialog und Islamfragen der Ev.-Luth. Kirche in Bayern), Cem Özdemir (Bundesvorsitzender Bündnis 90/Die Grünen), Stadtrat Marian Offman (Israelitische Kultusgemeinde München und Oberbayern), Pfarrer Klaus Pfaller (Penzberg), S.H. Scheich Dr. Sultan bin Mohammed Al-Qasimi (Emirat Sharjah), Dr. Andreas Renz (Ökumenereferat des Erzbistums München und Freising), Stadtrat Josef Schmid (Vorsitzender der CSU-Stadtratsfraktion München), Dr. Margret Spohn (Stelle für interkulturelle Arbeit der LH München), Rudolf Stummvoll

(Sozialreferat der LH München), Oberbürgermeister Christian Ude (München), Dr. Stefan Jakob Wimmer (Univ. München, Freunde Abrahams), Landrat Friedrich Zeller (Schongau-Weilheim), die Mitglieder des Vereins »Zentrum für Islam in Europa – München (ZIE-M)«, zahlreiche Publizisten und Journalisten und nicht zuletzt an meine Frau Nermina (Referentin für Bildung und Soziales der Islamischen Gemeinde Penzberg) und unsere beiden Söhne Ammar und Emir, an den Gemeindevorstand Bayram Yerli und seine Frau Gönül (Vize-Direktorin des Islamischen Forums Penzberg), die Mitarbeiter und alle Mitglieder der Islamischen Gemeinde Penzberg, die am meisten zu tragen, einzustecken und zu entbehren hatten an ihrem vielbeschäftigten Imam: Vergelt's Gott! – Noch sehr viel mehr Menschen haben große und kleine Beiträge dazu geleistet, dass wir an der Zuversicht auf eine gelingende, gemeinsame Zukunft in diesem Land festhalten. Ein einfaches Lächeln und ein freundliches »**Grüß Gott**« zählen dabei nicht zu den geringsten.

Benjamin Idriz
Penzberg im Oktober 2010

IST DER ISLAM INTEGRIERBAR?

Ein arabisches Sprichwort sagt: »Wenn du 40 Tage mit einem Volk lebst, bist du einer von ihnen.« Es sind bereits weit mehr als 40 Tage verstrichen, seit im Jahre 1964 am Kölner Bahnhof der Millionste Gastarbeiter empfangen wurde.

Weder Politik noch Gesellschaft noch die Gäste sprachen damals von einer Integration. Integration ist aber zunehmend und auch zu Recht zu einem Thema geworden, das alle Gesellschaftsschichten berührt und beschäftigt, insbesondere die Politik, Religionsgemeinschaften sowie jeden einzelnen Bürger, den einen mehr, den anderen weniger. Durch die zunehmende Globalisierung und die dadurch entstandene plurale Gesellschaft sehen wir uns immer mehr vor eine Herausforderung gestellt, deren Namen Integration ist.

In aller Munde ist dieser Begriff Integration, jedoch mit unterschiedlichen Deutungen! Was heißt es, integriert zu sein?

Das eingangs erwähnte arabische Sprichwort vereinfacht doch sehr, wird sich manch einer denken. Und manch einer wird sagen: Integration wird uns nicht gelingen, weil der Islam nicht integrierbar ist! Doch zwischen diesen beiden Polen bewegt sich die Integrationspolitik: Während es für die einen eine hundertprozentige Anpassung, also Assimilation bedeutet, gehen die anderen den Weg der Kompromisse und suchen nach Möglichkeiten, die Traditionen zu erhalten und zu integrieren, ohne besonders aufzufallen. Nicht Selbstaufgabe, sondern Selbstentwicklung soll gefördert werden. Das Letztere entspricht eher der menschlichen Natur und dient damit auch dem Gemeinwohl.

Die Integration, aus islamischer Sicht, ist der Weg der Mitte, den der Koran fordert und fördert. Ihr Gegenteil und ihre gefährlichen

Gegenpole heißen Assimilation und Isolation. Daher verlangt der Islam von den Gläubigen den Weg der Integration, ohne sich in die Assimilation oder Isolation zu verirren. Zwischen diesen beiden Polen stellt die Integration eine ausgewogene, aber deshalb auch schwierige Lösung dar. Wer dennoch diesen Weg wählt, verdient das Lob des Propheten: »Der Muslim, der sich in die Gemeinschaft einfügt und integriert und so die Beschwernisse auf sich nimmt, die von Menschen kommen könnten, ist besser als diejenigen, die solche Beschwernisse meiden.«[1] Die Integration ist ein ausgewogenes, ein langwieriges und diffiziles Vorgehen. Wer diesen Weg wählt, gelangt letztlich zum Heil.

Die muslimische Gemeinschaft zeichnet sich ohnehin durch ihre Vorliebe für diesen mittleren Weg aus: »Und also haben Wir gewollt, dass ihr eine Gemeinschaft des Wegs der Mitte seid« (Koran: 2/143). Im Laufe der Geschichte haben die Muslime zwar von Zeit zu Zeit den mittleren, gemäßigten Weg (den der Integration) verlassen und sind in Extreme geraten, aber es gab zu jeder Zeit und in jedem Land auch viele Anhänger der moderaten Richtung.

Die Antwort auf die Frage, ob der Islam integrierbar sei, hängt davon ab, welches Islamverständnis sich im Kopf des muslimischen Menschen gebildet hat. Ob er in gesunder Harmonie mit der Gesellschaft lebt und sich integriert oder nicht, liegt am jeweiligen Charakter der/des einzelnen Gläubigen, weniger am Islam selbst. Da die Integration nicht genau definiert und fest umrissen ist, muss die Frage offen bleiben, welches Verständnis des Islam von der Gesellschaft akzeptiert wird. Denn es wird sowohl die Ansicht vertreten, der Islam sei in jeglicher Form unannehmbar und müsse bekämpft werden, als auch die Ansicht, diese Glaubensrichtung sei annehmbar, wenn sie sich den Grundsätzen der Verfassung unterwerfe. Es gibt jedoch auch diejenigen, die keinen Zweifel daran haben, dass der Islam eine Religion des Friedens ist, und jeden friedfertigen muslimischen Menschen in der Gesellschaft willkommen

---

1 Überliefert von Tirmidhi.

heißen, unter der Voraussetzung, dass auch er die Grundsätze der Verfassung achtet.

Da jede Religion aus soziokulturellen Gründen zu verschiedenen Auffassungen gekommen ist, haben auch die Muslime eine eigene Auffassung ihrer Religion. In seiner über tausendjährigen Geschichte hat der Islam je nach Epoche und Region verschiedene Formen entwickelt. Auch im Islamverständnis der heute in Europa lebenden Muslime spiegeln sich die theologischen Ansichten und Haltungen vieler solcher Schulen und massenwirksamer Religionsgelehrter wider. So handelt es sich bei dem heute in der Welt praktizierten Islam eher um Ausformungen des Islam, die sich nach dem Tod Muhammads gebildet haben, als um das eigentliche Wesen dieser Religion. Wir haben es also mit zwei verschiedenen Formen des Islam zu tun: eine, die sich im Zuge der Offenbarung gebildet hat, wie sie Muhammad vom Jahre 610 an zuteilwurde, und eine zweite, die nach Muhammads Tod bzw. nach dem Tod des vierten Kalifen Ali im Jahre 661 für politische Zwecke instrumentalisiert und auch in ihren dogmenfreien Aspekten stark dogmatisiert wurde. Der Islam, wie ihn Muhammad interpretiert und gelebt hat, besitzt einen universellen Charakter und hat die Fähigkeit, sich an jede Epoche und an jeden Ort anzupassen. Doch ein Islamverständnis, dem diese universellen Werte fehlen, ist nicht einmal im Orient integrierbar, geschweige denn im Okzident.

Muhammads Erbe: ein integrativer Islam

Muhammad hat im 7. Jahrhundert in Mekka und später in Medina in einem Umfeld arabischer Kultur und Sprache als Gesandter Gottes gewirkt, in einem vorislamischen, gewissenlosen Umfeld, in dem blutige Schlachten zwischen verfeindeten Stämmen stattfanden, unerwünschte Mädchen nach der Geburt bei lebendigem Leibe begraben, Frauen wie Waren auf Märkten verkauft wurden und die Unterdrückung der Schwächeren durch Stärkere als Naturgesetz galt. Und es begann mit Muhammad nicht nur dort, sondern auch in der ganzen Welt eine neue Ära: Als er auf dem Berg Hira in Mekka meditierte, stieg der Erzengel Gabriel zu ihm herab und überbrachte ihm von Gott die Weisung »*Lies!*« (Koran: 96/1). Es war eine mutige Stimme nötig, die sich im Namen der lebendig begrabenen Mädchen für das Recht auf Leben erheben und fragen sollte: »*Für welche Schuld wurden diese Kinder gemordet?*« (Koran: 81/9). Eine Stimme, die sich gegen die unmenschliche Unterdrückung der Sklaven erheben und sagen sollte: »*Lasst sie frei!*« (Koran: 90/13). Zu einer Zeit, da die anders denkenden und kulturell anders gearteten Menschen mit Vorurteilen und Herablassung behandelt wurden, tat eine Stimme not, die sagte: »Verachtet die Andersartigen nicht, denkt nicht böse über die anderen!« (ähnlich Koran: 49/11–13), also eine Stimme, die Vorurteile bekämpfen und Pluralismus propagieren sollte. Eine kräftige Stimme sollte erklingen, um dem Frauenhandel ein Ende zu setzen und um zu fordern, die bisher völlig entrechteten Frauen an der Erbschaft zu beteiligen.

Eine Botschaft sollte verkündet werden, um all das wiederzubeleben, was Abraham, Moses und Jesus der Menschheit an Gutem hinterlassen haben: »Ich bin gekommen, die moralischen Werte zu vollenden.«[2] In der damaligen Welt war eine Stimme der Liebe zur Freiheit bitter nötig, die rufen sollte: »Ich bin gekommen, um euch die Last von euren Schultern fortzunehmen« (ähnlich im Koran: 7/157), dem Gewissen den Weg frei zu räumen und die Verknechtung des Menschen durch den Menschen zu beenden. Eine vereinende Stimme der Brüderlichkeit in einer Region, in der sich die arabischen Stämme aus nichtigen Gründen Schlachten lieferten, in der jeder seinen eigenen Stamm über die anderen stellte und mit aller Brutalität versuchte, dies durchzusetzen, eine Stimme der Versöhnung in einer Welt der Feindschaft und Gewalt, die sagen sollte: »*Schlachtet einander nicht ab!*« und »*Haltet fest, alle zusammen, an*

---

2 Überliefert von Bukhari.

der Verbundenheit mit Gott, und entfernt euch nicht voneinander« (Koran: 3/103).

In einer solchen Gesellschaft, in einer Zeit des Unwissens, veralteter Sitten und blinder Nachahmerei beginnt die Ära Muhammads, der aufgeklärten Stimme, die vom Berg Hira in die Gassen von Mekka herabsteigt und verkündet: »*Lest!*« (Koran: 96/1), »*Greift zur Feder!*« (Koran: 68/1), »*Denkt nach!*« (Koran: 6/50), »*Erwerbt Kenntnisse!*« (Koran: 39/9). Und sie dauert bis zu seinem Tod 23 Jahre später in Medina an. Mit dieser Botschaft beginnt Muhammad die Menschen dazu zu bewegen, der Stimme ihres Gewissens wieder zu folgen, die für Freiheit, Güte, Moral und Gerechtigkeit spricht.

Wir können den Islam, den Muhammad im Laufe seines 23-jährigen Wirkens als Prophet im Lichte der Offenbarung proklamiert hat, folgendermaßen zusammenfassen – so wie ich als Muslim und Theologe es verstanden habe:

Es gibt nur einen Gott, es gibt nichts seinesgleichen, es gibt keinen außer ihm, dem zu gehorchen und zu huldigen ist. Der Mensch ist Gottes Vertreter auf Erden, und derjenige, der an ihn glaubt, kann diesen Glauben durch gute Taten beweisen, die dem Wohl Gottes, des Individuums und der Gemeinschaft dienen. Der Mensch ist das würdigste Geschöpf Gottes. Daher sind seine Vernunft, Freiheit und Würde, sein Glaube und sein Leben unantastbar. Für ein würdevolles Leben des Menschen auf Erden, für die Verwirklichung von Gerechtigkeit und Gleichheit, muss sich jedermann bemühen. Der Mensch darf nicht Sklave eines anderen Menschen sein. In den Augen Gottes zeichnet sich ein Mensch vor anderen nicht durch sein Geschlecht, seine Rasse, sein Volk, seinen Status oder seine Gedanken aus, sondern durch seine Gotteserkenntnis, sein Wissen, seinen Charakter und Fleiß. Kein Mensch darf sich über die anderen stellen. Die Frau und der Mann sind gleichgestellt, was ihre Aufgaben und ihre Verantwortung Gott gegenüber betrifft ebenso wie ihre Belohnung dafür; sie sind wie Geschwister füreinander.

Die Sicherheit des Menschen darf nicht bedroht werden. Der Mensch muss das, was er sich wünscht, auch für die anderen wünschen, und das, was er für sich meidet, auch von den anderen fernhalten. Reinheit ist die Grundlage des Glaubens: Das Herz muss von schlechten Gefühlen, die Gedanken von Vorurteilen, der Körper und die Kleidung müssen von Verunreinigung, die Umwelt von jeglicher Verschmutzung freigehalten werden; die Sauberkeit und Schönheit sind zu pflegen. Alle Propheten sind gleichgestellt, denn sie haben eine gemeinsame Botschaft. Sie müssen ohne Unterschied geachtet werden. Kirchen, Synagogen, Moscheen und Klöster dürfen nicht bedroht werden. Jeder Mensch ist für sich selbst verantwortlich; niemand kann die Schuld eines anderen auf sich nehmen. Eine Gott gegenüber begangene Sünde kann nur von Gott vergeben werden; ein Mensch darf einen anderen dafür nicht verurteilen; für eine Gott gegenüber begangene Schuld ist nur das Jüngste Gericht zuständig. Alle Menschen sind auf Erden vor dem Recht gleich. Die Vergehen der Menschen gegenüber anderen Menschen müssen durch Rechtsprechung geahndet werden, damit Anarchie und Verbrechen nicht um sich greifen. Bei Strafen geht es nicht um die Methode, sondern um den Zweck. Dieser Zweck besteht in der Aufrechterhaltung der Ordnung, der Sicherheit und Gerechtigkeit in der Gesellschaft; die Strafordnung ist nur ein Mittel, über das nur die staatliche Autorität zu bestimmen hat. Die Grundlagen der Staatsführung sind Gerechtigkeit, die Beratung mit dem Volk, die Befähigung der Regierenden und das Wohl der Menschen. Der Frieden ist die Grundlage aller Dinge. Aggression und Usurpation sind Vergehen. Wenn Menschenrechte verletzt werden, Territorien besetzt sind, wenn Menschen und ihr Land zu befreien sind, kann es notwendig sein, Kriege zu führen, um diesen Missständen ein Ende zu setzen und um die Rechtsverletzungen zu beenden. Krieg ist also nur zur Verteidigung legitim, und in diesem Fall dürfen Frauen, Kinder, alte Menschen und all diejenigen nicht angegriffen werden, die sich in Kirchen, Moscheen, Synagogen und anderen heiligen Räumlichkeiten befinden. Schulen, Arbeitsstätten und sonstige Zivilgebäude sind zu verschonen. Selbst Tiere und die Natur sind zu schützen. Der Frieden ist heilig, der Krieg ist zu verabscheuen. In jeder Hinsicht wie auch in Glaubensangelegenheiten ist Maß zu halten, Exzess und Übertreibung sind zu meiden. Die Religion darf nicht missbraucht werden. Über den Glauben oder Unglauben irgendeines Menschen darf durch andere Menschen nicht geurteilt werden. Der Glaube ist eine private Empfindung, die sich zwischen dem Menschen und Gott ereignet, und diese Intimität muss zugestanden und geschützt werden. Niemand darf als Vermittler zwischen Gott und den Menschen treten. Eine Geistlichkeit wird abgelehnt. Im Glauben ist kein Platz für Zwang. Mit der Offenbarung hat Gott seine Botschaft an die Menschen kundgetan, und Gott hat ihnen auch die Freiheit gegeben, diese Botschaft anzunehmen oder abzulehnen. Man soll sich von Speisen, Getränken und Genussmitteln fernhalten, die zu einer Schädigung des Verstandes, der Gesundheit, der Nachkommenschaft und der Seele führen können. In der Familie, bei Geschäften und sonstigen gesellschaftlichen Beziehungen sind Vertrauen, Gegenseitigkeit, Vertragstreue und Worthalten die Regel; jeglicher Betrug und jegliches Übervorteilen ist verboten. Jeder Mensch entscheidet selbst, wen er heiratet. Für die Ehe und die Beziehungen im sozialen Leben sind Liebe, Respekt und Treue die gültigen Kriterien. Der beste Mensch ist der, der gut zu seinem Ehepartner ist. Bei Zerrüttung wird den Eheleuten die Freiheit der Scheidung eingeräumt. Alle Schwierigkeiten, Engpässe und jegliche Konflikte sind nicht mit Gewalt, sondern mit Geduld, Dialog und Weisheit zu überwinden. Arbeiten ist Dienst an Gott. Wer arbeitet, verdient etwas, und wer etwas verdient, ist verpflichtet, dem etwas von seinem Verdienst abzugeben, der nichts hat. Armut ist zu bekämpfen. Solange es Armut gibt, ist es eine Sünde, Geld zu sparen oder zu verschwenden, anstatt es zu teilen. Die Machtlosen zu unterdrücken ist Grausamkeit, und Grausamkeit endet im Verfall. Die Kinder sind zu lieben, die Alten zu achten, die Beziehungen zwischen Verwandten, Freunden und Nachbarn zu pflegen, das Wissen der Gelehrten und Wissenschaftler wertzuschätzen. Die Tiere sind gut zu behandeln, an der Natur und den Pflanzen ist kein Raubbau zu treiben. Wissen zu erwerben und sich zu bilden ist für alle, ob Frau oder Mann, eine unerlässliche Glaubenspflicht. In Glaubensangelegenheiten sind der Koran und das Beispiel des Propheten maßgeblich; in weltlichen Angelegenheiten hingegen sind es Vernunft und Erfahrung. Die Ersteren sind unveränderlich, die Letzteren dynamisch. Blinde Nachahmung ist tadelnswert; Gott verlangt vom Menschen nachdrücklich, seine Vernunft anzuwenden und Sachverhalte zu hinterfragen.

»Ich scheide und hinterlasse euch das Buch Gottes; ihr müsst an ihm festhalten und eure Vernunft einzusetzen wissen.« »Denkt an den Tod und verhaltet euch in dem Bewusstsein, dass ihr am Jüngsten Tag durch eine Prüfung gehen werdet.« »Ihr dürft nach meinem Tod einander nicht bekämpfen, kein Blut vergießen, nicht in Extreme verfallen, keine Geheimniskrämerei betreiben, nicht neidisch aufeinander sein, sondern sollt Liebe, Frieden und gegenseitige Achtung verbreiten. Oh Diener Gottes (Muslime und Nicht-Muslime), seid Brüder!«[3]

Wenn wir das Leben Muhammads aus der Perspektive des Korans vorurteilsfrei untersuchen, dann ergibt sich die obige Zusammenfassung des Islam. Sie ist die Quintessenz aus den Inhalten, die Muhammad im Laufe seines 23-jährigen Wirkens als Prophet am meisten hervorgehoben hat. Im Abschnitt dieses Buches »Unsere gemeinsamen Werte« werde ich die religiösen Texte zitieren, die diese Gedanken untermauern.

Muhammad selbst akzeptierte die in der Gesellschaft herrschenden Werte, wenn sie weder im Widerspruch zur Offenbarung noch zur Vernunft standen. Die anderen aber hinterfragte er stets, und er bekämpfte sie wo immer nötig. So entwickelte Muhammad dreierlei Verhaltensweisen:

---

[3] Aus verschiedenen Hadithen.

1. **Das Gute anzunehmen:** Alles, was richtig war, übernahm er so, wie er es vorfand, und setzte es fort, z.B. die sieben Ratschläge von Noah, die Zehn Gebote von Moses und das doppelte Gebot der Gottes- und Nächstenliebe von Jesus oder aber die vorislamische Tradition der Gastfreundschaft bei den Arabern. Also stellte er sich nicht kategorisch gegen alles Vorislamische, sondern er riet, alles fortzuführen, was schön und gut war.
2. **Die Abweichungen zu korrigieren:** Er kritisierte die Anbetung von Götzen und andere Abweichungen vom monotheistischen Gottesverständnis und rückte abwegige Moralvorstellungen zurecht.
3. **Die Fehler zu bekämpfen:** Er nahm eine radikal ablehnende Haltung gegen menschenunwürdige Praktiken ein, wie die Tötung von neugeborenen Mädchen, die Nichtanerkennung der Frauen bei einer Erbschaft, Sklaverei und Blutrache. Er verbot diese Sitten ausdrücklich.

Die Stadt Mekka, wo Muhammad geboren wurde, aufwuchs und die Offenbarung zum ersten Mal erhielt, veränderte sich durch seine Botschaft. Die arabischen Stämme, die bisher gewohnt waren, die eigene Überlegenheit auch mit Gewalt durchzusetzen und einander in Rachegelüsten aus nichtigen Gründen bis aufs Messer zu bekämpfen, begannen sich nun zu verändern und über die von Muhammad vorgebrachten Ideen nachzudenken. Während viele der Gesellschaften, die im 7. Jahrhundert auf der arabischen Halbinsel lebten, heidnisch waren, kam jetzt aus ihrer Mitte jemand, der die Offenbarung Gottes erhalten hatte und nicht nur den Anspruch auf eine neue Glaubenswahrheit erhob, sondern mit der Zeit auch Anhänger fand. Diese Entwicklung hatte einen Umbruch in den traditionellen gesellschaftlichen, wirtschaftlichen, politischen und religiösen Strukturen zur Folge. Es handelte sich in Mekka um ein gesellschaftliches Umfeld, in dem die Vielgötterei (nicht Christentum oder Judentum) und rücksichtslose und grausame Moralvorstellungen vorherrschten. Nun entstand dort ein neuer Wahrheitsanspruch auf der Grundlage der Einheit Gottes und der Gerechtigkeit. Oder mit den Worten des Korans: Glaube *(iman)* und rechtschaffene Handlung *(amel salih)*. Muhammad bekämpfte einerseits den Polytheismus und trat die Beweisführung für einen monotheistischen Glauben an und ging andererseits mit Grausamkeit und Ungerechtigkeit hart ins Gericht, wobei er sich stets auf die Seite der Sklaven, der Frauen, der Waisen und der unteren Schichten stellte (Beispiele aus dem Koran: 89/17–20, 90/11–16).

Als Muhammad und seine Anhänger, die diesen Diskurs mitverfochten, von den Herrschenden der Stadt als eine organisierte und ihnen gefährliche Kraft wahrgenommen wurden, begann man sie zu attackieren. Denn die Verbreitung der neuen Botschaft bedeutete einen Niedergang des herrschenden polytheistischen Glaubens und seiner Ideologie und eine Störung der Interessenlage. Einige Stammesführer, die diese Gedankenfreiheit nicht dulden wollten und um ihre despotische Macht besorgt waren, wandten gegen Muhammad und seine Anhänger Gewalt an und vertrieben sie aus Mekka. Ein Teil der Muslime wanderte auf ihrer Suche nach einem sichereren Ort auf Gottes Erde – wie von Muhammad empfohlen – nach Abessinien aus und fanden in diesem christlichen Land Zuflucht, das von einem Priesterkönig regiert wurde. Die Feststellung im Koran, dass die Christen es sind, die den Muslimen am nächsten stehen (Koran: 5/82), wurde so zum ersten Mal im heutigen Äthiopien in die Praxis umgesetzt. Dort wurde durch die Initiative Muhammads und die positive Antwort des Negus, des Herrschers von Abessinien, der Grundstein für den islamisch-christlichen Dialog gelegt. Später wird Muhammad für diesen Priesterkönig eine Trauerfeier in Mekka veranstalten, als ihn die Nachricht von dessen Tod erreicht. Abessinien war zwar ein sicheres Land, aber aufgrund der Entfernung hielt Muhammad Ausschau nach einem näher gelegenen Ort. Die Wahl fiel auf eine kosmopolitische Stadt, in der u.a. auch Juden lebten: Medina (damals noch Yathrib genannt).

Der türkische Theologe İlhami Güler stellt Folgendes fest: Die

Tatsache, dass die Polytheisten des Stammes Quraisch ihren heidnischen Glauben und ihre Interessen gefährdet sahen, daher in den Muslimen von Anfang an eine politische Gruppierung erblickten und ihnen *politisch* entgegentraten, machte aus deren Gemeinschaft eine politische Organisation. Doch dieser politische Charakter der frühen Muslime bedeutet nicht, dass die Absicht bestand, einen zentralistischen (Gottes-)*Staat* nach der Art von *Byzanz* zu gründen.[4]

Mit der Ankunft Muhammads in Medina beginnt der Islam einen sozialen Charakter anzunehmen. In dieser Stadt, in der 18 Stämme unterschiedlichen Glaubens lebten, herrschte ein Vakuum an zentraler Autorität. Jeder Stamm gehorchte seinem Ältesten, und wenn es zu einem Konflikt zwischen verschiedenen Stämmen kam, wurde dieser im Allgemeinen mit dem Schwert gelöst. Durch die Einwanderung der Muslime aus Mekka stieg die Bevölkerungszahl Medinas um einiges, und das Problem der heterogenen feudalen Struktur verschärfte sich weiter. Eine gerechte Autorität tat not, die ein Zusammenleben aller Stämme in Frieden gewährleisten sollte. Innerhalb kurzer Zeit machte sich die Anwesenheit Muhammads in Medina durch seine natürliche Autorität und durch eine starke Zunahme der muslimischen Bevölkerung bemerkbar. Eine seiner Reden vor der heterogenen Bevölkerung Medinas beendete Muhammad mit folgenden Worten, in denen er ein uraltes und ewig gültiges Ideal der Menschheit zur Sprache bringt: »Oh Diener Gottes! Seid Brüder!«[5] Dies bedeutete ein Ende aller bestehenden Streitigkeiten, eine Entwertung aller Unterschiede der Hautfarbe, Rasse, Stammeszugehörigkeit und Sprache, sodass der *Mensch* hervortrat. Der *Tugend* wurde der Vorrang erteilt, das *Teilen* wog schwerer als alle Besitzansprüche und die *Gerechtigkeit* war allen Autoritäten überlegen.

Es wurde ein Garant benötigt, der diesen Idealen zur Verinner-

---

4 Güler, İlhami: *Politik Teoloji Yazıları*, Kitabiyat, Ankara 2002.
5 Überliefert von Muslim.

lichung und zur Umsetzung verhelfen sollte, d.h. eine Verfassung, auf die sich die Gesellschaft stützen konnte. Um dies zu verwirklichen, erarbeitete Muhammad einen Vertrag, indem er die 18 muslimischen und nicht-muslimischen Stämme an seine Seite nahm. Dieses Abkommen von Medina, diese weltgeschichtlich bedeutsame schriftliche Verfassung, die im Jahre 1889 von dem evangelischen Theologen Julius Wellhausen (gest. 1918) ins Deutsche übersetzt wurde,[6] hatte zum Ziel, in Medina die gesellschaftliche Ordnung, die Bürgerrechte, den inneren Frieden und die Verteidigung der Stadt gegen Angriffe von außen zu gewährleisten.

Durch diesen Vertrag wurden die unterschiedlichen Gemeinschaften auf bestimmte gemeinsame Werte verpflichtet. Der häufigste Begriff, der im Text vorkommt, ist *Gerechtigkeit*. Die weiteren Grundbegriffe, von denen der Text spricht, sind Güte, Schutz, Sicherheit, Verteidigung, Glaubensfreiheit sowie Unrecht und Gewalt. Es liegt auf der Hand, dass Muhammad mit diesem Text schon die Ziele der ihm vorschwebenden soziopolitischen Ordnung formulierte: Gerechtigkeit, Güte, Frieden, Freiheit, Sicherheit – d.h. eine Gesellschaft des Rechts, die gegen jegliches Unrecht, jegliche Gewalt und Aggression die Tugend und Aufrichtigkeit setzt. Er unternahm in Medina den Versuch, eine auf Stammesverhältnisse oder den Glauben beruhende gesellschaftliche Struktur durch eine zivile Struktur der Stadt zu ersetzen, die sich auf Werte der Moral und Gerechtigkeit stützte. In diesem Sinne ist das Abkommen von Medina das soziopolitische Dokument eines Staatsverständnisses, das seiner Zeit weit voraus war und im Dunkel der damaligen Zeit wie eine Sonne aufging, deren Licht künftige Generationen erhellte. Das Abkommen sah auch die Notwendigkeit einer Verteidigung vor, sollte dieser Frieden von außen bedroht werden. Und da das medinensische Volk angegriffen wurde, begannen in der Tat eine Reihe unerwünschter Auseinandersetzungen.

---

[6] Wellhausen, Julius, *Skizzen und Vorarbeiten. Viertes Heft: Muhammads Gemeindeordnung von Medina*, Berlin 1889.

Als dieses Abkommen durch einen Teil der jüdischen Stämme dadurch einseitig aufgehoben wurde, dass sie die gemeinsame Verteidigungspflicht verweigerten, bedeutete dies für Muhammad keineswegs, dass die darin proklamierten Werte ihre Gültigkeit verloren. So betonte er in den darauffolgenden Jahren und in seiner berühmten »Abschiedsrede« *(khutbatul-wada´)* im Jahr 622 wiederholt die Bedeutung dieser Werte und verlangte von seinen Anhängern, ihnen treu zu bleiben. Während seines zehnjährigen Aufenthaltes in Medina war Muhammad mit vielen sozialen, rechtlichen und politischen Problemen konfrontiert, bei deren Lösung er stets die *Gerechtigkeit* zur Richtschnur machte.

Er vergriff sich nie am öffentlichen Eigentum, obwohl er die Möglichkeit dazu gehabt hätte, kleidete sich wie alle Mitglieder der Gesellschaft und führte ein bescheidenes Leben. Bei seinem Tod hinterließ er kein finanzielles Erbe, da er den Betrag von 7 Drachmen, die er besaß, vor seinem Tod verschenkte. Mit 63 Jahren erkrankte er und starb. Seine Geschichte als Gesandter Gottes beginnt während einer Kontemplation auf einem Berg bei Mekka mit dem Erscheinen des Erzengels Gabriel, der ihm die Aufforderung *Lies!* verkündete, und endet mit dem Vermächtnis, das er als kranker Mann in den Armen seiner Frau Aischa in Medina aussprach: »Ich rate euch, dass ihr euer Gebet verrichtet [Treue zu Gott] und euch gegenüber euren Frauen und den Menschen unter eurer Verantwortung wohl verhaltet [Frauen- und Menschenrechte].«[7] Wenn wir unser Augenmerk auf die Worte richten, die er zu Beginn, am Ende und während der ganzen Zeit seines Wirkens aussprach, finden wir folgende drei Ratschläge: *Lies, bete und tue Gutes!* Das ist auch die Quintessenz des Islam.

Ein Muslim oder eine Muslimin, der oder die den Islam von der Perspektive Muhammads aus wahrnimmt, annimmt und praktiziert, wird sich sowohl in eine morgenländische als auch eine abendländische Gesellschaft integrieren können. Er oder sie ist als

---

[7] Überliefert von al-Bukhari.

Mitglied der Gesellschaft eine Persönlichkeit, deren Ziel es ist, in Frieden und Harmonie mit den anderen Mitbürgern der Gesellschaft zusammenzuleben. Diese Persönlichkeit können wir folgendermaßen porträtieren:

Das Porträt der idealen muslimischen Persönlichkeit in Bezug auf Integration

1. Sie kümmert sich um die Bildung ihrer Kinder vom Kindergarten an in allen Stufen der Schullaufbahn, sie bemüht sich insbesondere um ihre sprachliche Entwicklung und nimmt Kontakt mit den Lehrern und der Schulleitung auf; sie arbeitet mit diesen zusammen und nimmt an Elternsprechtagen regelmäßig teil; sie bringt sich in den Familienbeirat ein; sie sorgt bei ihren Kindern für ein gesundes Selbstbewusstsein, für Bildung und Berufsausbildung; sie fördert die künstlerischen Neigungen ihrer Kinder; sie nimmt sich reichlich Zeit, um mit ihnen zu spielen und zu lernen; sie wendet in keiner Weise Gewalt gegen sie an, sondern fördert ihr Selbstvertrauen; sie zieht sie in einer freien, unkomplizierten und transparenten Atmosphäre mit Liebe groß, wobei sie ihnen rät, Freundschaften mit Kindern aus unterschiedlichen Volks- und Glaubenskreisen zu schließen, indem sie sie in universellen moralischen Werten unterrichtet …
2. Sie hält den ersten Befehl des Korans, »*Lies!*«, hoch als Weisung bei allen Aufgaben, Gedanken, Zielen und Träumen. Sie bemüht sich intensiv in allen Stufen der Schulbildung von der Grund- bis zur Hochschule und zeichnet sich in diesem Prozess durch ihren guten Charakter, ihr Interesse am Lesen, Schreiben und Forschen aus; sie schließt Freundschaften mit gebildeten Menschen und orientiert sich am Erfolg ihrer Bildung …
3. Sie legt Wert auf Hochschulbildung oder Berufsausbildung, verbringt ihre Freizeit mit Aktivitäten, die nützlich für ihre kör-

perliche und geistige Entwicklung sind, wobei sie sich von allen Verhaltensweisen fernhält, die für ihren Glauben, Verstand und Körper schädlich sind; sie fängt mit schlechten Gewohnheiten erst gar nicht an, verabscheut Gewalt und Fanatismus und hält Abstand zu allem, was mit Straftaten zu tun hat …

4. Sie interessiert sich für Politik und Gesellschaft, ist mit den politischen Verhältnissen des Ortes und des Staates, in dem sie lebt, vertraut und kennt die maßgeblichen Mandatsträger entweder persönlich oder dem Namen nach. Sie informiert sich über politische Entscheidungsträger wie den/die Bundespräsidenten/in, den/die Bundeskanzler/in, die Minister dieses Landes und auch anderer Länder; sie nimmt an den Problemen des Landes teil, verfolgt die Medien in der Landessprache, beteiligt sich zusammen mit ihrer Familie an den öffentlichen Veranstaltungen der staatlichen und zivilgesellschaftlichen Institutionen; sie nimmt ihr aktives und passives Wahlrecht in Anspruch und unterstützt bei internationalen Begegnungen das Sportteam des Landes, in dem sie lebt …

5. Sie kennt bezüglich des Landes, in dem sie lebt, die Sprache, Kultur, Verfassung, Gesetze, Staatsstruktur, Werte, Mentalität, Nationalhymne, Geschichte, Identität, Traditionen, bedeutende historische Persönlichkeiten und all die Besonderheiten, die diesem Land seinen spezifischen Charakter verleihen; sie macht sie sich zu eigen und zeigt Respekt davor …

6. Sie misst ihrer Körperpflege und ihrer Kleidung große Bedeutung bei und vermeidet ein Aussehen, das die Toleranz anderer überbeanspruchen würde; mit ihrer sauberen, eleganten, ästhetisch angenehmen, einfachen, modernen Kleidung in gut zusammenpassenden Farben strebt sie eine Harmonie mit der Jahreszeit, dem Zeitalter und der geografischen Region an, in der sie lebt …

7. Sie ist fleißig und aufrichtig, sie verdient ihren Lebensunterhalt im Schweiße ihres Angesichts; sie ist ihrer Beschäftigung treu, führt ihre Arbeit in hoher Qualität aus; sie nimmt nicht unnö-

tig Sozialhilfe in Anspruch und vermeidet es, auf Kosten der Arbeitslosenhilfe zu leben; sie verlässt nicht unerlaubt ihren Arbeitsplatz, um zu beten, sondern sie verrichtet ihre Arbeit zu dieser Stunde, als ob sie ihr Gebet wäre; sie wird ihren Arbeitgeber und die Finanzbehörden des Staates nicht betrügen; sie unterhält gute Beziehungen mit ihren Arbeitskollegen …

8. Sie schafft nach Möglichkeit Arbeitsplätze, die dem wirtschaftlichen Wohl des Landes dienen, sie lässt ihre Beschäftigten nicht schwarzarbeiten; sie schließt für sie alle erforderlichen Versicherungen ab und zahlt ihnen rechtzeitig den Lohn; sie führt ihre Steuern regelmäßig ab; sie unterstützt als Sponsor gemeinnützige Initiativen …

9. Sie besucht – um der Isolation vorzubeugen und um mit der Bevölkerung des Landes in Kontakt zu kommen – zusammen mit ihrer Familie über Einkaufszentren hinaus auch solche öffentlichen Plätze wie Cafés, Restaurants, Festivals, Kinos, Bibliotheken, Theater, Kunstausstellungen, Museen und alle sonstigen Räume, wo politische, soziale und kulturelle Veranstaltungen stattfinden, und sie tritt dort in Kommunikation mit der Bevölkerung des Landes, in dem sie lebt …

10. Sie missbilligt auf allen ihr zur Verfügung stehenden Plattformen Fälle von Menschenrechtsverletzungen, Gewalt, Diskriminierung, Rassismus, Angriffen gegen jegliche Religion, von Hass und Polarisierung der Gesellschaft; sie verteidigt vor allem die Rechte der Frauen und die Menschenrechte sowie die Freiheit der Rede, des Denkens und des Lebens; sie engagiert sich mit aller Kraft für die Eindämmung der Umweltverschmutzung; sie bringt sich nicht nur in religiösen Gemeinschaften aktiv ein, sondern auch in zivilgesellschaftlichen Organisationen mit kulturellen, humanitären, erzieherischen und sozialen Zielen …

11. Sie verfolgt das Tagesgeschehen in dem Gebiet, in dem sie wohnt, bleibt durch das Lesen von Veröffentlichungen und Bekanntmachungen über die Entwicklungen auf dem Laufenden, besucht Informationsveranstaltungen, versucht die ihr als

wichtig erscheinenden neuen Bücher zu beschaffen, meldet sich als Benutzer bei der Stadtbücherei an und nimmt sich unbedingt Zeit zum Lesen …

12. Sie verfolgt die in- und ausländische Presse, liest regelmäßig Bücher, Zeitungen und Zeitschriften, abonniert mindestens eine deutschsprachige Zeitung oder Zeitschrift, um die Entwicklungen im Land und in der Welt zu verfolgen, baut ihre Allgemeinbildung aus, sie sucht den Kontakt mit Intellektuellen und übt Gedankenaustausch; sie macht Bildungsreisen mit verschiedenen anderen Interessenten, sie nimmt an Symposien, Seminaren und Vorträgen über aktuelle und wissenschaftliche Themen teil …

13. Sie meldet sich bei einer Moscheegemeinde ihres Aufenthaltsortes als Mitglied an, ohne sich von Gruppenzwängen beeinflussen zu lassen, nach Möglichkeit verrichtet sie ihre Tagesgebete und insbesondere ihre Freitags- und Festtagsgebete in der Moschee, sie unterstützt die Entwicklung und Integration dieser Gemeinde, indem sie sich an ihren Aktivitäten beteiligt; sie bringt dabei ihre Vorschläge ein, hält sich mit ihrer Kritik über die Fehler und Mängel nicht zurück; sie sorgt dafür, dass Frauen und Kinder an den Aktivitäten der Moscheegemeinschaft aktiv teilnehmen …

14. Sie richtet ihre Aufmerksamkeit auf die gemeinsamen Werte in verschiedenen Religionen und Kulturen und bemüht sich darum, diese zu entwickeln; sie achtet die Unterschiede als Reichtum der Menschheit; sie interessiert sich für die Besonderheiten der anderen Kulturen, Religionen und Völker und achtet deren Werte; sie übernimmt eine Brückenfunktion bei der interkulturellen Kommunikation, tritt anderen Denk- und Glaubensrichtungen mit unbegrenzter Toleranz entgegen, ohne sich überlegen zu fühlen, und verteidigt die Bürgerrechte aller Menschen …

15. Sie misst neben ihrem guten Charakter auch der Sauberkeit große Bedeutung bei: der Reinlichkeit ihrer Umgebung, Woh-

nung, Arbeits- und Aufenthaltsstätte, ihrer täglichen Körperpflege, ihrer Kleidung, die darüber hinaus gebügelt, modern und elegant ist, und allen Details der Sauberkeit, Pflege, Gestaltung und Ästhetik ...

16. Sie pflegt enge Beziehungen zu ihren Nachbarn; sie teilt mit ihnen, soweit es im üblichen Rahmen bleibt, Essen und Trinken, begeht die religiösen und nationalen Feste, tauscht mit ihnen Geschenke aus, indem sie mit ihnen eine gute Freundschaft pflegt, bietet ihre Hilfe an und vermeidet Verhaltensweisen, die ihre Nachbarn irritieren könnten ...

17. Sie versucht, ihre Nachbarn in keiner Weise zu stören; daher achtet sie darauf, den Müll sachgerecht zu trennen und die Sammelstellen sauber zu halten, sie achtet auf die Zimmerlautstärke beim Hören von Rundfunk und Musik in ihrer Wohnung, vermeidet Besuche in späten Nachtstunden und empfängt in diesen Stunden auch keinen Besuch, wenn es nicht notwendig ist; sie achtet auf die sachgemäße Benutzung der Briefkästen, Parkplätze ...

18. Sie wird, wenn sie sich politisch engagieren möchte, Mitglied in einer demokratischen Partei, deren Ziele sie für richtig hält, und nimmt aktiv an den Veranstaltungen dieser Partei teil; sie ist bereit, auf allen Ebenen vom Kommunal- bis zum Bundesparlament zu kandidieren, um der Bevölkerung besser dienen zu können; sie setzt sich im Sinne der Verfassung des Landes ein, um die Rechte der Bürger zu wahren; sie setzt es sich zum Ziel, die Harmonie, den Frieden und den Wohlstand in der Gesellschaft voranzubringen; sie instrumentalisiert nicht ihren Glauben für die Politik, sondern steht im Dienst aller und arbeitet daran, dass sich das Land auf jedem Gebiet weiterentwickelt und vor Gefahren geschützt bleibt ...

19. Als Künstler, Handwerker, Akademiker, Journalist, Schriftsteller, Politiker, Arzt, Sportler und in welchem Beruf auch immer leistet sie jeweils in ihrem eigenen Fach durch ihre gesammelte Erfahrung einen Beitrag für den weiteren Fortschritt des Lan-

des, für die kulturelle, soziale und wissenschaftliche Integration und für die interkulturelle Verständigung ...
20. Sie unterzieht ihr Religionsverständnis einer Prüfung durch ihre Vernunft und hält dadurch Abstand von extremen Haltungen.

Bei dieser Aufzählung von Merkmalen handelt es sich lediglich um Beispiele. Je mehr Muslime es gibt, die Gemeinsamkeiten mit diesem skizzenhaften Modell aufweisen, desto weniger Ängste und Vorurteile werden in der Gesellschaft sein, und desto mehr wird das gegenseitige Vertrauen wachsen.

Wenn uns mit allen konstruktiven Mitgliedern der Gesellschaft ein Schulterschluss gelingt und wir unsere religiöse Identität mit der unseres Landes zu einer Synthese führen, so erreichen wir den Zustand, den wir *Integration* nennen. Ich sehe denjenigen muslimischen Menschen als einen in die Gesellschaft integrierten Muslimen an, der diese Integration unter Wahrung seiner Identität erreicht. Wenn das gelingt, brauchen wir weder auf der einen Seite eine »Assimilation« zu fürchten noch auf der anderen »Parallelgesellschaften« als Symptome einer gescheiterten Integration.

DIE FÜNF SÄULEN DES ISLAM UND IHR BEITRAG ZUR INTEGRATION DER MUSLIME IN DEUTSCHLAND

Jeder, der sich für den Islam interessiert, weiß, dass die grundsätzlichsten Regeln des Islam aus fünf Grundpfeilern bestehen. Diese sind: das Glaubensbekenntnis *schahadah* (Es besagt: »Es gibt nichts Göttliches außer Gott. Muhammad ist der Gesandte Gottes«); das Gebet *salat*, das fünfmal am Tag zu verrichten ist; die vorgeschriebene Armensteuer *zakat*; das Fasten im Ramadan *saum*; die Wallfahrt nach Mekka *hadsch*, die einmal im Leben begangen werden sollte.[8]

Diese besagten Grundpfeiler haben vielseitige Bedeutungen, Ziele und Nutzen. Dies ist jedoch nicht unser Thema. Unsere Absicht ist es, diese für Muslime lebenswichtigen gottesdienstlichen Handlungen in Bezug auf Deutschland zu beleuchten und einige Vorschläge zu ihrem Integrationsbeitrag zu machen.

Das Gebet und die Moschee

Die Muslime lernen durch ihr tägliches, fünfmaliges Gebet Respekt gegenüber Gott und Disziplin in ihrem Umfeld. In dem Bewusstsein, dass es keine zwei Tage gibt, die sich gleichen, erbittet der Muslim mit seinem Gebet Tag für Tag, ein noch erfolgreicherer und aktiverer Mensch zu werden und einen wichtigen Beitrag zum Wohl der Gesellschaft leisten zu können. Und so sollte er sein. Nach jedem Gebet bittet der Muslim Gott um den Wohlstand des Landes, in dem er lebt, um den gesellschaftlichen Frieden und um Frieden

---

[8] Überliefert von Bukhari und Muslim.

auf der Welt, indem er in seinem Gebet mehrmals den Begriff *salam* (Frieden) wiederholt. Ein arbeitender deutscher Muslim, der damit gesegnet ist, in einem sicheren und von Wohlstand geprägten Land zu leben, wird es bei seinem Gebet zu Gott nicht daran mangeln lassen, auch für das Land, in dem er lebt, und seine Menschen zu beten. Das Gebet sorgt dafür, dass der Mensch friedlich wird. Es achtet ständig darauf, dass er den friedlichen Weg einschlägt.

Der Muslim kann überall beten. Wenn es für ihn möglich ist, achtet er darauf, dass er in einer Moschee beten kann. Die Person, die in der Moschee mit den anderen beten lernt, lernt den Zugang zur Gesellschaft und das Teilen mit den Individuen einer Gesellschaft. Die Moschee ist für den Muslim mehr als ein Ort der Annäherung an Gott. Sie ist eher ein Ort für Begegnung und Austausch. Somit lernt er aus der Isolation herauszukommen, in die Gesellschaft einzutreten und das Zusammenleben mit anderen. Aus diesem Blickwinkel könnte die Moschee sowohl bei der Bewahrung der religiösen Identitäten der Muslime als auch bei der Integration in die Mehrheitsgesellschaft eine Schlüsselrolle spielen. Deswegen bilden in Europa die Moscheen und die Aktivitäten innerhalb der Moscheen den Mittelpunkt der Diskussion um die Integration. Wenn dies so ist, dann ist die Lage und die Funktion von Moscheen im Westen anders als die im Osten. Da die Moscheen Gotteshäuser sind, sollten sie einen universellen Charakter haben. Sie sollten für alle offen sein, ohne zu hinterfragen, welches Geschlecht, welche Sprache, welche Nation und welche Ideen die Gläubigen haben, und allen im gleichen Sinne dienen. Die Moscheen sollten nicht abhängig sein von einer politischen Einstellung, Ideologie oder Person. Moscheen sind Orte, in denen jeder Friedensuchende umarmt wird, und zwar ohne Unterscheidung zwischen jung und alt, gebildet oder nichtgebildet, Frau oder Mann, bedecktem oder nichtbedecktem Kopf, religiös oder weniger religiös. Niemand kann wegen seiner Gedanken, Rasse oder seines Geschlechts ausgegrenzt werden. Die Moschee kann kein Zentrum von Aktivitäten sein, in dem andere ausgegrenzt und verächtlich gemacht werden.

Wie in jeder Religion, so gibt es auch im Islam einmal in der Woche einen zentralen Gottesdienst. Dieser Gottesdienst wird freitags gemeinsam in der Mittagszeit abgehalten. Dieser wöchentliche Gottesdienst, der weniger als eine Stunde dauert, hat bei den Muslimen eine große Bedeutung. Obwohl in Deutschland der Freitag ein Arbeitstag ist und viele Arbeitnehmer in den Freitagsstunden Schwierigkeiten haben, die Erlaubnis für die Teilnahme am Gebet zu erhalten, haben Meinungsumfragen gezeigt, dass Muslime und insbesondere die junge Generation sich zu einem hohen Prozentsatz am Freitagsgebet beteiligt. Freitags gibt der Imam den Muslimen religiöse Botschaften und diese werden von den Muslimen mit großem Interesse gehört. Wenn die Gläubigen die Wichtigkeit dieses Freitagsgebets besser verstehen und bewerten könnten, dann könnte dieser Gottesdienst einen großen Beitrag zur Integration leisten.

Millionen Muslime in Europa, die mit ihrer Arbeit und ihren Steuern einen großen Beitrag für den Wohlstand des Landes leisten, haben keine Möglichkeit, einfach zum Freitagsgebet zu gehen, da dies an einem Arbeitstag stattfindet. Falls es gelingen könnte, den Arbeitsstätten den Nutzen des Freitagsgebets für die Muslime in religiöser, sozialer, kultureller und erzieherischer Hinsicht näherzubringen, dann könnten vielleicht die Arbeitgeber die Arbeitszeiten für die arbeitenden Muslime zugunsten der Freitagsgebete anders regeln. Denn der Muslim, der nach dem Freitagsgebet wieder in der Arbeit erscheint, wird mit der Motivation, die er in der Moschee bekommen hat, noch produktiver, ordentlicher und aufmerksamer arbeiten. Nach dem Koran ist der Freitag kein Feiertag. Darum fordern die Muslime auch nicht, dass der Freitag ein arbeitsfreier Tag sein sollte. Der Koran fordert, dass der Muslim für das Freitagsgebet nur in der Mittagszeit für weniger als eine Stunde die Arbeit unterbricht und nach dem Gebet die Arbeit sofort wieder mit größerer Produktivität und Schwung aufnimmt (Koran: 62/10). Den sich am Freitagsgebet beteiligenden Jugendlichen könnten sinnvolle Empfehlungen gegeben werden und somit könnten viele negative und schlechte Gewohnheiten in der Gesellschaft verhindert werden. Mit den Orientierungen, die den Eltern im Freitagsgebet gegeben werden, kann die Gesellschaft mit noch mehr Bewusstsein ausgestattet werden. So kann die Gesellschaft viel Negatives verhindern.

Die Gründung von Moscheen nach ethnischen Grundsätzen hat dafür gesorgt, dass Muslime unterschiedlicher Herkunft nicht zusammenkommen, sich kennenlernen und verschmelzen konnten. Diese negative Situation hat sich dadurch noch verstärkt, dass Frauen nicht zur Moschee gehen. Am Ende entsteht ein Bild einer singular-nationalen und patriarchalischen muslimischen Gemeinde. Der Prophet Muhammad hat die Frauen dazu angespornt, in die Moscheen zu gehen und sich an den Freitagsgebeten zu beteiligen. In den ersten Jahrhunderten des Islam unterbrachen die Frauen ihre Arbeit, um zum Freitagsgebet zu gehen und sie beteiligten sich mit den Männern an diesem wichtigen Gebet. Es war eine Frau, die während des Freitagsgebets in der Moschee einen Fehler in der Rede des zweiten Kalifen Omar korrigierte. Es gab also innerhalb der Moschee eine Art interne Kritik zwischen den Geschlechtern. Mit Bedauern sehen wir, wie die jetzigen muslimischen Gesellschaften ihrer eigenen ursprünglichen Geschichte fremd geworden sind. Entsprechend dem Koranvers *»Ihr Gläubigen* [und nicht Ihr Männer!]*, wenn am Freitag zum Gebet gerufen wird, dann wendet euch mit Eifer dem Gedenken Gottes zu«* (Koran: 62/9), sollten der Imam, die Moscheeleiter und die Gläubigen getreu dem Ratschlag des Propheten Muhammad die Beteiligung von Frauen an den Freitagsgebeten besonders fördern. Damit Muslime, die unterschiedlichen Ethnien angehören, verschmelzen, voneinander lernen und inspiriert werden, ist es nötig, dass zwischen den Kulturen Brücken gebaut werden. Ferner sollen, der Mentalität der neuen Generation entsprechend, auch die Predigten in den Freitagsgebeten allmählich in deutscher Sprache gehalten werden. Damit Imame heranwachsen können, die die Sprache dieses Landes und die Mentalität dieser Gesellschaft kennen, ist es unausweichlich, dass hier und in der Sprache dieses Landes eine theologische Ausbildung angeboten wird.

Die vorgeschriebene Armensteuer *(Zakat)*

Der Dienst an Gott, die Armensteuer, hat im Islam das Ziel, in der Gesellschaft die soziale Gerechtigkeit herzustellen, die Kluft zwischen Arm und Reich zu verringern und für ein Gleichgewicht zu sorgen. Ein Großteil der Muslime in Europa spendet gegenwärtig 2,5 Prozent ihres Vermögens und weitere freiwillige Spenden als Armensteuer an verschiedene islamische oder humanitäre Institutionen. Die aus der Armensteuer und anderen Spenden gesammelten Hilfsgelder werden in der Regel an bedürftige Menschen außerhalb von Europa verteilt. Seit Jahren wird dieses enorme finanzielle Potenzial in andere Länder geleitet. Der europäische Muslim, der in relativem Wohlstand lebt, sorgt mit seiner Armensteuer für die Entstehung von Brücken und Solidarität zwischen Ost und West, in dem er aus seiner Perspektive wirtschaftlich ärmeren Gesellschaften Hilfe anbietet. Das ist etwas Gutes. Allerdings sollte nach islamischem Recht das gesammelte Geld der Armensteuer für die Bedürfnisse im eigenen Land ausgegeben werden. Solange ein Land dieses Geld braucht, sollte diese Hilfe nicht ins Ausland weitergeleitet werden. Die muslimischen Gemeinden in Europa, die von staatlicher Hilfe abgeschnitten sind, befinden sich selbst in einer Situation, in der sie Geld benötigen. Daher sollte dieses materielle Potenzial ab jetzt in Deutschland bleiben. Der Fonds für die Armensteuer sollte an eine einzige Institution[9], die alle Muslime repräsentiert, gebunden sein und die Einkünfte der Armensteuer in einem einzigen Zentrum gesammelt werden. Mit dem sich anhäufenden Kapital sollten allen voran Projekte unterstützt werden, die die Bildungssituation und die soziale Lage von Muslimen verbessern.

In einer Zeit, in der an ausländischen Finanzhilfen Anstoß genommen werden könnte, sollten die finanziellen Mittel im Land

---

9 Siehe meinen Vorschlag für eine »Islamische Religionsgemeinschaft in Deutschland (IRD)« in: B. Idriz/S. Leimgruber/S.J. Wimmer (Hgg.), *Islam mit europäischem Gesicht. Perspektiven und Impulse,* Kevelaer 2010, S. 211–220.

bleiben und ihr sinnvoller Einsatz gut bedacht werden. So sollten in Deutschland und in anderen europäischen Ländern theologische Hochschulen eröffnet werden, in denen Imame, Akademiker und Religionslehrer ausgebildet werden. Diese Geldquellen können auf unterschiedliche Felder wie die islamischen Kunstmuseen, wissenschaftliche Forschungszentren, deutsch- und anderssprachige europäische Zeitungen und andere Verlage verteilt werden. Dies könnte den in diesem Land lebenden Muslimen zu einem vertiefteren religiösen Verständnis verhelfen. Neben Bildung und Information sollten die Institutionen, die im sozialen, wissenschaftlichen und integrativen Bereich arbeiten, von diesem Fonds Gebrauch machen. Auch um den gesellschaftlichen Wohlstand, der gerade die Folgen einer finanziellen Krise überwinden muss, zu erhöhen und neue Arbeitsplätze zu schaffen, um damit die Arbeitslosenquote im Land zu senken, könnte dieser Fonds genutzt werden.

Nach dem islamischen Recht können auch Nicht-Muslime von der Armensteuer profitieren. Entsprechend dieses juristischen Prinzips sollten ohne Unterscheidung der Religion, diejenigen Institutionen, die eine finanzielle Hilfe brauchen, ausgewählt und unterstützt werden. So können in der Gesellschaft Ängste abgebaut, das Vertrauen erhöht, der Wohlstand und das Bildungsniveau der Menschen angehoben und die Erlangung des gesellschaftlichen Friedens und des Wohlbefindens und der wirtschaftliche Aufschwung unterstützt werden. Das wird ohnehin mit der Armensteuer bezweckt.

Das Fasten im Ramadan *(Sawm)*

Im Leben von Muslimen hat der Monat Ramadan eine besondere Stellung. Dieser Fastenmonat, in dem auch der Koran erschienen ist, dient der intensiven Verehrung Gottes und der gesellschaftlichen Solidarität. Diese begeisternden und glücklichen Tage, die einen Monat dauern, enden mit einem dreitägigen Fitr-Fest. Der Ramadan hat neben einer religiösen auch eine soziale, unterhaltsame, kulturelle und wirtschaftliche Dimension. Ähnlich wie die großen Kaufhäuser rund um Weihnachten ihren christlichen Kunden attraktive Produkte anbieten, können sie im Monat Ramadan auch ihren muslimischen Kunden besondere Angebote machen. So wie z.B. in einem islamischen Land, wie den Vereinigten Arabischen Emiraten (VAE), in den Läden den Christen zum Weihnachtsfest und den Muslimen zum Ramadanfest besondere Produkte angeboten werden, könnten die europäischen Kaufhäuser auch ihren Millionen muslimischen Kunden – insbesondere den Kindern – im Monat Ramadan besonders auf diesen Monat zugeschnittene Produkte anbieten. Somit können sie sowohl für die Wirtschaft des Landes als auch für die gegenseitige Entwicklung von Sympathie und Interesse einen Beitrag leisten. In die Tage des Ramadan, der freudvollsten Zeit der Muslime, fällt die Zeit des Fastenbrechens. Immer öfter teilen die Muslime diese Freude mit Freunden, Verwandten, Familien und Nachbarn. Auch die in Deutschland lebenden Muslime können ihre nicht-muslimischen Nachbarn, Freunde und Verwandte zum Fastenbrechen einladen. Den Monat Ramadan könnten sie als eine große Möglichkeit betrachten, um Vorurteile zu durchbrechen, Freundschaften zu pflegen und der Gesellschaft näherzukommen.

Die Pilgerfahrt *(Hadsch)*

Jedes Jahr reisen Tausende Muslime von Europa aus in die heiligen Städte Mekka und Medina und Jahr für Jahr steigt die Zahl der Pilger. Die Organisation dieser Pilgerfahrt, die in der ganzen Welt als die größte Zusammenkunft von Muslimen bezeichnet wird, wird in Deutschland von touristischen Agenturen oder muslimischen Institutionen durchgeführt. Aber manche Pilgerfahrt-Organisatoren bieten für das Geld, das sie erhalten haben, einen qualitativ niedrigen Dienst an. Da es keine staatliche Kontrolle gibt, verursachen manche Agenturen und Institutionen für Hunderte von Pilgern große Unannehmlichkeiten. Der Pilger, der sich an die Lebensstandards in Europa gewöhnt hat, wünscht sich bei der Organisation einer Pilgerfahrt die Qualitäten und die Standards, die er in Europa erlebt. Die Organisation von Pilgerfahrten kann über ihren eigentlichen Sinn hinaus auch einen Beitrag für die Integration leisten. So wie zwischen Millionen von Pilgern in Mekka und Medina »die indonesischen Pilger« oder »die türkischen Pilger« mit ihrer Kleidung, ihren Fahnen und Symbolen auffallen, sollte auch die Existenz von »deutschen Pilgern« spürbar sein. Mit gut organisierten Pilgerfahrten, d.h. mit für Pilger geschriebenen Reiseführern, mit Materialien von der Ankunft an den »heiligen Stätten« bis zur Heimreise, könnten Pilger aus Deutschland ein Markenzeichen setzen. Mit dem saudi-arabischen Ministerium für Pilgerfahrt, mit dem deutschen zuständigen Ministerium und mit der islamischen Gemeinschaft, die die deutschen Muslime repräsentiert, könnte in Kooperation eine hochwertige und sichere Organisation für die Pilgerfahrt zustande kommen. So könnte eine von diesem Zentrum in Deutschland aus gut organisierte Pilgerreise ein wichtiger Beitrag zur Integration sein und eine Möglichkeit, den aus fünf Kontinenten angereisten Millionen von Menschen Deutschland bekannt zu machen, um menschliche, kulturelle, wirtschaftliche und geschäftliche Beziehungen zueinander zu ermöglichen.

DER »EURO-ISLAM«

Wir leben in einer Zeit, in der immer wieder neue Begriffe auftauchen, die jedoch meistens inhaltlich unausgefüllt bleiben. Einer davon ist der Begriff »Euro-Islam«. Es gibt drei verschiedene Denkansätze zu diesem Begriff:

1. Der »Euro-Islam« sei ein »gottloser Islam« mit lediglich »folkloristischem« Glanz, dem aber die dem Islam eigenen religiösen und moralischen Werte fehlten und den die europäischen Nicht-Muslime den Muslimen aufzuzwingen versuchten. Da die Werte Europas und des Islam sich nicht deckten, sei ein »Euro-Islam« nicht akzeptabel.
2. Der »Euro-Islam« bedeute eine Islamisierung Europas und das sei eine Gefahr. Der Islam sei mit den demokratischen und anderen sozialen Werten Europas keineswegs vereinbar; daher sei ihm in diesem Kontinent kein Platz einzuräumen. Da der »Euro-Islam« keine demokratischen Werte besitze, sei er mit den Werten Europas nicht in Deckung zu bringen, daher unannehmbar.
3. Da die moralischen religiösen Werte des islamischen Glaubens und die europäischen Werte bezüglich Rechtsstaatlichkeit und Demokratie miteinander harmonieren, kann der Islam im europäischen Kontext interpretiert werden, sodass er hier eine »moderne Religiosität« hervorbringen kann. Der »Euro-Islam« ist möglich, da der Islam mit seinen demokratischen Werten mit Europa vereinbar ist.

Zu einer Zeit, da solche gegensätzlichen Meinungen zum »Euro-Islam« vertreten werden, halte ich es für notwendig, einen Beitrag zur Geschichte und zum Inhalt dieses Begriffes zu leisten. Da er noch nicht hinreichend klar umrissen ist, ziehe ich es vor, ihn in Anführungszeichen zu verwenden.

Die Wurzeln des »Euro-Islam« in Bosnien

Es heißt im Allgemeinen, dass Bassam Tibi, ein deutscher Akademiker syrischer Herkunft, den Begriff »Euro-Islam« geprägt habe. Doch lange bevor er den Begriff verwendete, wurde er in Balkanländern und insbesondere in Bosnien in Theorie und Praxis erlebt. Zum Ende des 19. Jahrhunderts durchleben die Muslime in Bosnien den Übergang vom Osmanischen Reich – einer islamischen Herrschaftsform – zum Österreich-Ungarischen Reich – einer christlichen Herrschaftsform. Das bedeutete für Bosnien eine Neuorientierung in Politik, Verwaltung und Kultur, und damit tauchte die Frage der Integration der Muslime in einen bisher unbekannten Staatsapparat auf. Bereits in den Anfängen des Machtwechsels beschäftigten sich in Sarajevo muslimische Denker und religiöse Führer gedanklich mit Religionsreformen, um eine möglichst verlustfreie Integration der bosnischen Muslime in das Österreichisch-Ungarische Reich zu gewährleisten.

Diese Phase der Neuorientierung in Bosnien überbrückten und begleiteten vor allem islamische Denker und muslimische Intellektuelle. Ihnen gelang es, das muslimische Volk mit nachvollziehbaren, richtungweisenden Botschaften und tatkräftiger Arbeit für diese Eingliederung zu gewinnen. Wie zu jeder Zeit und an jedem Ort üblich und wie gegenwärtig in Europa zu spüren ist, ist auch die Geschichte Bosniens gezeichnet von solchen Muslimen und muslimischen Gelehrten, die in ein konservatives Lager hineinwachsen, und solchen, die Reformen in Gang setzen. Während die Konservativen auf das Altbewährte hinwiesen und weiter auf den Osten setzten, verknüpften die Reformer den Islam mit dem Geist der Zeit, des Ortes und der vorherrschenden Begebenheiten. Letztere gingen im Lauf der Zeit als Gewinner hervor. Die Stimmen der Reformer wurden immer mutiger, die von ihnen vorgelegten Handreichungen fanden breite Akzeptanz und Kooperation. In den zahlreichen Veröffentlichungen der Reformer ist immer wieder darauf hingewiesen worden, dass es nicht darum geht, das religiöse Kleid abzustreifen, um zu überleben, sondern als gläubiger Muslim sich Richtung Europa auszurichten.

Erste Versuche in diesem Sinne startete 1893 Mehmed-beg Kapetanović Ljubušak in seinem Werk *Muslimani u Bosni i Hercegovini*.[10] Professor Enes Karić schreibt in seiner Bewertung zu Ljubušaks Ausführungen, dass dieser bereits einen »Euro-Islam« im Blick hat, ohne dabei eine genaue Terminologie zu verwenden.[11] Den Reformern ging es hauptsächlich um eine Sensibilisierung des muslimischen Daseins im 19. Jahrhundert in Bosnien unter Österreich-Ungarn. Dazu mussten fest verankerte Strukturen, wie der endgültige Zerfall des Osmanischen Reiches, die Aufhebung des Kalifates, die durch Atatürk besiegelt war, als irreversible Entwicklungen und Tatsachen anerkannt werden und die früher entstandenen religiösen Muster teilweise zur Disposition gestellt werden. Mehmed-beg Kapetanović Ljubušak lobt in seinem Werk von der ersten bis zur letzten Seite die »neue Ordnung« in Bosnien, die dem Land einen Fortschritt bescherte, wie er schreibt, und ermutigt seine Landsleute, sich gegenüber der österreichisch-ungarischen Regierung, also gegenüber Europa, zu öffnen und sich loyal zu ihr zu stellen. Gelobt wird ausdrücklich Kaiser Franz Joseph I., der sein christliches Land den bosnischen Muslimen öffnete, ihnen nicht nur Toleranz entgegenbrachte, sondern auch direkte Hilfe bot, um muslimische Identität zu pflegen. Besonders hervorgehoben wer-

---

10 Nachdruck: *Muslimani u Bosni i Hercegovini*, Priredio: Prof. Dr. Muhidin Džanko, Dobra Knjiga, Sarajevo 2008.
11 *Islam in Bosnien und Herzegowina und Deutschland*, Friedrich-Ebert-Stiftung, S. 131, Sarajevo 2008.

den die vielen muslimischen Bildungseinrichtungen, die unter dem Kaiser entstanden. Eine solche Einrichtung ist die islamische Fakultät, die zu dieser Zeit, im Jahre 1878, gebaut wurde und damals als islamische Justizschule fungierte. Nach dem Prinzip »Gib dem Kaiser, was des Kaisers ist, und Gott, was Gottes ist!« möchte Ljubušak davon überzeugen, dass die Trennung von Staat und Kirche auch ein islamisches Prinzip sei, dessen sich die Muslime bisher so nicht bewusst waren. 1893 wird Ljubušak Bürgermeister von Sarajevo. Während dieser Zeit plädiert er vor allem für die Förderung der Bildung und fordert vor allem die jungen Leute dazu auf, die Bildungschancen im neuen Reich zu nutzen. Um Bildung zu erlangen, solle man nicht nach Asien auswandern, sondern das vor der Haustür angebotene Schulsystem für Mädchen und Jungen nutzen. In einem berühmten Ausspruch von ihm heißt es: *Bolje učiti gimnaziju nego iči u Aziju,* also »Besser im Gymnasium lernen als nach Asien gehen«. Ljubušak tritt auch für das Erlernen der deutschen Sprache bzw. der Sprache der Herrschenden ein. Er fordert seine Glaubensgemeinschaft auf, offen zur deutschen Sprache zu stehen, und regt die Religionsgelehrten und Geistlichen dazu an, die europäische Wissenschaft, die dem Islam nicht entgegengesetzt steht, wie er betont, zu studieren. Dieser legendäre Reformer – wenn nicht sogar: Reformator – schrieb dies nicht nur in seinen Werken nieder, sein gesamtes Wirken übte einen großen Einfluss auf die islamische reformerische und aufklärerische Öffentlichkeit in der ersten Hälfte des 20. Jahrhunderts in Bosnien und Herzegowina aus. Von seinen Reformen ließen sich Intellektuelle genauso wie Theologen und geistliche Führer beeinflussen. Trotz des Widerstandes des konservativen Lagers fand der reformatorische Ansatz sowohl bei der Bevölkerung als auch bei der großen Mehrheit der religiösen Würdenträger und bei der österreichisch-ungarischen Monarchie großen Zuspruch, sodass innerhalb kürzester Zeit in ganz Bosnien und weiteren Balkanstaaten diese Reformbewegung verbreitet werden konnte. Dies wurde auch von anderen Theologen wie Reisu-l-ulema Džemaludin Čaušević unterstützt.

Zur Frage der »Versöhnung von Glaube und Vernunft« veröffentlichen zwei muslimische Denker 1914 das Werk *Religion und gesunder Verstand*. Dabei geht es den beiden Autoren, Bekir Fejzagić und Munib Cerić, um eine Versöhnung zwischen der aus dem Osten stammenden Religion und dem vom Westen beeinflussten Menschenverstand. Also darum, dass ein guter Europäer durchaus auch gleichzeitig ein guter Muslim sein kann. Dieses Modell stellt den Ausgangs- und den Schlusspunkt vieler Diskussionen dar. Das beschäftigte auch Adem Bize, der 1937 in Tuzla ein Buch veröffentlichte mit dem Titel, der genauso gut auch in unsere Zeit passt: *Kann ein Muslim ein europäisch-kulturelles Leben leben und ein guter Muslim bleiben?* Einer, der in diesem Zusammenhang nicht unerwähnt bleiben darf, ist Faik Zeki. In einem 1907 erschienenen Essay mit dem Titel *Warum machen die islamischen Völker keine Fortschritte?*, macht er unter anderem die Imame und die muslimischen Herrscher für die Rückständigkeit des Islam verantwortlich. Er kritisiert die herrschende Unkenntnis der Imame vom Westen und deren ablehnende Haltung gegenüber einem progressiven Gedankengut.

Ein weiterer Punkt, der die Reformer beschäftigte, war die Frauenfrage: Frauen, die zum großen Teil Analphabeten waren, Frauen, die aus dem gesellschaftlichen Leben ohne triftige Gründe verbannt waren. Einer, der zu seiner Zeit mit durchaus radikalen Lösungen für die muslimische Frauendebatte stand, war Dževad Beg Sulejmanpašić, vor allem mit seinem Aufsatz von 1918 *Die Muslimische Frauenfrage, ein Beitrag zu ihrer Lösung*. Er unterstreicht: »Die massive Rückständigkeit unserer Frauen trägt dazu bei, dass wir als Gesellschaft dem Rückschritt unterworfen sind. Solange wir keine schnellen und grundlegenden Veränderungen herbeiführen, so lange wird es für uns auch keinen wirklichen Fortschritt geben.« Des Weiteren erklärt Sulejmanpašić, dass die österreichisch-ungarische Monarchie nicht genug Druck ausgeübt habe, aus Rücksicht auf die islamische Religion. Er schreibt: »Sie hätten uns zwingen sollen, unsere Kinder in die Schulen zu geben, sie hätten uns zwingen sollen, den Frauen einen anderen Status in der Familie und Gesellschaft zu geben, wie ihn die neue Zeit verlangte.«

Während ein Reformator nach dem anderen an den gesellschaftlich-religiösen Grundfesten rüttelte, fehlte es aber noch immer an Wegweisungen von oberster Stelle. Genau in diese Zeit fiel schließlich die Rede der höchsten religiösen Autorität in Bosnien, des Reisu-l-ulema Džemaludin Čaušević (1870–1938), eines der wichtigsten Islam-Reformer des 20. Jahrhunderts in Europa.[12] In seinem Referat von 1927 vertrat er sehr liberale Auffassungen, forderte Reformen, Aufklärung und Fortschritt. Es dauerte nicht lange, bis sich eine scharfe Polemik um die Äußerungen Čauševićs, vor allem aus der Richtung der traditionellen Muslime, erhob. Trotz allen Widerstands griff Čaušević viele Tabuthemen auf, aber vor allem forderte er den Verzicht der Verschleierung des Gesichtes, eine damals weit verbreitete Praxis für die muslimische Frau, und appellierte an die Muslima, sich aktiv in die Gesellschaftsordnung einzubringen.

Ein engagierter Mitverfechter des Reisu-l-ulema war der Schariatsrichter Ajni Bušatlić, der sich mit seiner 1928 erschienenen Ausgabe *Die Frage des muslimischen Fortschritts in Bosnien und Herzegowina – Ein wahres und offenes Wort*, engagiert auf die Seite Čauševićs stellte. Ebenso wirkte auch Mehmed Begović von der Juristischen Fakultät. In seinem 1930 verfassten Buch *Die Emanzipation der Frau* benutzte er eine akademische Sprache, verurteilte die Einengung der Frauen auf den Harem und wies darauf hin, dass dieser Brauch keinen islamischen Ursprung hat. Er ging sogar so weit und räumte den Frauen das Recht ein, für eine Männergemeinde das Gebet zu leiten.

Die Abschaffung des Kalifates 1924 führte ebenfalls zu vielen Diskursen in Bosnien. Einer, der diese Frage aufbrachte, war Bulbulović, der in seiner 1926 geschriebenen Broschüre die Macht

---

12 Reis Džemaludin Čaušević – *Prosvjetitelj i reformator*, Enes Karić, Mujo Demirović, Ljiljan, Sarajevo 2002.

in den Händen des Volkes sah und sein Volk dazu anhielt, endgültig dem Kalifat »Auf Nimmerwiedersehen« zu sagen.

Einer der Vorreiter eines ausgeprägten und konsequenten Reformschemas in der zweiten Hälfte des 20. Jahrhunderts in Bosnien war der prominente Theologe Husein Đozo.[13] Ihm gelang es, die erste Islamische Wissenschaftsfakultät in Europa (in Sarajevo) zu gründen, deren Absolventen die Reformideen weit und effektiv verbreiteten. Diese Ideen wurden nicht nur von Studenten, sondern auch, was besonders wichtig war, von einem Großteil der Bevölkerung unterstützt.

Das, was in Bosnien Geschichte geschrieben hat, kann für Europa Inspiration sein zu einer fruchtbaren Zukunft. Dafür aber bedürfte es Menschen wie einst Kaiser Franz Joseph und muslimische Vordenker wie Džemaludin Čaušević, die an ihren Visionen zielstrebig festhielten und sie bis in unsere Zeit hinein spürbar werden lassen.

Unterschiedliche Verständnisse des Islam, entstanden in Ländern mit unterschiedlichen Traditionen und Ideologien

Im Laufe der Geschichte wurde der Islam in jedem Land, in das er gelangte, von der geografischen Lage dieses Landes sowie dessen Kultur und Traditionen beeinflusst, sodass zwar nicht jeweils ein anderer Islam entstand, aber unterschiedliche Verständnisse davon. Dies gilt auch für das Christentum: Das Verständnis des Katholizismus in Brasilien ähnelt dem in Deutschland, Unterschiede sind dennoch in erheblichem Maß vorhanden. So blieben die wesentlichen Glaubensprinzipien des Islam in jeder Region gleich, aber die Auffassung und Ausübung der Religion wurde den soziopoliti-

---

13 Husein Đozo – *Izabrana djela*, El-Kalem, Sarajevo 2006.

schen Bedingungen der einzelnen Länder entsprechend angepasst. Daher gibt es neben Gemeinsamkeiten auch starke Unterschiede: beispielsweise in Saudi-Arabien und der Türkei, in Bosnien und Nigeria, im Iran und in Malaysia. So bietet sich dem Forscher sozusagen ein saudi-arabischer, ein türkischer, afrikanischer, malaysischer oder bosnischer Islam. Die Sympathie oder Empathie, die in Europa einer muslimischen Gesellschaft entgegengebracht wird, verhält sich proportional zur geografischen bzw. kulturellen Nähe dieser Gesellschaft zu Europa. Wenn in der europäischen Presse in letzter Zeit oft davon die Rede ist, dass die bosnische Ausprägung des Islam in Europa auf das größte Verständnis stößt, so liegt es an der geografisch-kulturellen Nähe dieses Landes.

Der Islam wird aber nicht nur geografisch definiert, sondern oft auch durch den Namen eines bestimmten Ideologen, Gelehrten, einer bestimmten Ideologie oder Bewegung. So entstehen Begriffe wie »wahhabitischer« oder »salafitischer Islam«, »gemäßigter« oder »politischer« Islam, die ohne Bedenken verwendet werden. Die Einflüsse, die in der ganzen Welt auf den Islam einwirkten, haben unterschiedliche Interpretationen dieses Glaubens zu Tage gefördert. Zum Beispiel hat der pakistanische Muslim, der keinen unmittelbaren Kontakt zur westlichen Welt hält, einen anderen Blick auf die Frau als der Bosnier in Europa. Während es im traditionellen Islam in Bosnien als natürlich empfunden wird, wenn sich Frauen und Männer zu einem beliebigen Anlass in einem Raum aufhalten, gilt in einem islamischen Land des Orients eine strikte Geschlechtertrennung, und es ist sogar verpönt, wenn Frauen und Männer überhaupt zusammen sind. Während eine junge muslimische Bosnierin aus einer religiösen Familie selbstverständlich einen Freund haben kann, den sie heiraten will, wird dies in anderen muslimischen Ländern sehr beargwöhnt. So sehr, dass Mädchen in orientalischen Gesellschaften zum Opfer so genannter »Ehrenmorde« werden können, während die bosnische Gesellschaft nicht einmal diesen Begriff kennt. Diese Nähe des bosnischen Islamverständnisses zur europäischen Mentalität, ihre liberale Religionsausübung hat aber die bosnischen Muslime von einer ethnischen Säuberung mitten in unserer modernen Zeit nicht bewahren können. Die Unterdrückung der bosnischen und albanischen Muslime vor kurzer Zeit stimmt alle europäischen Muslime nachdenklich. Aber die bosnischen Muslime unterscheiden sich hinsichtlich ihres Islamverständnisses nicht nur von den Muslimen der asiatischen und afrikanischen Länder, sondern auch von denen im sonstigen Europa. Zum Beispiel ist Mazedonien auch ein europäisches Land wie Bosnien, aber die dortigen Muslime haben nach allgemeiner Überzeugung einen »konservativeren« Ruf als die Bosnier. Es gibt viele Gründe, die eine Gesellschaft eher »liberal« oder eher »konservativ« machen. Zweifellos gehören dazu die nicht muslimische Umgebung, in der die muslimische Gesellschaft lebt, und das Glaubensverständnis, das nach der Interpretation der führenden Wissenschaftler und Intellektuellen in einem Land herrscht. Doch die Kriterien, nach denen eine muslimische Gesellschaft oft als »liberal« oder »konservativ« bezeichnet wird, sind oft nicht objektiv.

Obwohl das Glaubenssystem in Bezug auf moralische Werte, religiöse Regeln und Prinzipien den gemeinsamen Rahmen bietet, sind Unterschiede im Verständnis dieser Prinzipien und in der Interpretation der Quellen offensichtlich. Diese Unterschiede rühren von der kulturellen Struktur und soziopolitischen Konstellation einer Region her. So stößt z.B. die Mystik in Saudi-Arabien auf Abneigung, während sie in der Türkei oder in Afrika viel Gegenliebe findet – für diese unterschiedliche Bewertung ist nicht der Islam selbst verantwortlich, sondern die historischen und soziokulturellen Umstände. Auch die Tatsache, dass sich die überwiegende Mehrheit der Frauen in den Golfstaaten bedecken, während sie im Balkan oft kein Kopftuch tragen, ist soziopolitisch bedingt. In der einen Gesellschaft missfällt das Nichttragen, in der anderen das Tragen eines Kopftuchs. So kommt es auch vor, dass z.B. das Autofahren für Frauen in einem Golfstaat erlaubt ist und in einem anderen nicht, wie es in den Arabischen Emiraten und Saudi-Arabien der Fall ist. Oder man vergleiche die Türkei und arabische Länder hinsichtlich der Demokratie: dass sie so unterschiedlich ausgeprägt ist, hat seine Gründe ebenfalls nicht im Islam, sondern in historisch bedingten Entwicklungen. In vielen islamischen Ländern werden Eheschließungen unter Verwandten als natürlich, ja erstrebenswert angesehen, während sie bei den Balkan-Muslimen stark verpönt sind.

Wie man sieht, können politische, soziale, kulturelle, sprachliche, geschichtliche und geografische Faktoren bei der Ausprägung eines Islamverständnisses von Bedeutung sein. Von solchen Faktoren ausgehend sprechen z.B. David Westerland und Eva Evers Rosander in ihrem Buch *African Islam and Islam in Africa*[14] von einem »afrikanischen Islam«, in der die afrikanische Vorliebe zur Mystik eine wichtige Rolle spielt. Ebenso spricht Yasin Aktay in seinem Werk *Türk Dininin Sosyolojik İmkânı (Die soziologische Möglichkeit einer türkischen Religion)* von einem »türkischen Islam«, dessen Ausrichtung durch den Staat erfolgt ist.[15]

Was ist der »Euro-Islam«?

Wie in jeder anderen geografischen Region der Welt ist es auch in Europa unvermeidlich, dass die hier entwickelten Werte wie Demokratie, technischer Fortschritt, pluralistische Gesellschaft das Islamverständnis der europäischen Muslime zwangsläufig beeinflusst hat. Es mag einigen heute noch seltsam erscheinen, aber dieses Verständnis des Islam spiegelt sich sowohl in der Persönlichkeit, der Kleidung, den Bräuchen wider wie auch in der Weltsicht, dem Denken und der Art und Weise, wie Probleme analysiert werden. So wird die Realität, die wir »Euro-Islam« nennen, zunehmend klare Kontu-

---

14 D. Westerland/E. Evers Rosander, *African Islam and Islam in Africa*, Athens (Ohio) 1998.
15 Aktay, Yasin, *Türk Dininin Sosyolojik Jmkanı*, İletişim Yayınevi, Istanbul 1999.

ren bekommen. Ob man dies anerkennt oder leugnet, ob man Bedenken dagegen hat oder nicht, fest steht, dass diese Entwicklung sich weiter fortsetzen wird. Es ist für mich unerklärlich, einerseits Begriffsbildungen wie »salafitischer Islam« der Salafiten oder »türkischer Islam« der Ultranationalisten gelten zu lassen, aber andererseits die Formulierung »Euro-Islam« abzulehnen.

Ein unter europäischen Bedingungen gewachsenes Islamverständnis würde nicht etwa die Auflösung des Glaubens in westliche Werte bedeuten, sondern es würde in der europäischen Atmosphäre der garantierten Religionsfreiheit die Glaubens- und Moralgrundsätze des Islam bewahren und dabei ein Verständnis der Religiosität hervorbringen, das mit den modernen europäischen Werten vereinbar ist. Und dies verdient die Bezeichnung »Euro-Islam«. Deutlicher gesagt, drückt sich in der Verwendung des Begriffs »Euro-Islam« die Annahme aus, dass der Islam in seiner ultrakonservativen Form mit seinen Bestimmungen der Scharia in den westlichen Gesellschaften nicht praktizierbar ist. Der »Euro-Islam« jedoch kann mit seinen moralisch-ethischen Werten einen positiven Beitrag zu den demokratischen Werten des Westens leisten. Er stützt sich also auf die Überzeugung, dass sich der Islam und der Westen gegenseitig befruchten können. So führt er die Idee des Sultans Mehmet II. fort, dass ein Muslim in Europa leben und die religiös-ethnischen Rechte der Andersgläubigen im Namen des Islam beschützen kann.[16] Der »Euro-Islam« schließt den Verzicht auf jene Koranverse ein, die vom Krieg handeln: Sie sind historisch bedingt und sollten nicht auf aktuelle Geschehnisse übertragen werden. In den Ländern der EU und der NATO finden diese Koranverse keinen Eingang in die islamische Predigt. Da in diesen Ländern keine Kriegssituation herrscht, wäre die Erwähnung dieser Koranverse unnötig und verunsichernd. Stattdessen sollte die aktuelle Bedeutung solcher Koranverse und Hadithe hervorgehoben werden, die vom Frieden, von der Vergebung, von Toleranz, Brü-

---

16 Siehe das Kapitel »Die Scharia und das Grundgesetz«.

derlichkeit und Güte handeln. Der »Euro-Islam« beinhaltet, dass man sich von Verhaltensweisen zurückhält, die andere provozieren und beängstigen könnten; dies schließt z.B. die Überzeugung mit ein, dass das Tragen von allzu fremder Kleidung wie einem schwarzen Tschador oder beduinischen Männerroben zu unterlassen ist, weil dies auf die derzeit ohnehin verunsicherte Gesellschaft in der EU nicht gerade vertrauensbildend wirkt.

Der »Euro-Islam« teilt die Überzeugung, dass die Bestimmungen des Islam an die kulturelle, soziale und politische Situation Europas anzupassen sind und die Interpretation des Glaubens diesem Rahmen Rechnung zu tragen hat. Ein Schritt in diese Richtung ist der in Dublin gegründete *Europäische Rat für Fatwa und Forschung*, auch wenn er noch mit Einschränkungen und Mängeln behaftet ist. Es ist ein Gewinn für die europäischen Muslime, dass hier nun Themen an die Tagesordnung kommen, die in den Fatwa-Gremien der islamischen Länder bisher nicht besprochen worden sind. Ein Teil der europäischen Presse hat den Vorsitzenden des Rates, den muslimischen Wissenschaftler Yusuf Qaradawi, zur Zielscheibe gemacht und über diese Kritik versäumt, die äußerst positiven Beschlüsse des Rates zu würdigen. Dabei betonte der Rat schon seit seiner Gründung in den Ergebniskommuniquees seiner halbjährlichen Sitzungen die Bedeutung der Einhaltung der Verfassung und Gesetze für die europäischen Muslime und formulierte diese Forderung als eine theologisch fundierte Fatwa.[17] Obwohl Qaradawi die Muslime stets dazu auffordert, nicht in Extreme zu verfallen, sondern den mittleren Weg zu gehen, werden er und wegen seiner Person auch die Einrichtung attackiert, deren Vorsitzen-

---

17 Fatwa – arab., wörtl. »(Rechts-)Gutachten«. Die kompetente Stellungnahme islamischer Religions- bzw. Rechtsgelehrter auf eine entsprechende Anfrage. Eine Fatwa hat keinen bindenden Charakter im Sinne eines Dogmas; ihre Akzeptanz beruht allein auf der Qualifikation und dem Ansehen dessen, der sie erteilt. Im Gegensatz zu der von einer Fatwa von Ayatollah Khomeini gegen den Schriftsteller Salman Rushdi dominierten Wahrnehmung im Westen haben Fatwas keineswegs konfrontativen Charakter und können jeden beliebigen Bereich des alltäglichen Lebens behandeln.

der er ist. 2006 schrieb ich einen Brief an diesen Rat, in dem ich dessen Arbeit würdigte, aber auch versuchte, konstruktive Kritik zu üben. Ich legte dar, dass die Fatwa, mit der Qaradawi die Selbstmordattentate von Palästinensern legitimierte, dem Islam widerspreche und dass er sie zurücknehmen müsse. Auf meinen Brief, der auch weitere Kritikpunkte enthielt, bekam ich bis heute keine Antwort. Meine Kritik bezog sich vor allem auf folgende Feststellungen: Der Rat setzt sich, obwohl sein Name das Wort Europa führt, aus Islamwissenschaftlern orientalischer Herkunft zusammen, und sein Vorsitzender sollte idealerweise auch ein europäisch-muslimischer, hoch qualifizierter Wissenschaftler sein; denn das europäische Umfeld ist den hier aufgewachsenen Muslimen natürlich besser bekannt. Auch Mitglieder reformorientierter Richtungen der Theologie und weibliche Mitglieder sind im Rat nicht vertreten. Die Ratsführung orientiert sich an nur einer bestimmten Gruppe von Muslimen, die Fatwas werden am häufigsten in Arabisch veröffentlicht und nicht in europäische Sprachen übersetzt. Trotz der kritischen Stellungnahme zum Rat wurde von einigen Kreisen behauptet, ich stünde »in Verbindung mit den Radikalen«. Dieser Vorwurf aber zeigte im Grunde nur mangelnde Ernsthaftigkeit und Fairness.

Wenn man berücksichtigt, dass der Islam in jedem Land unterschiedlich ausgeprägt ist, so brauchen auch die in Deutschland lebenden Muslime einen eigenen Fatwa-Rat, der gesunde Antworten auf religiöse Fragen hervorbringen kann. Es sollte aber nur *einen* Rat geben, damit keine Verwirrung entsteht. Der Rat sollte über Ideologien, Nationen und Organisationen stehen und sowohl über weibliche als auch männliche Mitglieder verfügen, die verschiedenen Gebieten der islamischen Wissenschaften angehören und sich mit den spezifischen Bedingungen Deutschlands auskennen. Durch Beschlüsse, die dieser Rat einvernehmlich fassen würde, könnte sich ein für diese Breitengrade optimiertes Islamverständnis herausbilden. Die Hauptaufgabe einer solchen Institution wäre es, Lösungen für die religiösen Fragen der Muslime, insbesondere der jungen Generation, zu entwickeln sowie wissenschaftliche und erzieherische Maßnahmen zu treffen, unpassende und falsche Verständnisse von »Frömmigkeit« und dadurch bedingte Praktiken zu berichtigen, die Muslime aus Tradition weiterpflegen.

Das Religionsverständnis der Muslime ist in der Regel nicht so sehr durch die Religion selbst geformt als durch althergebrachte Bräuche, Reden traditionalistischer Geistlicher und Ideen, die mittlerweile veraltet sind. Je mehr die Zahl muslimischer Wissenschaftler europäischer Herkunft ansteigt, desto leichter wird sich in Europa ein Islamverständnis herauskristallisieren, das von veraltetem unislamischem Brauchtum und pseudoreligiösem Aberglauben befreit ist und somit dem Wesen des Islam näher liegt. Die Muslime sollten ihr Religionsverständnis neu hinterfragen, die Quelltexte des Glaubens aus der Perspektive der »universellen Werte« betrachten, die Vernunft und kritische Herangehensweise auf allen Gebieten in den Vordergrund stellen, ihre zeitlich überdauerten, räumlich zu weit hergeholten Ansichten über Bord werfen und mit neuen Methoden zu neuen Interpretationen gelangen, ohne sich vom historischen Erbe ganz zu entfernen. Daher brauchen die europäischen Muslime theologische Fakultäten und sonstige wissenschaftliche Institutionen, in denen ihre Imame und Religionslehrer ausgebildet werden können. Durch die mithilfe dieser Universitäten ausgebildeten Akademiker-Imame und Religionslehrer könnte der »Euro-Islam« in der Gesellschaft Fuß fassen. Deutschland und Europa könnten den Muslimen günstige Bedingungen bieten, einen neuen Prozess der *islamischen Aufklärung* einzuleiten.

Der »Euro-Islam« ist ein Ausweg aus der Verstrickung in regionale Bräuche, die mit dem Glauben nichts zu tun haben und die im Gegensatz zu Vernunft und Wissenschaft stehen. Er ist ein Übergang von einer ländlichen Religiosität zu einer städtischen, von einer Religiosität der Nachahmung zu einer der Rationalität, vom Islam der Auswanderer zum Islam der Sesshaften. Der »Euro-

Islam« könnte eine Lösung bieten gegen die derzeitige Auswegslosigkeit, die durch die Ideologisierung und Politisierung der Religion, durch das Einfrieren des Denkens, das Festfahren der Auffassungen entstanden ist.

Andererseits könnte der »Euro-Islam« eine Brücke schlagen zwischen den Kategorien »Wir« (Juden und Christen) und »die Anderen« (Muslime). Der »Euro-Islam« ist der mittlere Weg zwischen dem einen Extrem, das den Islam aus der europäischen Kultur ausschließen will und in ihm generell eine Gefahr sieht, und dem anderen Extrem, das Europa als Feindesland darstellt, das vom Weg abgekommen und nur noch durch den Islam zu retten ist. Denn der »Euro-Islam« will weder Europa islamisieren noch den Islam europäisieren. Der »Euro-Islam« ist das Gelingen einer Islam-Praxis nach europäischen Normen. Er ist eine doppelte Wertschätzung: von Europa und dem Islam; eine doppelte Liebe und die Fähigkeit, beide Größen in Einklang miteinander zu bringen; er ist das Kunststück, die Existenz beider zu bewahren und stolz auf beide zu sein. Der »Euro-Islam« kommt für Europa einer Hilfestellung gleich, damit die EU – in Bezug auf die in Europa lebenden Muslime und auf die islamische Welt – eine bessere Politik entwickeln kann, um jahrhundertelang gewachsenes Misstrauen und Vorurteile zu beseitigen. Der »Euro-Islam« könnte zum idealen Modell für neue Generationen werden, die in Europa eine interkulturelle Kommunikation anstreben, die den Islam und die Modernität versöhnt sehen wollen, die ihren Job nach weltweit gültigen Maßstäben verrichten, keine Konkurrenz und keinen Wettbewerb scheuen, einen positiven Beitrag leisten, sich immer fragen, wie sie der Menschheit helfen können, die Andersartige nicht zum Feind machen und die eine *kulturelle* Dimension der Religion entwickeln wollen.

Dass sich der »Euro-Islam« mittlerweile von der Theorie in die Praxis umzusetzen beginnt, kündigt sich z.B. durch folgende Anzeichen an: Es wird in einigen Gemeinden verlangt, die Predigten in europäischen Sprachen zu halten (z.B. in Deutsch); beim Bau neuer Moscheen wird nicht mehr der Orient kopiert, sondern man orientiert sich an moderner, europäischer Architektur; es entstehen unabhängige, demokratische islamische Organisationen ohne Lenkung von außen; Muslime nehmen eine europäische Identität an; junge Muslime, die in einer modernen und multikulturellen Gesellschaft aufgewachsen sind, entwickeln neue Formen religiösen Denkens und religiöser Praxis; und dies gilt teilweise sogar für ältere Muslime der ersten oder zweiten Generation, die ihre Sozialisation bereits in einer nichteuropäischen, traditionellen Gesellschaft abgeschlossen haben. Der »Euro-Islam« bedeutet, sich beim Gebet nach Mekka und bei der Politik nach Brüssel bzw. Berlin zu richten: mit der Seele dort, mit Leib und Verstand aber hier zu sein. Der »Euro-Islam« setzt sich dafür ein, eine offizielle Stelle zu schaffen, die die Muslime Europas in Brüssel bzw. Berlin organisatorisch vertreten, und fordert Europa bzw. Deutschland dazu auf, bei der Gründung einer solchen Institution mit Vertretungsanspruch mitzuwirken und die Religion der Muslime auf institutioneller Basis anzuerkennen. Wenn wir heute folgende Definition des »Euro-Islam« liefern können, so verdanken wir dies positiven Entwicklungen wie der Initiative des Bundesinnenministeriums zur »Deutschen Islamkonferenz« (DIK) sowie der öffentlichen Thematisierung des »Euro-Islam« bei der von Alois Glück, dem damaligen Präsidenten des Bayerischen Landtags, initiierten Vortragsreihe im Plenarsaal des Landtags mit dem Titel *Jahrhundert der Religionen*. Der »Euro-Islam« bedeutet schließlich für Europa und für den Islam eine gegenseitige Öffnung, gegenseitige Akzeptanz und Achtung, Integration und Harmonie ihrer Werte, Abbau von Konkurrenzdenken, sodass Spannungen und Konflikte erst gar nicht mehr entstehen können.

Die Wortführer des
»Euro-Islam« als Zielscheibe

Am Anfang dieses Kapitels befassten wir uns mit den Anstrengungen der muslimischen Intellektuellen, die sich zu Beginn des 20. Jahrhunderts in Bosnien für die Entstehung eines an Europa orientierten Islamverständnisses einsetzten, ohne dabei den Begriff »Euro-Islam« zu verwenden. Der »Euro-Islam«, der in Bosnien erstmals »gelebt« wurde und sich später in Deutschland zu einem Begriff entwickelte, wurde sowohl damals in Bosnien als auch heute in Deutschland scharf kritisiert. Der von Bassam Tibi geprägte Begriff stieß bei zwei konservativen Kreisen auf wenig Sympathie. Tibis Thesen fand bei islamischen Organisationen keine Unterstützung, weil sie darin einen Islam ohne soziale und rechtliche Dimension beschrieben sahen. Doch wenn man genau liest, sehen Tibis Gedanken sehr wohl eine soziale Dimension vor. Obwohl ich nicht alle seine Ansichten teile, bin ich der Meinung, dass man sich ihnen nicht ganz verschließen sollte. Zwischen Bassam Tibi und dem Schweizer Islamwissenschaftler Tariq Ramadan, einem weiteren Verfechter des »Euro-Islam«, gibt es mehr Parallelen als Unterschiede. Dass Ramadans Ansichten jedoch Anklang bei den europäischen Muslimen finden, sollte Grund genug sein, Tibi zumindest in seinen ähnlich gelagerten Thesen mehr Beachtung zu schenken. Letzten Endes sind die Gemeinsamkeiten zwischen beiden sehr groß, was die Bedeutung der Integration und die Übernahme der von Europa entwickelten demokratischen Werte betrifft, somit auch die Trennung von Religion und Staat sowie die Gleichberechtigung von Frau und Mann. Nach meinem Dafürhalten gehört Tibi nicht zu der Front derer, die sich zunächst als Muslime definieren, um dann die Werte des Islam unter dem Label »Islamkritiker/in« feindlich zu attackieren.

Der europäischen Öffentlichkeit ist außerdem Mustafa Cerić, Großmufti von Bosnien-Herzegowina, als ein Wortführer des »Euro-Islam« bekannt. Dadurch haben er und Ramadan viel ungerechtfertigte Kritik in Europa geerntet. Die Kritik an Cerić behandelt Fatmir Alispahić aus Bosnien in seinem Buch *Reisofobija*.[18] Ein weiterer Bosnier, der sich zum Begriff »Euro-Islam« bekennt, ist Theologieprofessor Enes Karić aus Sarajevo.

Bei der Eröffnungsfeier des Islamischen Forums Penzberg sagte ich vor mehreren Tausend Anwesenden, unter denen auch hochrangige Gäste waren, dass der »Euro-Islam« eine Realität sei, die nicht mehr verleugnet werden kann und über die es nachzudenken gilt. So verwendete auch ich diesen Begriff zum ersten Mal. Je mehr die Moschee Penzberg durch ihre Arbeitsphilosophie und ihren integrativen Ansatz die Aufmerksamkeit der Öffentlichkeit auf sich zog, umso häufiger sprachen die Medien von dieser Einrichtung als »Euro-Moschee«. Und sie fügten mich als den Imam dieser Moschee der Liste der oben genannten Wortführer des »Euro-Islam« hinzu. Ohne Ausnahme haben alle Wortführer des »Euro-Islam« in Europa Kritik und Diffamierung von unerwarteter Seite erhalten.

Den Verfechtern des »Euro-Islam« geht es bei allen Meinungsverschiedenheiten unter ihnen nicht darum, einen neuen Islam zu erfinden, sondern sich eine Interpretation des Islam zu eigen zu machen, der im Einklang mit den Menschenrechten und der politischen Ordnung Europas steht.

Dennoch sind diese Menschen zum Ziel schwerster Vorwürfe, Beleidigungen und Intrigen geworden. Wie bereits angemerkt mussten sie nicht nur auf die Unterstützung gewisser islamischer Organisationen verzichten, sondern auch einiger »konservativer« Politiker. In einem Gespräch sagte mir ein Politiker, dass der »Euro-Islam« Tibis eine abwegige These sei, die sich niemals verwirklichen lassen werde. Ich hatte zunächst Schwierigkeiten, seinen Standpunkt zu verstehen. Doch später begriff ich: Einige Leute sind dem Islam gegenüber so negativ eingestellt, dass sie sogar den »Euro-Islam« auf diesem Boden nicht dulden werden, weil sie glauben,

---

18 Alispahić, Fatmir, *Reisofobija*, Tuzla 2010.

ihre eigenen Werte auch gegen die »freiheitlichste« Interpretation und die »europäischste« Sicht des Islam verteidigen zu müssen. Nach dieser Auffassung steht der Islam von vornherein in Konflikt mit den »europäischen Werten«, weshalb ihm mit »demokratischen« Mitteln entgegenzutreten sei. Daher sind auch gerade die Verfechter eines aufgeschlossenen, integrativen und verfassungskonformen »Euro-Islam« zu bekämpfen. Man wirft ihnen vor, eine »schleichende Islamisierung« Europas zu betreiben. Es besteht scheinbar die Angst, dass man »politisches Terrain« verliert, sobald in der Gesellschaft ein positives Bild vom Islam entsteht. So versucht man gegen jeden, der es schafft, das Vertrauen der Gesellschaft zu gewinnen und ein positives Islambild entstehen zu lassen, Intrigen zu spinnen und Scheinargumente zu entwickeln. Zur Not geschieht dies unter dem Deckmantel des »Schutzes der Verfassung« und des »Rechtsstaates«, damit die Vorwürfe einen seriösen und bedrohlichen Eindruck machen.

Diese Feindseligkeit gegen die Neuinterpretation des Islam aus europäischer Perspektive musste ich selbst erleben, da ich als Verteidiger des »Euro-Islam« zur Zielscheibe gemacht wurde, durchaus auch von einigen, die gleichzeitig beteuern, nicht gegen diese Form des Islam eingestellt zu sein. Es ist eine sehr gefährliche Entwicklung für den Frieden und die Stabilität in Europa, wenn der Staatsapparat von Personen unterwandert wird, die sich von der absurden Schreckenspropaganda einer »Islamisierung Europas« einfangen lassen und eine direkte oder indirekte Feindschaft gegen den Islam entwickeln. Europa darf heute die unverzeihlichen Fehler, den es gestern gegen die Juden begangen hat, nicht wiederholen. Da darf der Spruch, die Geschichte bestehe nur aus Wiederholungen, nicht als Vorwand dienen. Eine solche Geschichte darf sich nie wiederholen. Es ist eine Wahrheit, die nicht zu bestreiten ist: Der Islam in Europa ist kein neues Phänomen. Er lebt im Balkan seit sechs Jahrhunderten, was nicht zu einer »Islamisierung« Europas geführt hat. Denn der Wunsch der Muslime ist nicht eine Islamisierung Europas, sondern die Anwendung der Konvention zum

Schutze der Menschenrechte und Grundfreiheiten sowie der Verfassung des jeweiligen Landes auf alle Bürger Europas in gleicher Weise. Die europäischen Muslime hegen einen einzigen Wunsch: dass das Recht auf Leben und Freiheit aller so anerkannt wird, dass sich der Holocaust gegen die Juden, der Völkermord gegen die Muslime von Bosnien und im Kosovo und Terrorakte auch in Bezug auf irgendein anderes Volk nie wiederholen können. Das ist alles.

Nun, wie kann sich ein realer »Euro-Islam« durchsetzen? Des Rätsels Lösung liegt darin, eine aktive Beteiligung der Muslime in diesem Prozess zu bewirken und Europa dafür zu gewinnen, die Glaubensgemeinschaft des Islam anzuerkennen und ihre Institutionalisierung auf den Weg zu bringen. Dass dies gelingen kann, haben das EU-Land Slowenien und Kroatien bereits vorgemacht.

Für die Realisierung eines Europa-kompatiblen Islam bedarf es des Zusammenwirkens zahlreicher Kräfte, Institutionen und etablierter Einrichtungen, die vor allem die Debatten in der Anfangsphase lenken müssten, um hier Fehlentwicklungen gegenzusteuern. Die zentrale Aufgabe wäre, sich auf die neu auftauchenden Fragen der heranwachsenden muslimischen Generation zu konzentrieren und neue, zeitgemäße Ansätze zu entwickeln. Ebenso wichtig ist es, für die Verankerung eines wissenschaftlich fundierten und aufgeklärten Islamverständnisses zu sorgen, wie der Identitätsbildung eines europäischen Muslims zur Seite zu stehen, der sich in erster Linie Europa verbunden sieht. Vor allem aber benötigen Muslime einen Perspektivenwechsel, der die religiösen Texte als »universelle Werte« zugänglich macht. Der es erlaubt, den Verstand einzusetzen, Kritik zu üben, neue moderate Methoden zu entwickeln und impulsgebende Interpretationen zu wagen, ohne dabei das kulturelle Erbe völlig zu vernachlässigen. Europa bietet den Muslimen dieses Potenzial, Deutschland bietet es ihnen.

Der »Euro-Islam« möchte eine Brücke schlagen zwischen dem europäischen Denken und dem muslimischen Dasein. Stolz möchte ein Muslim sein, auf seine europäischen genauso wie auf seine religiösen Werte, die er in ausgewogener Weise miteinander vereinbart, die er gleichermaßen schätzt und schützt. Der »Euro-Islam« möchte den in Jahrhunderten wechselseitig angehäuften Vorurteilen und dem Misstrauen zwischen West und Ost ein Ende setzen. Er möchte dazu beitragen, bessere politische und diplomatische Strategien aufzubauen, um den Euro-Muslimen und der islamischen Welt wirkungsvolle Signale auszusenden.

Zur Begründung eines Islamverständnisses im europäischen Kontext müssen Institutionen geschaffen werden. Zu diesem Ziel haben wir die Initiative »Zentrum für Islam in Europa – München« (ZIE-M) ins Leben gerufen.[19] Dank der Unterstützung muslimischer wie nicht-muslimischer Demokraten nähern wir uns dieser Vision Tag für Tag.

Alle Gegner der Demokratie, die ihre Politik unter dem Deckmantel des Christentums oder des Islam betreiben, und alle, die geschützt durch ihren Beamtenstatus die Verfassung selbst missbrauchen und ihre Werte mit Füßen treten, um jegliche Form von Islam zu bekämpfen, werden letzten Endes erkennen müssen, dass der »Euro-Islam« eine Realität und wichtig für die Zukunft Europas geworden ist. Alle, die weder für den Islam noch für Europa Sympathie und Verständnis aufbringen wollen, werden eines Tages zwischen den Seiten der Geschichte verloren gehen, doch einen »Euro-Islam« wird es geben, solange es Europa und den Islam geben wird.

---

19 Zu ZIE-M liegen bisher vor: das auch im Internet publizierte Konzept (2007), die Broschüre »Zentrum für Islam in Europa – München. Integration durch Kooperation« (2009) sowie die Broschüre »ZIEM's Essentials. 10 Gedanken zur Philosophie von ZIE-M für ein konstruktives Miteinander in München« (2010); vgl. auch www.zie-m.de

VIER FUNDAMENTE FÜR EINE ISLAMISCHE THEOLOGIE IN DEUTSCHLAND

Der Vorstoß des Wissenschaftsrates vom Januar 2010 hat nicht nur die Aufmerksamkeit der deutschen Öffentlichkeit auf sich gelenkt, sondern auch die der islamischen Welt. Dieser Vorstoß wurde mit der optimistischen Einstellung aufgenommen, man könne auch hier Unmögliches möglich machen, und das in einem Land wie Deutschland, in dem es keine Tradition islamischer Theologie gibt. Daher ist die Arbeit des Wissenschaftsrates als historisch zu bezeichnen. Deutschland begibt sich damit auf einen zukunftweisenden Weg. Wenn diese Arbeit fortgesetzt wird, so könnten einige unserer Universitäten zu wichtigen islamtheologischen Zentren in Westeuropa werden.

Die Attraktivität solcher Zentren wird jedoch vom Erfolg eines erneuernden Geistes abhängen. Dieser muss von muslimischen Wissenschaftlern und Institutionen getragen werden und eine grundlegende Reformation im islamischen Denken auslösen.

Die Wurzeln der islamischen Theologie

Der Koran wurde als letztes Glied der mit Adam beginnenden Kette von Offenbarungen Gottes im Jahre 610 durch den Propheten Muhammad verkündet, um den Glauben der Menschen auf Erden neu zu beleben. Das heilige Buch des Islam hatte seine primären Adressaten in den heidnischen Bewohnern der arabischen Halbinsel. Das Ziel war, unter ihnen eine gemäßigte Gesellschaft zu gründen (Koran: 2/143), die den monotheistischen Glauben vertreten sollte. Den Kern der Botschaft bilden die im Koran sehr oft wiederholten Begriffe »Glaube« und »rechtschaffene Handlung« bzw. »Gerechtigkeit« und die »Einheit Gottes«.

Der Prozess der Offenbarung des Korans, der zugleich die erste Entwicklungsphase der islamischen Theologie ist, berücksichtigte stark die sozialen Bedingungen, die in der arabischen Gesellschaft vorherrschten. Das heißt, die Offenbarung fiel nicht nur vom Himmel herab, sondern wuchs auch vom Boden hoch. Gott sprach zu den Arabern nicht nur in ihrer Sprache, sondern bediente sich auch ihrer Kultur und Denkweise. Er hörte sich die Anliegen eines Völkergemisches an, das sich aus Muslimen, Götzendienern sowie aus Juden und Christen zusammensetzte, und gab ihnen allen seine Anweisungen. Der erkenntnistheoretische Inhalt des Gotteswortes war ebenso göttlich wie menschlich. Es galt, neben dem Koran auch das Wort des Propheten, die Sunna, zu achten. Diese Worte waren, soweit sie der Verkündigung der Religion dienten, von universeller Gültigkeit, doch Muhammads Lösungen für die sozialen und politischen Fragen seiner Gesellschaft, die Scharia, sind historisch bedingt. Das heißt, das Universell-Ewige und Menschlich-Historische waren nicht ineinander vermengt. Am besten wurde diese Unterscheidung von Muhammads Frau Aischa (gest. 678) und seinem Freund Omar ibn al-Khattab (gest. 644) gehandhabt.

Bald wurde diese differenzierte Herangehensweise an die Grundlagen des Glaubens jedoch ersetzt durch ein starres, unveränderliches, absolutes, ahistorisches Verständnis des Korans und der Sunna. Die Lehre von der Unveränderlichkeit dieser beiden Glaubensquellen wurde so zu einem Dogma, über das nicht mehr nachgedacht werden konnte: Das Heilige und das Weltliche wurden nicht mehr unterscheidbar miteinander verwoben.

Im 8. Jahrhundert entwickelte Abu Hanifa (gest. 767) die Methode der kritischen Rationalität *(istihsan)*, doch Schafii (gest. 820), der im Todesjahr Abu Hanifas zur Welt kam, bereitete dieser Methode ein Ende: Er dogmatisierte die Sunna und führte so den Geist der muslimischen Intellektuellen und damit die islamische Theologie in eine Sackgasse.

Die von Schafii aufgestellte Hierarchie der Rechtsmethoden (Koran, Sunna, Konsens der Gelehrten, Analogieschluss) wurde später auch von den anderen Rechtsschulen übernommen. Dadurch wurden die Methoden verlassen, die dem Islam im Prozess seiner geschichtlichen Entwicklung eine Dynamik verliehen hätten. Anstelle der Methode der Rechtsfindung *(idschtihad)* und der – auch von Abu Hanifa selbst weitergedachten – kritischen Rationalität *(istihsan)* wurde auf eine Denkweise gesetzt, die die Lehre verabsolutiert und die Suche nach Lösungen für auftretende Fragen strikt in die Vergangenheit verwiesen hat. So wurde die geistige Arbeit des Menschen entwertet, seine Erfahrung über Bord geworfen. Die vernunftbetonten oppositionellen Denkströmungen wurden an den Rand gedrängt.

Die traditionellen islamischen Wissenschaften traten in einer Umgebung auf, deren Realität eine besondere Prägung aufwies. Dieses historische Umfeld war bestimmend für die Struktur, das Anliegen, die Methoden, die Ergebnisse und den Diskurs jeder einzelnen Glaubensdisziplin. So gesehen kann man nicht behaupten, dass diese Wissenschaften in ihrer althergebrachten Form zementiert und auf ewig unveränderlich seien. Im Gegenteil waren diese Wissenschaften zu der Zeit ihrer Entstehung bemüht, Lösungen zu entwickeln, indem sie die Offenbarung in Abhängigkeit vom kulturellen Charakter der Gegenwart neu formulierten. Heute haben wir andere Bedürfnisse und andere gesellschaftliche Strukturen; daher müssen sich auch der Gegenstand, die Fächer, Begriffe, Diskurse und Methoden dieser Wissenschaften weiterbewegen.

Eine dogmatische Theologie ist im 21. Jahrhundert nicht lebensfähig

Wenn in Europa und hier in Deutschland eine islamische Theologie auf die Beine gestellt werden soll, so muss die klassische Theologie zugunsten einer anthropologischen Theologie verabschiedet werden. Dies bedeutet den Übergang von einer gottzentrierten Kultur zu einer menschzentrierten. Obwohl der Koran Offenbarung ist, also Gottes Wort, handelt er im Grunde vom Menschen. Daher hat eine vom Koran abzuleitende Wissenschaft keine Theologie zu sein, die sich auf Gott konzentriert, sondern eher eine Anthropologie, die den Menschen zum Gegenstand macht. Im Zentrum dieser Wissenschaft würden dann die Menschenrechte stehen.

Diese Wissenschaft könnte sich z.B. an Husein Đozo, dem Vorreiter der zeitgemäßen islamischen Theologie auf europäischem Boden, oder an den Vertretern der sog. Ankara-Schule (Ankara Okulu)[20] orientieren und in allen ihren Disziplinen der Vernunft den Vorzug geben. Dies sollte mit einer Neuinterpretation des Korans beginnen, wobei nicht die Exegese *(tafsir),* sondern der Kommentar *(taʿwil)* zum Tragen kommt. Bei dieser Methode sollte eine Verbindung zwischen der Lehre und der aktuellen Wirklichkeit hergestellt werden, sie sollte eine zeitgemäße Antwort auf die Frage finden, was Gott gemeint hat, statt zu wiederholen, was Gott gesagt hat. Es ist eine Antwort auf die Frage: »Wie würde Gott den Koran in unserem 21. Jahrhundert formulieren, und wie würde er zu unseren heutigen Problemen Stellung nehmen?« Dazu gehören der Mut und die Fähigkeit, den Korantext des 7. Jahrhunderts mit dem Geist und der Sprache unserer Tage zu lesen, denn man müsste einige Verse des Korans an dem Tag und an dem Ort ihrer Offenbarung

---

20 Eine reformorientierte theologische Strömung, die in den 1990er-Jahren an der Universität Ankara entstand und auf moderne Koran-Hermeneutik gestützt ist; zugleich Name eines Verlages, der die Schriften dieser Denkschule publiziert. In Deutschland ist Ömer Özsoy, Professor für Islamische Religionswissenschaft an der Johann-Wolfgang-Goethe-Universität Frankfurt am Main, ein prominenter Vertreter der Ankara-Schule. www.ankaraokulu.com

stehenlassen, um sich auf diejenigen Verse zu konzentrieren, die von universeller Bedeutung sind. Diese Methode des Kommentars mit ihrem zeitgenössischen Charakter beschäftigt sich weder mit einer Vergangenheit, in der wir nicht mehr, noch mit einer Zukunft, in der wir noch nicht leben. Sie stellt vor allem den Menschen in den Mittelpunkt, da die Offenbarung kein Selbstgespräch war, sondern sich an den Menschen richtete.

Der Koran ist eher eine Quelle des Bewusstseins als des Wissens. Er gehört eher zur Ontologie als zur Epistemologie, d.h., er ist eher eine Ansprache an den Menschen, der die Erkenntnis erlangen soll, als eine Quelle der Erkenntnis selbst. Der türkische Denker und Reformer M. Akif Ersoy (gest. 1936) sagt dazu: »Wir müssen uns unmittelbar vom Koran inspirieren und den Islam von der Wahrnehmung der Zeit aus sprechen lassen.« Eine aktuelle Lesart schließt mit ein, die Begrifflichkeit des Korans, die sich auf einen bestimmten Landstrich bezieht, anzunähern an eine allgemein nachvollziehbare und von heutigen Menschen verstehbare Sprache. Es ist unabdingbar, sich einer aktuellen Sprache zu bedienen, denn die Sprache gleicht mit ihrer Entwicklung dem Fortschreiten einer Zivilisation: Durch die Erneuerung und Entwicklung der Begriffe erneuert sich auch der Gedanke. Nicht nur die Übersetzung und der Kommentar des Korans selbst müssen in einer Sprache neu verfasst werden, die der Mensch unserer Zeit versteht, sondern die gesamte theologische Disziplin muss sich dieser Sprache bedienen. Damit meine ich beides: die Sprache der Zeit und des Landes. Ob es Namen der Rechtschulen wie Schafii oder Hanafi sind oder Begriffe wie Scharia, *muamalat, tazir, uqubat*[21] usw. – sie beziehen sich auf eine ferne Geschichte und einen bestimmten Punkt auf der Weltkarte. Diese absolut zu setzen und für unantastbar zu halten, ist ein Hindernis für die Unabhängigkeit und Universalität des Denkens. Um dieses Hindernis zu überwinden, brauchen wir ein freies Denken, wofür wiederum eine neue

---

21 Arabische Fachbegriffe aus der islamischen Rechtstradition.

Sprache entwickelt werden muss. Diese Sprache hat vernunftbetont, menschenzentriert und zeitgemäß zu sein. Es ist eine Reform vonnöten, ein bestimmtes Verständnis des Islam ein für allemal zu verabschieden, das z.B. menstruierenden Frauen den Zutritt zu Moscheen oder zur Kaaba, ja sogar das Lesen im Koran verbietet. Es ist aber vor allem eine Reform in unseren eigenen Köpfen nötig, nicht, um eine neue Religion zu schaffen, sondern einen neuen Zugang zur Religion.

Wenn wir eine islamische Theologie in Deutschland etablieren wollen, so müssen wir dies tun, indem wir uns vom Alten nicht völlig abkoppeln, sondern die Theologie mit neuen Methoden neu begründen. Diese neue Grundlage wird m.E. auf einer **vierfachen** Neubegründung der islamischen Wissenschaften beruhen. Nur diese vier neuen Stützen der islamischen Wissenschaften können uns garantieren, die Fehler der Geschichte nicht zu wiederholen.

Grunderneuerung der islamischen Wissenschaften in vierfacher Hinsicht

1. Das vertikale Verhältnis zwischen Gott und Mensch durch ein horizontales ersetzen

Als das erste Gebot des Korans, »*Lies!*« verkündet wurde, gab es noch keinen Text zu lesen. So war damit eher gemeint: Versuche zu verstehen! – verstehen, was Gott sagen will, das Dasein, die Natur und alles, was die Menschheit betrifft. Das Wesen der im Koran behandelten Themen bildet der Mensch. Da Gott dem Menschen etwas von seiner eigenen Seele eingehaucht hat (Koran: 15/29), ist der Mensch dasjenige Wesen, das Gott am nächsten steht, das am wertvollsten ist. Der vorzüglichste Ort, Gott zu erkennen, ist das Gewissen des Menschen. Also besteht zwischen Gott und Mensch kein vertikales, sondern ein horizontales Verhältnis. Gott – trotz Seiner absoluten Mächtigkeit – darf nicht als ein Wesen angesehen werden, das auf den Menschen von oben, aus höchster Höhe herabsieht, sondern als eines, das neben dem Menschen steht, in ihm und mit ihm zusammen ist.« *Wenn Meine Diener dich nach Mir fragen – siehe, Ich bin nahe; Ich erhöre den Ruf dessen, der ruft, wann immer er zu Mir ruft«* (Koran: 2/186), *»Wir sind ihm näher als seine Halsschlagader«* (Koran: 50/16). Die hierarchische Betrachtung Gottes als oben stehendes Wesen führte dazu, dass der dadurch entstandene Abstand zwischen Gott und dem Menschen von verschiedenen Klassen aufgefüllt wurde.

Ein derart entrückter Gott löst bei den Gläubigen Furcht und Zurückhaltung aus, bei den Atheisten hingegen die Verleugnung Gottes. Wir brauchen ein neues Verständnis, das Gott in die Welt und die Welt in Gott aufnimmt. Wir brauchen also eine Theologie, die sich – im Gegensatz zum Streben der Mystiker zu Gott hin und der Atheisten von Gott weg – mit Gott zusammen bewegen muss. In diesem Sinne gilt es nicht, sich mit dem Dogma des Korans zu beschäftigen, das ja ein Fingerzeig Gottes ist, sondern es gilt, in die aufgezeigte Richtung zu gehen, also zum Menschen, zum Leben und zur Natur.

Es gilt, statt Zeit mit Spekulationen über Gott und die Dogmen des Korans zu verlieren, sich mit dem von Gott geschaffenen Kosmos und mit der ewigen Botschaft Gottes an die Menschheit zu beschäftigen. Daher hat eine vom Koran abzuleitende Wissenschaft keine Theologie zu sein, die sich auf Gott konzentriert *('ilmul kalam)*, sondern eher eine Anthropologie, die den Menschen zum Gegenstand macht. Da der Ansprechpartner des Korans der Mensch ist, erzählt dieses Buch mit Beispielen aus einer bestimmten Zeit von einem bestimmten Ort über den gemeinsamen Aufbau der Welt durch Gott und den Menschen (Koran: 11/61). Gott offenbart dem Menschen also keine fertigen Antworten, sondern er zeigt ihm Beispiele aus einer bestimmten gesellschaftlichen Wirklichkeit und verlangt von ihm, dass er daraus Schlüsse zieht und dadurch sein Bewusstsein schärft. So will Gott den eingeschlafenen Geist der Menschheit erwecken und die Seite in ihm beleben, die nach Güte und Gerechtigkeit sucht.

Ein dogmatischer Blick auf den Koran, den Text der Offenbarung, hingegen verfehlt die Bedürfnisse der aktuellen Zeit, ja er lässt Gott im 7. Jahrhundert verharren, er macht Gott zum Reaktionären. Das Verhältnis von Gott und Mensch, das heute einem Verhältnis eines Befehle Erteilenden und eines passiv Befehle Empfangenden gleichkommt, muss auf der Basis gegenseitiger Beziehung und Kooperation gesehen werden, ganz so wie zwei Sprechfunkgeräte, die Sender und Empfänger zugleich sind. Dies entspricht der Rolle des Menschen, der als Vertreter Gottes (Koran: 2/30) die Verantwortung übernommen hat, die von Gott erwünschte Welt auf Erden zu errichten, besitzt der Mensch doch eine Vorrangstellung innerhalb der Schöpfung. Das bedeutet, dass der Mensch die Welt zusammen mit Gott und in Seinem Namen gestaltet.

Für den Menschen ist Gott kein zu fürchtender Herrscher, sondern ein Freund, bei dem der Mensch Zuflucht vor seinen Ängsten sucht; für Gott ist der Mensch ein Geschöpf, mit dem er die Welt aufbaut. Als Dank für die von Gott geschenkten Gaben der Vernunft und der Talente errichtet der Mensch mit deren Hilfe die Welt. Ein Religionsverständnis und ein Glaubensdiskurs können nicht über Epochen hinweg ihre Gültigkeit behalten, wenn sie von einer vernunftlosen und seelenlosen Theologie geformt sind, die mit dem Lauf der Dinge nicht Schritt hält, die den Menschen nicht ins Zentrum setzt, das Verhältnis zwischen Gott und Mensch auf die Furcht reduziert, Gott nicht als aktiv Handelnden denkt, sondern seinen Text dogmatisiert und die Lösung jeglicher Fragen in dieses dogmatische Gottverständnis einsperrt. Alle Disziplinen der islamischen Wissenschaften müssen auf die Liebe fokussiert sein. Die Liebe bestimmt auch das Verhältnis zwischen Gott und Mensch und nicht die Furcht oder der Hass. Das heißt, Liebe, Toleranz, Respekt und Gerechtigkeit müssen zum tragenden Element werden, in dem der Gelehrte die Verantwortung übernimmt, die Religion zu interpretieren und zu kommentieren.

2. Das vertikale Verhältnis zwischen Text und Vernunft durch ein horizontales ersetzen

Bevor Gott in historischer Reihenfolge die heiligen Texte offenbarte, hatte er bereits den Menschen und seine Vernunft erschaffen. Der Mensch kann durch seine Vernunft erkennen, dass Gott existiert und was gut und böse, was nützlich und schädlich, was sauber und schmutzig ist. Diese Erkenntnis steht jedem zu, der in Besitz eines reinen Gewissens und gesunden Verstandes ist. Es gilt dem Propheten dorthin zu folgen, wo der Mensch Schwierigkeiten mit dem vernunftmäßigen Begreifen hat: wenn es um den Inhalt des Glaubens oder um die Fragen des Jenseits geht. Der Vernunft den Vorrang zu geben, bedeutet jedoch nicht, den Text zu töten. Die Verherrlichung des Textes durch die traditionalistischen Schulen führte zu einer Überbetonung der Vernunft durch die Rationalisten. So entstanden in der islamischen Geschichte hauptsächlich zwei Strömungen: Ahlu-l Hadith, der Flügel der Traditionalisten in Medina (Saudi-Arabien), und Ahlu-r Ra`y, der Flügel der Rationalisten in Kufa (Irak). Diese beiden Richtungen waren über beide Länder hinaus überall unter den muslimischen Theologen vertreten. Die Kanonisierung der Sunna in einen dem Koran gleichwertigen Status durch Schafii brachte die Textquellen zum Erstarren. Da nun die Texte alles zu erhalten schienen, wurde die freie Urteilsfindung aufgrund der Quellen, *idschtihad*,[22] für überflüssig gehalten, ihre Interpretation auf der Grundlage der Vernunft mit Argwohn behandelt, die Denker dieser Richtung von den Traditionalisten ausgegrenzt.

---

22 Idschtihad – arab., wörtl. »Bemühen, Anstrengung«. Zur Auslegung der Quellen (Koran und Sunna) sind grundsätzlich zwei Wege vorgesehen: die Bezugnahme auf früher getroffene Rechtsentscheidungen und darauf basierende Ableitung (Taqlid) und die selbstständige Auswertung der Quellen auf Grundlage veränderter Umstände und eigener Kompetenz (Idschtihad). Nach Meinung einiger Gelehrter sei, bildlich gesprochen, das »Tor zum Idschtihad« seit etwa dem 10. Jahrhundert »geschlossen«, d. h. Idschtihad nicht mehr angebracht, weil für alle Entscheidungen genug Präzedenzfälle vorlägen. Die Weiterentwicklung islamischer Gesellschaften ist dadurch blockiert worden, und für die heutige, sich rasant verändernde Welt erweist sich die ausschließliche Bezugnahme auf mehr als tausend Jahre zurückliegende Rechtsfälle als geradezu verheerend.

Mit der Zeit trug die traditionalistische Schule mit ihrer Texttreue einen Sieg gegen die Schule der Rationalisten davon. Als die Muʿtaziliten, die letzte Schule der vernunftbetonten Richtung, nicht mehr fortgeführt werden konnte, errang die Richtung der texttreuen Dogmatiker endgültig die Vorherrschaft in der Theologie, und die islamische Kultur geriet in eine Erstarrung. Dies nahm ihr die Möglichkeit, mit der Zeit zu gehen. Unter dem Primat des Textes wurde die Realität und die Vernunft abgewertet. Doch ohne Vernunft ist es nicht möglich, einen Text zu verstehen, geschweige denn, seinen tieferen Sinn zu ergründen. Daher muss die Vernunft bei der künftigen Arbeit an Texten den vorrangigen Platz bekommen, wenn es um Quellen und um Argumente geht. An zweiter Stelle sollte die Überlegung folgen, welchem Ziel und Zweck die Texte unterliegen.

Nach der von al-Schatibi (gest. 1338) entwickelten Theorie der *Ziele der Scharia (maqasid al-scharia)* ist es das Hauptziel des islamischen Rechts, folgende fünf Grundrechte zu schützen und zu erhalten: Glaube, Leben, Vermögen, Nachkommen und Vernunft. Hier handelt es sich im Wesentlichen, modern ausgedrückt, um die Grundrechte und -freiheiten der Menschen. Wir müssen die religiösen Texte im Einklang mit diesen fundamentalen Zielen interpretieren, um sie für unsere Gegenwart fruchtbar zu machen. Daher müssen Bestimmungen zur Zeugenschaft der Frau, zur Erbschaft und zu bestimmten Strafen (Abschneiden der Hand bei Diebstahl, Bastonade bei Ehebruch usw.) im Sinne dieser Ziele und der Rechtsprechung revidiert werden. Texte, die solche Bestimmungen enthalten, sind nicht buchstabengetreu zu befolgen, sondern sie müssen im Hinblick auf ihre Zielsetzung und im Einklang mit der Natur des Menschen interpretiert werden. Denn die Scharia ist nicht dem menschlichen Gewissen übergeordnet, sondern beide ergänzen sich gegenseitig. Es darf keine religiöse Bestimmung geben, die dem Gewissen widerspricht. Nach diesem Grundsatz wird ein Rechtsverständnis, das die o.g. fünf Grundziele der Scharia (Schutz von Glaube, Leben, Vermögen, Nachwuchs und Verstand) in den

Mittelpunkt setzt, auch das Leben gegen Mord und Folter zu verteidigen wissen. Es wird außerdem genauso für die Grundrechte und -freiheiten des Menschen einstehen, wie es gegen den Raubbau von Naturressourcen vorgehen wird.

Ein Verständnis des Glaubens, das sich von der Vernunft und Erkenntnis entfernt, wird dagegen Fanatismus hervorbringen und in Widerspruch mit den natürlichen Werten des Lebens geraten. Genau das ist heute der Fall, wenn der Islam mit dem Menschen und den Werten unseres Zeitalters in Widerspruch zu stehen scheint: Der Islam wurde maßgeblich entfernt von den Mechanismen der Vernunft, obwohl der Koran mit Nachdruck auf diese Fähigkeit des Menschen verwies. Der Glaube wurde im Namen der Religionslehre auf die Dogmen der Gelehrten festgelegt, die vor vielen Jahrhunderten gelebt haben. Um diesen Zustand zu überwinden, müssen im islamischen Recht und in den anderen islamischen Disziplinen die Konstellation von Argument und Referenz *(al-adillah al-schariyyah)* so reorganisiert werden, dass die Vernunft *(aql)* und gleich daneben die Ziele *(maqasid)* ihren Platz einnehmen und der Text (Koran und Sunna) als Vermittlungsinstanz zwischen ihnen steht.

3. Das vertikale Verhältnis zwischen Diesseits und Jenseits durch ein horizontales ersetzen

Obwohl der Koran dem Menschen nahe legt, eine Harmonie zwischen sich und anderen anzustreben, immer aktiv zu bleiben, zu arbeiten, zu lernen, zu reisen und Erfahrungen zu sammeln, obwohl er verdeutlicht, dass nur diejenigen Menschen ins Paradies kommen, die die Welt schöner machen, hat die theologische Tradition die Welt zu einem fürs Seelenheil schädlichen Ort erklärt, das Paradies hingegen als Erlösung aus dem Diesseits zum eigentlichen Ziel. Während also der Koran einen aktiven Zugriff auf die Dinge und Ereignisse vorsah, propagierten seine Wortführer eine passive Haltung dazu. Während der Koran dreimal so viel über die diesseitige Welt spricht als über die jenseitige, entwickelte sich in den muslimischen Gesellschaften eine Überbewertung alles Jenseitigen, sodass ein Weltverständnis und eine Lebensweise entstand, die mit der Realität des Menschen nicht harmonisierten. Diese weltfeindliche Denkweise entfremdete den muslimischen Menschen durch sein Bestreben, die Ewigkeit zu erlangen, von der realen Welt und damit auch von seiner Produktivität und seinem Arbeitseifer. So verlor er aber sowohl die diesseitige als auch die jenseitige Welt, denn die Glückseligkeit im Jenseits ist nur zu erlangen, wenn man beim Aufbau des Diesseits tätig gewesen ist. Wer aber seine Welt eigenhändig zu einer Hölle verwandelt, erlebt seine Hölle auch im Jenseits.

Im Islam gilt der Grundsatz, dass alles erlaubt ist, bis ein Verbot aufgestellt wird. So ist das Feld des Erlaubten viel weiter als des Verbotenen – mit anderen Worten: Freiheit ist die Regel, Verbot die Ausnahme. Doch diese weltabgewandte Auffassung machte in ihrem Eifer ums Jenseits den Koran zu einer Liste von Verboten und Tabus. Der Grund für das Ausbleiben einer harmonischen Vermittlung zwischen Diesseits und Jenseits liegt darin, dass dieses Verhältnis vertikal gesehen wurde. Einem solchen vertikalen Verhältnis liegt die Auffassung zugrunde, die Schönheiten der Welt zur Erlangung des Seelenheils zu verachten, die Arbeit zu vernachlässigen, um Gebetszeiten einzuhalten, und die Sauberkeit des Körpers, der Kleidung und der Umwelt im Vergleich zur Reinigung der Seele geringzuschätzen. Dieses Oben-Unten-Verhältnis von Jenseits und Diesseits hat einen Typus von Frömmigkeit geschaffen, der keine Vermittlung zwischen beiden Bezugspunkten kennt, sondern in einem Zustand des Ungleichgewichts verharrt. Unter der stetigen Furcht vor dem Jüngsten Tag schuf diese Frömmigkeit eine Geistlichkeit, die den Grundsätzen des Islam widerspricht und die die im Koran besonders stark hervorgehobenen Taten zum Wohle der Menschheit *(amel salih)* auf die Einhaltung der Riten beschränkt. Doch diese Taten sind wichtig für Mensch und Umwelt und umfassen alle Bereiche des Lebens. In dieser Hinsicht ist die Entwicklung eines technischen Geräts genauso wichtig wie das Verrichten des fünfmaligen Stundengebets, die Hilfe bei Schulaufgaben genauso gut wie das Lesen im Koran, die Unterstützung bei der Errichtung einer Schule, eines Krankenhauses oder einer Sozialstation genauso heilversprechend wie die Unterstützung beim Moscheebau. Und es ist genauso schön und tugendhaft, die Stimme gegen jedwede Unterdrückung zu erheben wie das Singen des Gebetsrufes.

Der Koran kennt keine Herabwürdigung der Welt gegenüber dem Jenseits. Im Gegenteil, dort ist ein Gleichgewicht vorgesehen. Hunderte von Koranversen und Hadithen fordern die Gläubigen auf, das Leben in dieser Welt ernst zu nehmen und sich als eine religiöse Verpflichtung dazu zu bekennen, die gesellschaftliche Unbill zu bekämpfen und das Gute aufrechtzuerhalten: »*Unser Herr, gib uns Güte in dieser Welt wie im Jenseits*« (Koran: 2/201); »*Suche in dem, was Gott dir gegeben hat, die Wohnstatt des Jenseits; und vergiss deinen Teil an der Welt nicht; und tue Gutes, wie Gott dir Gutes getan hat; und begehre kein Unheil auf Erden; denn Gott liebt die Unheilstifter nicht*« (Koran: 28/77) und »*Die Welt ist der Acker fürs Jenseits*«. Diese Stellen bedeuten mit anderen Worten, dass die Investition eines Gläubigen ins Jenseits nichtig ist, sobald sein Kontakt zur Realität gekappt ist, sobald seine Arbeit und sein Engagement aufgehört haben.

Ein religiöser Diskurs, der auf die Angst vor dem Jüngsten Tag ausgerichtet ist, gibt vielen Gläubigen das Gefühl der unmittelbaren Gegenwart dieser fernen Zukunft. Dieses Gefühl schafft ein gestörtes Bewusstsein der Distanz zwischen dem Heute und Morgen und beeinflusst die Zukunftsperspektive der Gläubigen negativ.

Für eine gesunde, schöne, sichere und glückliche Welt braucht man genauso viel Zuwendung wie für das Jenseits, selbst wenn sie vergänglich ist. Dies geschieht nur durch eine horizontale Verbindung zwischen beiden Welten, die einander ergänzen und fortsetzen.

4. Das vertikale Verhältnis zwischen Religion und Staat durch ein horizontales ersetzen

Die Muslime regierten ihre Staaten im Laufe der Geschichte nach zwei unterschiedlichen politischen Modellen. Bei den Sunniten stand die Religion unter der Führung und Kontrolle durch den Staat, bei den Schiiten hingegen stand der Staat unter der Führung und Kontrolle der Religion. Beiden Modellen ist ein vertikales Verhältnis zwischen dem Staat und der Religion gemeinsam. Der Eingriff von oben geht bei den Sunniten vom Staat aus, bei den Schiiten von der religiösen Obrigkeit. Gemeinsam ist beiden Modellen auch der Zwang und die Manipulation, denen der Glaube ausgesetzt ist. Und beide Modelle haben jeweils eine Klasse von Geistlichen hervorgebracht, die im Islam nicht vorgesehen war. Die Geistlichen verfassten politische Schriften, um den Fortbestand ihrer Systeme zu sichern, und stellten darin die Themen um das Kalifat (bei Sunniten) und das Imamat (bei Schiiten) in den Vordergrund, um gleichzeitig die ebenso politischen Themen wie Gerechtigkeit, Beratung mit dem Volk und Befähigung zur Führung eher auszublenden. Das System der Einmischung der Religion in den Staat bzw. des Staates in die Religion führte zur Entstehung und Zementierung von Monarchien und Despotien teilweise bis in unsere Tage hinein. Der Zwang zum Beten, zum Tragen von einem Tschador für Frauen, die Einmischung in die Lebensweise der Staatsbürger, die Unterdrückung der politischen Opposition und andere theokratische Praktiken haben nicht nur in der eigenen Bevölkerung Angst aufkommen lassen, sondern auch unter den Bürgern nicht-muslimischer Länder. Argumente für einen solchen theokratischen Staat haben ihre historischen Wurzeln durchaus in der islamischen Welt. Autoren wie al-Mawardi (gest. 1058) und Ibn Taymiya (gest. 1328) bei den Sunniten und Ibn Dscham'aa (gest. 1333) bei den Schiiten propagieren eine religiös-politische Haltung, die unweigerlich zu staatlicher Repression führt. Bei allem Verständnis für eine Staatslehre, die für die Zeit ihrer Entstehung begründet erschien, fällt es schwer zu verstehen, dass diese Schriften für die heutigen politisch engagierten Muslime noch immer Gültigkeit besitzen. Zu ihnen müssen wir heute eine Haltung einnehmen, die im Koran folgendermaßen beschrieben wird: »*Nun sind jene Leute dahingegangen; ihnen wird angerechnet werden, was sie erworben haben, und euch, was ihr erworben habt; und ihr werdet nicht beurteilt kraft dessen, was sie taten.*« (Koran: 2/134). Was heute zu tun ist, besteht darin, die Staatsmodelle dieser Gelehrten wie das Kalifat und Imamat in der Geschichte zu begraben und die wesentlich islamischen Werte wie Gerechtigkeit, Recht, Freiheit, gemeinsame Beratung und Kompetenz so neu zu interpretieren, dass sie ein institutionelles Gewicht erlangen (Demokratie). Aus den Koranversen »*Es gibt keinen Zwang im Glauben*« (Koran: 2/256) und »*Seid gerecht: dies ist dem am nächsten, gottesbewusst zu sein*« (Koran: 5/8), sind die Prinzipien der Freiheit und Gerechtigkeit abzuleiten. Daher kann der fundamentale soziopolitische Wert des Islam definiert werden als Freiheit und Gerechtigkeit. Die Zweckbestimmung des Staates ist die Verteidigung und Bewahrung dieser Werte. Die Begriffe »Politik« und »Staat« kommen an keiner Stelle im Koran vor. Denn das entscheidende Kriterium bei der Führung ist die Gerechtigkeit und die Freiheit, und jede Führung, die dieses Kriterium umsetzt, ist islamisch. Der Koran bringt nicht nur die Gerechtigkeit als soziopolitischen Wert hervor, sondern er beantwortet auch die grundlegenden Fragen der politischen Philosophie mit den Begriffen der Kompetenz *(ahliyat)*, gemeinsame Beratung *(schura)* und Güte. Muhammad, der zu Lebzeiten weder den Begriff »Staat« noch »Politik«, ja noch nicht einmal »Scharia« in den Mund nahm, befolgte in seinem Umgang mit der Gesellschaft Prinzipien wie Gerechtigkeit, Kompetenz, Beratung und Güte, die er auch ausdrücklich zur Sprache brachte.

Die islamischen Rechtsgelehrten haben in ihren Arbeiten durch die Geschichte hindurch die Gerechtigkeit intensiv betont. Daher kann man sagen, dass der Islam eher Gerechtigkeit verlangt als Staatsführung. Wo sie hergestellt ist, dort wird der Islam wirksam. In der islamischen Rechtsliteratur ist folgender Grundsatz überliefert: »Gott hilft dem gerechten Staat, selbst wenn dieser ein Staat der Nicht-Muslimen ist; und er lässt einen ungerechten Staat nicht fortbestehen, selbst wenn dieser ein muslimischer ist. Eine gerechte und ungläubige Welt wird fortbestehen, eine Welt der Unterdrückung aber nicht, auch wenn sie muslimisch wäre.« Daher darf die Errichtung eines Glaubensstaates oder sog. Gottesstaates nicht zum Ziel gemacht werden; das Ziel ist vielmehr, eine Ordnung zu schaffen, deren Hauptanliegen die Wahrung der Freiheit und Menschenrechte sein wird. Dies kann weder durch eine Kontrolle des Staates durch die Religion verwirklicht werden noch durch Kontrolle der Religion durch den Staat. Die Alternative dieser Kontrollsysteme ist nicht eine vertikal, sondern eine horizontal angelegte Zusammenarbeit zwischen Religion und Staat, in der diese Instanzen einander mit Respekt behandeln, ohne in die Angelegenheiten der anderen einzugreifen. Das nennen wir in unsrem Land: Freiheitliche demokratische Grundordnung und Rechtsstaat.

DIE IMAM-AUSBILDUNG IN DEUTSCHLAND UND DAS PROJEKT ZIE-M

Die zunehmende Relevanz dieser Thematik

Eine Vielzahl persönlicher Einladungen, die mich aus ganz Deutschland und auch anderen Ländern erreichten, zeigen das immense Interesse – sei es seitens der Politik, der Wissenschaft oder der Kirchen – an der weiteren Entwicklung Europas in Bezug auf die sichtbare Präsenz des Islam. Dabei kommt der Rolle der Imame in Deutschland bzw. in Europa besonderes Interesse zu. Offenbar erkennt man nun, dass moderne Moscheen über ihre Architektur hinaus auch spirituelle und weltanschauliche Akzente setzen. Die Institution »Imam« ist der wichtigste geistliche und kulturelle Träger des Islam. Nun sind wir bereits so weit, dass wir über eine Akademisierung dieser Imame im Rahmen staatlicher Projekte sprechen.

Die Gründung der Deutschen Islamkonferenz 2006 durch den damaligen Bundesinnenminister Wolfgang Schäuble darf zunächst als vielversprechende Initiative hin zu einer Konsolidierung und Etablierung künftiger Strukturen gewertet werden, die auch für die Imam-Ausbildung bundesweit den Boden bereiten würde.[23] Der Islamkonferenz ist jedenfalls zu wünschen, dass es gelingt, die auf dem Weg dahin entstehenden Schwierigkeiten konstruktiv zu bewältigen.

---

23 Gewürdigt wurde die Gründung der Islamkonferenz zuletzt durch die Verleihung des Toleranzpreises der Evangelischen Akademie Tutzing am 5.5.2010 an Dr. Wolfgang Schäuble. Für die Laudatio wurde mit dem Großmufti von Bosnien und Herzegowina, Dr. Mustafa Cerić, der wohl prominenteste Repräsentant eines in Europa beheimateten Islam gewonnen (abgedruckt in Tutzinger Blätter 2010/3).

Dass neben konstruktiven Entwicklungen auch gegenteilige Strömungen in alarmierendem Maße Aufwind bekamen, zeigt nicht nur die in der Gesellschaft, sondern auch in staatlichen Institutionen weit verbreitete Ideologie extremistisch-islamfeindlicher Netzwerke wie z.B. »Politically Incorrect« oder »Bürgerbewegung Pax Europa«. Die zum Zeitpunkt der Abfassung im Herbst 2010 heftig geführte Debatte zeigt leider, dass mit populistischer Stimmungsmache sehr viel mehr Aufmerksamkeit zu erregen ist als mit tagtäglichem Bemühen um Besonnenheit und seriöse Aufklärung. Die Integrationsdebatte kann mit Provokationen und Desinformationen nicht vorangebracht werden. Dazu ist eine konstruktive Zusammenarbeit erforderlich.

Eine neue Etappe wurde mit den Anfang des Jahres 2010 vorgelegten Empfehlungen des Wissenschaftsrates beschritten, an deutschen Hochschulen Islamwissenschaften und islamische Studiengänge anzubieten, auf deren Grundlage nun mehrere deutsche Universitäten die Schaffung entsprechender Studienfächer forcieren.

Berufsbild Imam

Zunächst soll der Begriff Imam als Terminus technicus definiert werden, um im weiteren Verlauf seine Funktion, Aufgabe und Verantwortung klären zu können.

Noch zuvor möchte ich kurz auf eine missverständliche Aussprache des Wortes Imam aufmerksam machen, der ich selbst des Öfteren begegnet bin. Fachbegriffe des Islam sind erst seit kurzer Zeit dabei, ihren Platz in unserer Gesellschaftsordnung einzunehmen. Vor diesem Hintergrund kommt es gelegentlich vor, dass der letzte Konsonant von »Imam« als »n« anstelle von »m« gesprochen und manchmal in Dokumenten auch so geschrieben wird (»Iman«). Solche Irrtümer sollten richtiggestellt werden, damit es nicht zu

Missverständnissen führt. Denn »Iman« mit »n« bedeutet »Glauben« und »Vertrauen« (und ist sprachlich mit dem vertrauten Wort »Amen« verwandt).

Definition

Grundsätzlich lässt sich das Wort »Imam« wie folgt definieren: Imâm – arab., wörtl. »der vorne steht, Vorsteher«. Bei jedem Gemeinschaftsgebet führt einer der Betenden das Gebet an und fungiert so als »Imam«. Davon abgeleitet bezeichnet Imam, türk. *hoca* (Hodscha), aber vor allem das Amt eines Geistlichen, der auf Grundlage einer theologischen Ausbildung eine Gemeinde leitet und seelsorgerisch betreut. Zu seinen regelmäßigen Aufgaben gehört die Freitagspredigt *(khutba)*. Schiiten verwenden die Bezeichnung Imam als Titel für Heilsgestalten aus der Nachkommenschaft des Kalifen Ali.

Ein kurzer historischer Rückblick würde uns zeigen, dass die Institution Imam, obwohl vielseitig und vieldeutig, immer auch konform mit der gegebenen Situation der jeweiligen Zeit war und ist.

Der Islamgelehrte al-Mawardi aus dem 11. Jahrhundert (gest. 1058 in Bagdad) ordnete die Bedeutung eines Imams zunächst in zwei Kategorien ein. Zum einen beschreibt er seine Aufgaben als Beschützer und Bewahrer der muslimischen Identität, der auch in der Weltpolitik seine Position zu vertreten habe. Zum anderen schränkt er seine Aufgabe auf ein einfaches Leiten der rituellen, gemeinschaftlichen Gebete ein. Wir sehen hier zwei Extreme: eine sehr umfassende, auch politische Leitungsfunktion, die in dieser Form obsolet ist, und eine speziell definierte und limitierte Leitungsfunktion. Dazwischen liegen viele Formen und Ausprägungen des Imam-Verständnisses. Ich selbst befinde mich nach al-Mawardis Darstellung zwischen den Extremen, das heißt, ich verfolge als Imam keine politischen Absichten, begnüge mich aber auch nicht damit, als rein ritueller Vorbeter zu fungieren. Wir müssen zwischen den beiden Bezeichnungen Imam und Vorbeter differenzieren. Ein Vorbeter ist derjenige, der, meist von der muslimischen Gemeinde ernannt, das Gebet lediglich leitet, was im Prinzip ein *Jeder-kann-es-machen*-Verständnis impliziert. Ein Imam hingegen ist ein ausgebildeter Religionsgelehrter, der ein Recht und einen Anspruch auf die Leitung der rituellen Gebete besitzt und darüber hinaus im religiös-theologischen Bereich besonders qualifiziert ist. Insofern ist ein Vorbeter nicht unbedingt ein Imam, ein Imam aber immer auch ein Vorbeter.

Rückblickend auf unsere 150-jährige Familientradition von Imamen auf dem Balkan, dessen Nachfolge ich, vielleicht als Letzter, angetreten habe, beschäftigt mich die Frage nach einem zeitgemäßen Imambild. Dabei werde ich gerne zurückgreifen auf Begegnungen mit Kollegen und werde mich ebenso inspirieren lassen von den vielen Eindrücken, die ich in meiner eigenen Biografie im Orient und Okzident kennenlernen durfte. Kurzum, es ist ein Versuch, der Frage nachzugehen: Wie findet ein Imam seinen Platz in Europa?

Im Folgenden möchte ich nun die Anforderungen aufzeigen, die nach meinem Verständnis das Idealbild eines Imams beschreiben.

1. Vorbild und Leitung

Ein Imam einer Moschee ist Vorbild, Leiter und Vertreter seiner Gemeinde. Er zeichnet sich in seinem Umfeld durch herausragendes Wissen und Vernunft aus. Ein Imam ist nicht nur damit beauftragt, für die Gemeinde das Gebet zu leiten und die Freitagspredigt zu halten. Neben diesen obligatorischen Aufgaben sollte er auch eine herausragende und federführende Rolle in der Gesellschaft übernehmen. Er ist die Schlüsselperson, wenn es um Probleme der einzelnen Individuen, der Familien und der Gesellschaft geht.

2. Am Puls der Zeit

Ein Imam hinterfragt im Kontext seiner Ausbildung, ob das, was ihm vermittelt wird, im zeitlichen und räumlichen Rahmen noch relevant und anwendbar ist. Nach dem Prinzip des lebenslangen Lernens fördert er sein Wissen in allen Facetten des menschlichen Zusammenlebens. Täglich verfolgt er lokale und globale Ereignisse um und über den Islam aufmerksam mit und nimmt an Seminaren und Veranstaltungen zum einschlägigen Thema gerne teil. Darüber hinaus ist er in gleicher Weise an den Medien interessiert, die die aktuellen Nachrichten für das unmittelbare Umfeld und über das Land liefern.

3. Fundiert und qualifiziert ausgebildet

Die höchste Auszeichnung eines Imams ist sein fundiertes Wissen über islamisch-theologische Grundlagen. Dabei konzentriert er sich nicht ausschließlich auf einige wenige Meinungen, sondern bedient sich breit gefächerter Studien von Islam-Experten, von diversen Strömungen, Denkern und Rechtsschulen, um sich so selbst einen Überblick zu verschaffen. Er besitzt auch die Fähigkeit zu unterscheiden, dass die in der Geschichte getroffenen Beschlüsse einzelner Gelehrter für bestimmte Sachlagen in bestimmten Regionen keine allgemein verbindlichen Inhalte für religiöses Leben heute darstellen. Darum kann und darf es nicht sein, dass einst vorwiegend im orientalischen Raum von Menschen getroffene Maßgaben für unanfechtbar erklärt werden. Wie jede Epoche ihre Dynamik aufweist, braucht auch unsere heutige Ära eine islamische Geisteswissenschaft, die sich als im Heute angekommen versteht.

4. Kritisch und progressiv

Ein Imam greift Tabuthemen in seiner Gemeinde entschlossen auf. Religiöse Fehlentwicklungen und -interpretationen brandmarkt er offen und kritisch. Während er sich von einem allzu irrationalen Islamverständnis distanziert, zeigt er sich vielmehr als Verfechter des wissenschaftlichen Islam.

5. Kulturell orientiert

Ein Imam fühlt sich nicht nur dem Islam und dem Orient verbunden, sondern auch der westlichen Kultur. Er liest westliche Klassiker – insbesondere Literatur nicht-muslimischer Autoren über Geisteswissenschaften und Philosophie finden sich in seinem Bücherregal. Fremde Kulturen kennt er in- und auswendig und ist ihnen gegenüber aufgeschlossen.

6. Sozial vernetzt

Ein Imam ist auch in Lebensbereichen außerhalb seiner Moscheegemeinde aktiv. Er pflegt einen ausgewogenen und guten Kontakt mit der Gesellschaft und vertritt die Gemeinde nach außen in sozialen und kulturellen Bereichen. Seine ständige Begleitung ist seine Ehefrau. Er hat ein großes Interesse an der Öffentlichkeit. Ebenso weiß er, wie er die Medien einbeziehen kann.

7. Offen und überzeugend im Auftreten

Ein Imam hat einen weiten Horizont, ein breites Wissen, eine ansprechende Wortwahl, ein freundliches und sympathisches Auftreten, einen vorbildlichen Charakter, ist offen für andere Kulturen, Traditionen und Bräuche, begegnet Andersdenkenden und Andersgläubigen mit Respekt, sucht den ständigen Weg des Dialoges und Austausches mit allen Menschen. Weihnachten und Ostern sind ihm keine fremden Feste. Er ist hilfsbereit und offen gegenüber

Männern und Frauen, Jungen und Alten. Es sollte ihm keine Schwierigkeiten bereiten, auch Frauen die Hand zu reichen. Auch ein gepflegtes Äußeres gehört zu seinem Erscheinungsbild.

8. Achtung vor allen Religionen

Ein Imam schätzt die Ressourcen einer pluralistischen Werteordnung und begreift diese als Chance. Er ist bewandert im Judentum, Christentum, Buddhismus, Hinduismus und anderen Religionsverständnissen und steht ihnen mit Toleranz und Akzeptanz gegenüber. Er ist sich dessen bewusst, dass er, wenn er in seinen Vorträgen und Predigten eine dieser Religionen auch nur annähernd kränkt, damit gleichzeitig den Schöpfer angreift.

9. Bekenntnis zum Rechtsstaat

Ein Imam kennt das Grundgesetz und die Gesetzeslage des jeweiligen Landes, in dem er sich zu leben entschieden hat; den demokratischen und rechtlichen Verpflichtungen ist er ebenso verbunden. Er ist reserviert und ablehnend gegenüber allen Menschen eingestellt, die das Rechtssystem anprangern und damit das friedliche Zusammenleben der Gesellschaft in Gefahr bringen. Er wird seine Stimme immer lauter erheben gegen die globalen Auswirkungen von Terror und Radikalismus, so genannte Ehrenmorde, Unterdrückung der Frauen, Gewalt in Schulen und Familien, Rassismus, Antisemitismus und Ausgrenzung, Kriege und Ungerechtigkeit.

Innermuslimische Herausforderungen und Außenwahrnehmung

Es ist eine Tatsache, dass die Äußerungen eines intellektuellen, modernen und mutigen Imams über die Themen, die unsere Gesellschaft derzeit beschäftigen, wie Terror und Gewalt in muslimischen Familien sowie Zwangsehen, auf viel größere Resonanz unter den Muslimen stoßen als die Reaktionen von Politik und Medien.

Gerade deshalb ist die Position der Imame einer der wichtigsten Bausteine, wenn es um Verständigung, Dialog und eine diesbezügliche Stärkung Europas geht.

Was uns heute fehlt, ist eine ernsthafte Debatte unter Muslimen zu Themen, die offen und ehrlich einer Klärung bedürfen. Muslime sind aufgefordert, sich der Herausforderung der Moderne zu stellen und jenseits strikt buchstabengetreuer, traditioneller Auslegungen des Korans moderne, reformorientierte Interpretationen zuzulassen, ohne dabei das geistige Erbe der Religion zu verletzen.

Es besteht ein enormes Bildungs- und Informationsdefizit in Bezug auf den Islam. Die Gesellschaft und die Muslime selbst sind oft mit einem Zerrbild des Islam konfrontiert.

Das Bild des Islam hier in Deutschland wird nach wie vor als vorwiegend »ausländisch« oder »fremd« geprägt wahrgenommen. Noch immer wird der Islam als ein Phänomen im Umfeld von Immigration gesehen. Hartnäckige Vorurteile (»Fundamentalismus, heiliger Krieg, Terrorismus, Ehrenmorde«) stehen einer harmonischen und fruchtbaren Koexistenz von Muslimen und Nicht-Muslimen im Wege.

Gefragt ist hier fachkundiges Personal, Menschen mit spezifischer Ausbildung, die diese Fragen kompetent angehen und eine entsprechende Bewusstwerdung sowohl innerhalb der muslimischen Gemeinschaft in Gang setzen als auch nach außen klärende Signale setzen.

Das bedeutet, dass die derzeitigen Träger und Vermittler eines religiösen Verständnisses, die Imame, die in den islamischen Gemeinden hohe Anerkennung genießen, vorrangig in den Diskurs mit einzubinden sind. In dem Maß, in dem die Rolle der Moscheen in der Diasporagesellschaft vielschichtiger geworden ist, ist auch das Aufgabenfeld der Imame gewachsen. Moscheen sind von einfachen Gebetshäusern zum funktionalen Mittelpunkt migrantenspezifischer Aufgaben gerückt. Imame könnten der treibende Motor der Integration sein, doch lassen sie allzu oft die Grundanforderungen, wie deutsche Sprachkenntnisse und fachliche Ausbildung, vermissen.

Perspektiven der Imam-Ausbildung

Der Bedarf von ca. 2500 Moscheegemeinden in Deutschland, in Bayern etwa 350, wird meist durch den Rückgriff auf Imame aus den Herkunftsländern gedeckt. Man schätzt die Zahl der hauptamtlichen Imame aus der Türkei auf 800, der Rest der Gemeinden wird von ehrenamtlichen »Imamen« begleitet, die von den Gemeinden selbst ernannt werden, häufig ohne entsprechende Qualifikation. Imame aus dem Ausland verfügen kaum über ausreichende Sprach- und Kulturkompetenz und sind deshalb der Integration der Muslime in die deutsche Gesellschaft ebenso wenig förderlich, wie sie den Anforderungen der Gemeinden und ihrer Mitglieder vor allem in der zweiten und dritten Generation nicht gerecht werden.

Das Schicksal der Imame in Deutschland liegt in den Händen der einzelnen Moscheevereine. Muslimische Einrichtungen sind nicht, wie es sein sollte, der Obhut eines Imams unterstellt, sondern hier dominieren Vereinsvorstände, die ihre Aufgaben auf ehrenamtlicher Basis regeln. Der Imam befindet sich nicht in der Rolle des Führenden, er ist selbst der Geführte. Den Imamen wird aufgrund ihres begrenzten Aufenthaltsstatus ungern die Führungsrolle abgetreten. Nach dem Motto »Er ist der Gehende, wir sind die Bleibenden, und wir verfügen über die Finanzen« werden Imame in ihrer Autorität eingeschränkt.

Die islamischen Organisationen wurden, wie in anderen Fragen auch, in dieser Sache alleine gelassen, und so schufen sie sich kurzerhand Ideen und Konzepte, um ihr Defizit an notwendigen Imamen zu decken. So stehen gegenwärtig einige in direkter Verbindung mit ausländischen Ministerien für Religionsangelegenheiten und somit auch unter fremdstaatlichem Einfluss. Ihr Aufenthalt in Deutschland ist auf höchstens fünf Jahre beschränkt, ihre Ausbildung ist generell hochqualifiziert. Ein großer Teil der Imame lässt die Familie zurück und kommt alleine, weshalb sie dann sehr oft hin und her pendeln und damit für einige Zeit ausfallen. In den letzten zwei Jahren werden einige der Imame verpflichtet, einen deutschen Sprachkurs über 600 Stunden zu absolvieren, bevor sie eine Stelle in Deutschland neu besetzen. Allerdings kann dieser Erwerb kaum umgesetzt werden. Bürokratie und andere Hürden versperren den Imamen die Kontakte zur deutschsprachigen Infrastruktur.

Andere Imame sind wiederum Rentner in der Türkei, die mit dem so genannten grünen Reisepass (für Beamte in der Türkei) *nach Deutschland* einreisen und einen Aufenthalt von in der Regel einem Jahr bevorzugen, weshalb viele Moscheegemeinden sogar jährlich den Imam wechseln. Deutsche Sprachkenntnisse besitzen sie kaum und sind auf die Moscheebetriebe angewiesen, ohne jegliche soziale Absicherung.

Andere wiederum bilden in ihren eigenen Reihen junge Menschen zu Imamen aus, die teilweise in Deutschland geboren und aufgewachsen sind. Der Lehrplan, der dabei gelehrt wird, ist nicht öffentlich.

Die Ausbildung der Imame ist und muss ein Kernanliegen, in erster Linie der Muslime in unserem Land, sein. Meine Absicht ist es nicht, die Spitzenorganisationen in ihrer Arbeit zu kritisieren und ihr bisheriges, jahrzehntelanges positive Wirken in den Schatten zu stellen. Aus mehreren Gesprächen über die Situation der muslimischen

Gemeinden weiß ich, dass auch sie die derzeitige Lage der Imame als unbefriedigend empfinden, diese aber wegen mangelnder Unterstützung und Hilfsmittel kaum verbessern können.

Erste Neuansätze

Die Initiative zur Imam-Ausbildung auf europäischem und deutschem Boden muss zunächst von uns Muslimen selbst kommen. Wir debattieren und investieren viel Energie in die Errichtung von Moscheen. Haben wir auch darüber nachgedacht, wer den Geist dieser Räume füllen wird? Geben wir es zu: Wir haben es nicht! Unser vordringliches Anliegen sollte deshalb die Schaffung von theologischen Ausbildungseinrichtungen für Männer und Frauen sein. Bislang haben wir in dieser Kontroverse einem essenziellen Bereich, dem der weiblichen Gelehrtenausbildung, keine Bedeutung zugemessen. Obwohl die Entwicklung der Rechtsgelehrtinnen in der islamischen Geschichte eine herausragende Rolle einnimmt, sind Frauen heutzutage weltweit in einer kleinen Minderheit, was dieses Amt anbelangt. Auch in dieser Entwicklung wird Europa eine Vorreiterrolle zukommen.

Ich bin fest davon überzeugt, dass eine etablierte Imam-Ausbildung in Deutschland möglich ist. Nicht weit von Westeuropa entfernt gehören Hochschulen und Theologische Fakultäten in Länder wie der Türkei oder Bosnien-Herzegowina fest zum Bildungsprogramm, was durchaus auch für uns von Relevanz sein könnte. Darüber hinaus lehren im deutschsprachigen Länderdreieck Deutschland, Schweiz und Österreich bereits einige Professoren und Wissenschaftler, die einen solchen Studiengang konzipieren, aufbauen und leiten können.

Imam-Ausbildung im Rahmen des Projekts »Zentrum für Islam in Europa – München« (ZIE-M)

Im Sommer 2007 trat eine Initiative an die Öffentlichkeit, mit der Muslime selbst neue Wege beschreiten und gemeinsam mit den zuständigen städtischen und staatlichen Instanzen eine anspruchsvolle Einrichtung anstoßen und realisieren wollten. Das »Zentrum für Islam in Europa – München«, kurz ZIE-M, wirbt für ein konstruktives Miteinander. Es geht auf den heute in Deutschland lebenden Muslim ein und ist, abgekoppelt von Einflussnahmen einstiger Herkunftsländer, auf unsere gemeinsame Zukunft hin ausgerichtet. Gemäß dem Leitziel »Deutsch, Deutschland und der Islam stehen nicht im Widerspruch zueinander!« will ZIE-M dazu beitragen, dass Muslime in Deutschland das Land, an dem sich ihre neue Identität ausrichtet, kennen und schätzen, das Grundgesetz und die Gesellschaft sich zu eigen machen und sich aktiv in der Gesellschaft einbringen. ZIE-M setzt sich für einen aufgeklärten und rationalen Islam ein. Das beinhaltet, Religion und Wissenschaft miteinander zu versöhnen. Gerade Europa bietet den aufgeklärten Muslimen die Chance, eine »Islamische Renaissance« zu verwirklichen, die nicht auf Konfrontation, sondern auf Konvivenz und Kooperation abzielt. ZIE-M setzt einen seiner Schwerpunkte auf das aktive und sichtbare Mitwirken der muslimischen Frau und möchte den auf Frauenfragen zentrierten Tabuthemen mit Lösungsvorschlägen und durchdachten Arbeitsprogrammen entgegentreten. ZIE-M will mit seiner Initiative auf allen erforderlichen Ebenen den Prozess der Integration unterstützen und beschleunigen. In diesem Sinne versteht sich ZIE-M als eine Art Querschnittsfunktion zwischen Muslimen und der Mehrheitsgesellschaft. Zentrale Aufgaben werden dabei sein: die Bereiche Bildung und Erziehung, soziale Integration, Engagement für Dialog und gegen Intoleranz.

Islamische Akademie

Ein wichtiger der fünf Bausteine von ZIE-M versteht sich als Plattform für intellektuellen und wissenschaftlichen Austausch: die Akademie. Langfristig ist es das Ziel, hier auch eine geeignete Form der Ausbildung von Imamen zu verorten.

Im 2007 veröffentlichten Konzept von ZIE-M heißt es im Bereich »Ausbildung für Imame und Multiplikatoren« (in Auszügen):

Die Sorgen der Bevölkerung sind nicht loszulösen vom verbreiteten, negativen Image der Muslime: Zum einen wird »Islam« von vielen als problematisch für europäisches Werteverständnis und die deutsche Gesellschaftsordnung gesehen. Und zum anderen gelten Muslime noch immer weitestgehend als »fremd« und, trotz in Deutschland geborener Generationen, kaum als beheimatet.

ZIE-M möchte hier gegensteuern und einen so dringend notwendigen, effektiven Beitrag leisten, um die weitere Entwicklung auf für alle Seiten verträglichere Bahnen zu lenken. Keineswegs darf ZIE-M als eine Art Vorposten für eine vermeintliche »Islamisierung« Europas missverstanden werden! ZIE-M will ganz im Gegenteil einen wirksamen Mechanismus gegen die Fehlentwicklungen einer bisher nicht geglückten Integration und gegen eine weitere Ausbreitung aggressiver und traditionalistischer Richtungen in Deutschland und Europa in Gang setzen.

ZIE-M möchte auch hier ansetzen und eine Ausbildungsstätte für Imame und andere Multiplikatoren wie Religionspädagoginnen und Religionspädagogen, Seelsorgerinnen und Seelsorger und den funktionalen Gemeindevorstehern anbieten.

Eine Imam-Ausbildung im Inland würde nicht nur eine wünschenswerte Dynamik in die Entwicklung einer Theologie des Islam in Europa bringen, sondern auch gleichzeitig auf das religiöse Leben der Muslime reagieren, insbesondere der heranwachsenden Generation, ihre Religion in den europäischen Kontext einbinden und dem Bedürfnis der Mehrheitsgesellschaft nach Aufklärung und Integration durch kundige Muslime entgegenkommen.

Die Islamische Fakultät in Sarajevo, Bosnien-Herzegowina, betreibt seit drei Jahrzehnten Bildungsarbeit für Muslime auf europäischem Boden. Kürzlich eingerichtete Lehrstühle wie in Münster, Erlangen und Osnabrück für die Ausbildung von islamischen Religionslehrern, könnten Grundlagen für eine Imam-Ausbildung vor Ort sein.

Langfristig soll ein in Deutschland einheitlicher, kulturell unabhängiger Lehrplan für einheitliche Standards auf hohem wissenschaftlichem Niveau sorgen und politisch motivierte Religionsauslegung verhindern helfen.

Der Lehrplan wird dem bayerischen Bildungssystem angepasst, die Kooperation mit dem Kultusministerium und mit islamischen Einrichtungen bilden die Grundvoraussetzung für einen harmonischen Abschluss dieser bisher innovativen Form für Imam-Ausbildung in Europa.

Angedacht ist eine akademische Ausbildung in Bachelor- und Masterstudiengängen für Studierende aus dem In- und Ausland. Europäische Austauschprogramme mit den Universitäten in der islamischen Welt sollen mit positiven Impulsen auch nach außen wirken und eine Brückenfunktion zwischen West und Ost übernehmen.

Getragen von fundiertem Verständnis für historisches und modernes Islamdenken, begleitet von Wissenschaftsprogrammen und einem facettenreichen Studienprogramm soll der Lehrplan grundsätzlich in deutscher Sprache folgende Fächer für die theologische Ausbildung umfassen: Koranexegese, Islamisches Recht, Islamische Geschichte, Islamische Kultur und Zivilisation (auch in der Neuzeit), Islamische Mystik, Menschenrechte, Logik, Kommunikation und Verwaltung in Islamischen Einrichtungen.

Weitere verbindende Fächer sollen sein: Rechtswissenschaften, Politik, Wirtschaft, Germanistik, Anthropologie, Soziologie, Psychologie, Pädagogik, Religionswissenschaften der Weltreligionen, Geografie, Kunst, Musik, Deutsche Geschichte und Archäologie.

Ziel ist die Erlangung eines einheitlichen Fachwissens auf der

Basis der muslimischen Quellen und empirischer Pädagogik. Eine essenzielle Grundvoraussetzung für einen gleichberechtigten Dialog ist der begleitende theologisch-fachwissenschaftliche, praktische und spirituelle Ansatz der Ausbildung.

Von in Deutschland in deutscher Sprache ausgebildeten Imamen profitieren die Gemeinden dadurch, dass die Voraussetzungen für die Entwicklung eines modernen, westlichen Islam – eines Islam in Europa – geschaffen werden.

Der »Integrationsmotor« Imam wird seine in der Akademie erworbenen Kenntnisse für das Zusammenwachsen der Gesellschaft fruchtbar einsetzen können. Damit können gleichzeitig negative Begleiterscheinungen der Integration mit bekämpft werden.

Im Bewusstsein, dass diese Einrichtung nur in längerfristigen Schritten ins Leben gerufen werden kann, wird zunächst, bis zum Erreichen dieses Zieles, daran gedacht, bereits tätige Imame in Deutschland an die Modalitäten in praktischer und theoretischer Ausbildung heranzuführen.

In Form von Fortbildungen und periodischen Seminaren sollen folgende Schwerpunkte angeboten werden:

- Erwerb der deutschen Sprache und Erweiterung der kulturellen Kompetenz
- Geschichte Deutschlands und Europas
- Nationalsozialismus und Antisemitismus
- Einführung in Demokratie, Säkularisierung und Menschenrechte
- Einführung in die Rolle der Imame in Europa – Herausforderungen/Chancen
- Christentum, Judentum und andere Religionen und Glaubensgemeinschaften – Dialoggespräche
- Verwaltung und Führung von Moscheegemeinden
- Pädagogik und Didaktik im Religionsunterricht in Moscheen
- Bildung von Architekturgremien ausschließlich zur Beratung von neu zu erbauenden Gebetshäusern

- Plattform vor allem für Akademiker, Lehrbeauftragte an den Universitäten, Studentinnen und Studenten und allen Interessierten bei Seminaren, Konferenzen, Symposien, Diskussionsveranstaltungen und Workshops in Zusammenarbeit mit ähnlichen Einrichtungen und Institutionen
- Regelmäßige Presseerklärungen und Einbindung der Medien in den Prozess

Unterstützung durch die Landeshauptstadt München

Im Dezember 2009 wurde das »Zentrum für Islam in Europa – München (ZIE-M) e.V.« als gemeinnütziger Verein gegründet. Die Satzung entspricht dem Konzeptpapier und setzt das klare Bekenntnis zum Deutschen Grundgesetz und zur Bayerischen Verfassung seiner Mitglieder voraus.[24] In § 2 (Satzungszweck) heißt es u.a.:

Das Zentrum für Islam in Europa – München e.V. möchte in Verantwortung für die Gesellschaft in Deutschland die Identität hier lebender Musliminnen und Muslime in einem Sinne fördern, der dem Islam als friedlicher und an den Werten eines freiheitlichen Rechtsstaates orientierten Religion verpflichtet ist und der ihrer Integration als engagierte und verantwortungsbewusste Bürgerinnen und Bürger dient. Dazu wird eine konstruktive Zusammenarbeit mit allen interessierten Einrichtungen der Stadt und des Staates, der Gesellschaft, der Religionsgemeinschaften und vergleichbarer Einrichtungen angestrebt.

Unter den Aufgaben von ZIE-M wird ausdrücklich eine »Einrichtung zur deutschsprachigen, theologischen Aus- und Fortbildung für Imame« genannt (§ 2).

Die Landeshauptstadt München hat die Pläne schon von einem frühen Stadium an interessiert verfolgt und Kooperation und Un-

---

24 Die Satzung ist vollständig über www.zie-m.de einsehbar.

terstützung signalisiert: In einem gemeinsamen, interfraktionellen Antrag vom 19.3.2010 fordern alle im Stadtrat vertretenen Fraktionen (SPD, CSU, Grüne/Rosa Liste, FDP) zur Unterstützung des Projekts ZIE-M auf. Darin heißt es: »Die Stadt ist aufgefordert, den Verein bei der Suche nach einem geeigneten Grundstück in der inneren Stadt zu unterstützen und erforderlichenfalls die planungsrechtlichen Voraussetzungen zu schaffen. Außerdem sollen Gespräche mit dem Freistaat Bayern geführt werden, um die finanzielle und ideelle Unterstützung der Akademie auszuloten.«[25]

Vorausgegangen war eine Delegationsreise von Mitgliedern der Münchner Stadtrats- und der Bayerischen Landtagsfraktionen, der Kirchen und weiterer interessierter Einrichtungen nach Sarajevo im Jahr 2009, die zum Ziel hatte, Einblick in die Ausbildung von muslimischen Geistlichen und Religionspädagoginnen und -pädagogen auf europäischem Boden zu gewinnen und Anregungen für das ZIE-M-Projekt mitzunehmen. Vor Ort wurden u.a. die Gazi-Husrev-Beg-Medrese (theologisches Gymnasium) und die Islamisch Theologische Fakultät. Die hier etablierte Ausbildung von Imamen und ReligionspädagogInnen wird inzwischen nach dem Bologna-Prozess ausgerichtet. Die Islamisch Theologische Fakultät von Sarajevo unterhält bereits enge Beziehungen zu wissenschaftlichen Institutionen in Deutschland, etwa zur Universität Tübingen.

In Bayern ist zum Zeitpunkt der Abfassung noch nicht geklärt, an welcher der Universitäten München (Ludwig-Maximilians-Universität) oder Erlangen-Nürnberg (Friedrich-Alexander-Universität) eine der vom Wissenschaftsrat angestoßenen Studiengänge für Islamische Studien eingerichtet werden kann. ZIE-M ist in jedem Fall an einer Kooperation mit und Einbindung in den akademischen Prozess interessiert. Hier ist aber zweifellos noch mit mehrjährigen Prozessen sowohl auf Seiten der Universität als auch bei der institutionellen Etablierung von ZIE-M zu rechnen, bis eine vollgültige Form der Ausbildung in Gang kommen kann.

---

25 Rathaus Umschau 19. März 2010, S. 4.

ZIE-M wird jedoch schon ein qualifiziertes Angebot zur Fortbildung von Imamen und ReligionspädagogInnen unterbreiten, und zwar in der frühest möglichen Phase. Solche Kurse und Seminare werden sich an bereits in Deutschland tätige Imame wie auch an pädagogisch und seelsorgerisch tätiges Personal richten und, dem Anspruch von ZIE-M entsprechend, auf die Lebenswirklichkeit in Deutschland abgestimmte religiöse Inhalte mit dem oben aufgelisteten Fächerspektrum verbinden.

Die Praxis der islamischen Theologie

Und damit sind wir nun auch beim eigentlichen Gegenstand angelangt, der Errichtung einer Islamischen Theologie und der Ausbildung von Imamen in Deutschland. Aus dem Gesagten folgt, dass es Muslime selbst sein müssen, die diese Veränderungen in ihrem Bewusstsein vornehmen, sie verwirklichen und weitergeben. Den erfolgversprechendsten Rahmen dafür können zunächst »grass roots«-Initiativen schaffen, die genau dies leisten: das eigene Bewusstsein entwickeln, es zugleich leben und an andere weitergeben. Das Projekt »Zentrum für Islam in Europa – München« (ZIE-M) erfährt bereits parteiübergreifend ein beeindruckendes Maß an Unterstützung, weil viele gesellschaftliche Gruppen und zumindest fast alle Behörden das Potenzial eines Islam mit europäischem Gesicht in dem hier dargestellten Sinn erkannt haben. Das ZIE-M versteht sich eben nicht als ein weiteres Moscheebauprojekt; es strebt in erster Linie die Verwirklichung eines auf das Hier – Deutschland – und Jetzt – im 21. Jahrhundert – abgestimmten Miteinanders von Muslimen und Mehrheitsgesellschaft an. Konkret sind dazu fünf Bausteine vorgesehen: ein soziales und kulturelles Zentrum zur Integration, eine repräsentative Moschee, eine öffentliche Bibliothek über Islam und interreligiösen Dialog, ein städtisches Museum und – natürlich als ein zentrales Element – eine Islamische Akademie zur Aus- und Fortbildung von Imamen und ReligionspädagogInnen.

Von wesentlicher Bedeutung ist dabei zum einen, dass dem Selbstverständnis der Einrichtung entsprechend die Ausbildung von den ehemaligen Herkunftsländern der Muslime abgekoppelt und losgelöst stattfinden soll. Eine grundsätzliche Problematik besteht ja darin, dass die etablierten Verbände zumindest teilweise ausdrücklich eine entsprechende Orientierung vertreten.

Gleichzeitig kann an einer Einrichtung wie ZIE-M die theoretische Ausbildung von Anfang an von der Praxis begleitet werden. Sie findet im »richtigen Leben«, im tatsächlichen, tagtäglichen Umfeld einer lebendigen, islamischen Gemeinde statt, mit allen Chancen und Herausforderungen, die sich daraus ergeben. *Hier* begegnen die Studierenden nicht nur den Büchern, sondern den Menschen mit ihren Fragen und Problemen, die eben im Mittelpunkt ihrer Ausbildung stehen müssen.

Hieran möchte ich auch den bleibenden Vorzug dieses Modells festmachen. Denn ich möchte ja nicht etwa *gegen* eine Etablierung Islamischer Theologie an den Universitäten argumentieren – eine Ausbildung von Imamen und ReligionspädagogInnen eingeschlossen. Ganz in Gegenteil. Nur: wir sollten damit nicht so lange warten, bis solche Einrichtungen an den wenigen Universitäten, die dafür ausgewählt werden, aufgebaut sind. Das wird, allein schon, was die Etablierung des geeigneten Lehrpersonals betrifft, selbst bei günstiger Entwicklung nicht in wenigen Jahren abgeschlossen sein. Wir müssen anfangen! Der Bedarf ist enorm, und Zeit wurde schon viel zu viel verloren. Die Grundsteine werden selbst für die höchsten Bauwerke immer unten gelegt. Wir hoffen alle, dass es einmal eine etablierte Islamische Theologie mit Ausbildung an den staatlichen Hochschulen geben wird, ein Modell, mit dem ich aus der Türkei und Bosnien-Herzegowina selbst gut vertraut bin und das dort sehr erfolgreich funktioniert. Aber das Land kann sich auf eine sehr lange und reiche Tradition stützen, die uns hier fehlt. Stattdessen haben wir hier jahrzehntelange Fehlentwicklungen und Versäumnisse zu verbuchen. Also bedürfen und verdienen entsprechende Initiativen von unten der entschlossenen Unterstützung gerade auch der Behörden.

Längerfristig ist dann eine Kooperation der universitären Einrichtungen mit Projekten wie dem ZIE-M vorstellbar, denn dort und nur dort, an der Basis, an den »grass-roots«, wird der akademische Prozess seine Bodenhaftung finden.

ISLAM UND POLITIK

Der Islam und der Ursprung seines politischen Wesens

Nach dem Tod des dritten Kalifen Uthman (gest. 656) beginnen innere Unruhen auf dem islamischen Territorium. 661 rebelliert der Begründer der Omaijaden-Dynastie Muawiya gegen den in Medina residierenden Kalifen Ali, reißt dieses Amt an sich und ernennt seinen Sohn Yazid zum Kronprinzen für die Zeit nach seinem Tod. So beginnt die Tradition des erblichen Sultanats, die – über die Reiche der Omaijaden (661–750), Abbasiden (750–1258) und Osmanen (1299–1923) bis in einige der heutigen Despotien hinein – jahrhundertelang bestehen bleibt. Mit der Machtübernahme der Omaijaden nahm der Islam einen staatstragenden Charakter an, wobei eine Institution der allgemeinen Gerichtsbarkeit entstand, die später mit dem dazugehörenden Gesetzeswerk zusammen den Namen »Scharia« erhielt. Nach dem Tod Muhammads wurde dieses Rechtssystem zwei Jahrhunderte lang weiter ausgebaut. Das verhängnisvolle Vorgehen Muawiyas bestand jedoch in der Instrumentalisierung der Religion unter dem Vorwand, »die Scharia zu schützen«. Schon die Maßnahme, die er bei einem Krieg gegen den ebenfalls muslimischen Gegner ergriff, indem er seine Soldaten mit aufgespießten Koranseiten in die Schlacht schickte, steht symbolisch für den Glaubensmissbrauch seiner Politik. Die Abbasiden setzten diese Tradition fort und kleideten ihr Sultanat ebenfalls in religiöse Gewänder. Einer der Islamgelehrten der abbasidischen Zeit hieß al-Mawardi (gest. 1058) und lebte in der Residenzstadt Bagdad. Zur Legitimierung der damaligen religiös-politischen Situation im Abbasidenreich verfasste er ein Werk mit dem Titel *al-ahkam al-sulta-*

niyya[26] *(Bestimmungen zum Sultanat)*, in dem er eine Theorie des politischen Islam entwickelte. Hier sieht er eine absolute Monarchie vor, in der der abbasidische Kalif mit Sitz in Bagdad gleichsam als Schatten Gottes auf Erden im Zentrum steht. Doch al-Mawardi ordnete mit dieser Konstruktion die koranischen Prinzipien der Gerechtigkeit *(adalat)* und Kompetenz *(ahliyat)* der Autorität des Kalifen unter und ließ das Prinzip der Beratung mit der Gemeinschaft *(schura)* außer Acht.

Ein weiterer Gelehrter, der die Bühne der Geschichte mit einer politischen Theorie betrat und bis heute Wirkung zeigte, war Ibn Taymiya (gest. 1328). Er zementiert mit seinem Werk *al-siyasah al-schari'yyah*[27] *(Politik der Scharia)* die Tradition der Politik als Wortführer der Scharia. Weit davon entfernt, die Regierung der Sultane seiner Zeit zu hinterfragen, fordert Ibn Taymiya sie im Gegenteil auf, ihre gottgegebene Autorität durchzusetzen, um der »Scharia« Geltung zu verschaffen. Er verlangt vom Staat, als eine Art Sittenpolizei zu fungieren und diejenigen zu bestrafen, die Gottes Gebote nicht einhalten, z.B. das fünfmalige Gebet am Tag oder das Fasten. Damit bereitet er die geistige Grundlage für eine Glaubensdiktatur im Lande des Sultans. Seine Forderung, die im Grunde individuellen Glaubenspraktiken wie das Gebet und das Fasten den Untertanen per Staatsgewalt aufzuzwingen, entbehrt jeglicher Grundlage, sowohl im Koran als auch in der Praxis Muhammads. Im Gegenteil, der Koran sagt ausdrücklich, dass kein Zwang im Glauben zulässig ist (Koran: 2/256). Menschen dürfen weder zum islamischen Glauben noch zur Ausübung von islamischen Glaubenshandlungen gezwungen werden, da das Muslim-Sein als Glaube wie als Handlung völlig dem freiwilligen Einverständnis der Menschen überlassen ist. Die Bestrafung für die Nichteinhaltung der religiösen Gebote sowie

---

26 Al-Mawardi, Abul Hasan Ali, *al-ahkam al sultaniyyah wa al-walayat al-diniyyah*, Dar al-Kutub al-Ilmiyyah, Beirut 2006.
27 Ibn Taymiya, Ahmad bin Abd al-Halim, *al-siyasah al-schari`yyah fi islah al-raa`iyy wa al-ra`iyyah*, Dar al-Faruq, Kairo 2007.

der Sünden, die keine Straftaten sind, erfolgt am Jüngsten Tag. Hierfür hat der Staat keinerlei Befugnisse erhalten. Ibn Taymiya seinerseits musste eine Gefängnisstrafe verbüßen und wurde schließlich, weil er sich gegen die Usurpatoren stellte, zum Tode verurteilt. Obwohl er immer die »Gerechtigkeit« sehr stark betonte, so irrte er doch in der Meinung, den jeweiligen Herrscher als Vertreter Gottes anzusehen und alle Bestimmungen des Korans mit Staatsgewalt durchsetzen zu wollen. Diese islamische Theologie ermöglichte es den politischen Systemen in der islamischen Geschichte, sich im Namen des Schutzes der »Scharia« zu legitimieren. Bis zum heutigen Tag fand in der islamischen Welt keine tiefergehende *innere* Kritik dieser Systeme statt, die noch immer die »Scharia« zu ihrem Zwecke instrumentalisieren. Diese Politik, die sich nach Ansicht Ibn Taymiyas auf die Scharia zu stützen habe, wurde nicht so sehr zu seiner Zeit, doch umso mehr in späteren Jahrhunderten von teilweise radikalen Strömungen im Islam durchgesetzt. Mit diesem Verständnis beginnt die neue Ära des sog. »Islamismus«, die bis in unsere Gegenwart reicht.

Nach dem endgültigen Zusammenbruch des Osmanischen Reiches und der Gründung der Republik Türkei 1924 sahen sich die muslimischen Gesellschaften der Welt zum ersten Mal in ihrer Geschichte in einer völlig neuen Situation. Die islamische Welt erlebte einen tiefen Schock. Die Tradition des Kalifats, die seit 661 durch die Omaijaden mit einem erblichen Sultanat verbunden wurde, wird mit dem Ende des Osmanischen Reiches 1924 auf Nimmerwiedersehen in der Geschichte begraben. Dieses Herrschaftsprinzip, das dreißig Jahre nach dem Ableben des Propheten Muhammad begann und 1350 Jahre lang Bestand hatte, entsprach byzantinischen Vorbildern und nicht dem islamischen Verständnis, und sein Untergang wurde in der islamischen Öffentlichkeit sowohl positiv als auch negativ aufgenommen. Die muslimischen Intellektuellen, die sich für die Republik stark machten, sahen im alten Sultanat einen 13 Jahrhunderte lang fortschreitenden Verfall des vom Islam propagierten Gebots der Beratung *(schura)* mit dem Volk und folgerten, dass sein Untergang konsequent und notwendig war. Für sie handelte es sich bei diesem Untergang nicht nur um das Ende des Osmanischen Reiches, sondern auch der byzantinischen Staatsideologie, die die islamischen Staaten vom Reich der Omaijaden an beherrscht habe. Bestrebungen, die das alte Regime samt dem Kalifat als seinem religiös-politischen Überbau wiederbeleben wollten, seien zum Scheitern verurteilt. Der Diskurs dieser Gruppe von islamischen Intellektuellen forderte für die neu zu gründenden Staaten die Einhaltung der Werte wie Gerechtigkeit, Beratung (durch das parlamentarische System), Freiheit und Gleichheit, also Werte, die sich mit den Idealen der Französischen Revolution decken. Sie stellten fest, dass diese Werte im Islam bereits enthalten sind und dass die muslimischen Völker nur zu ihren eigenen Prinzipien zurückgehen und diese systematisieren müssten. Bereits im Osmanischen Reich vertraten folgende Denker diese Ansicht: Said Halim Paşa (gest. 1921), Mehmed Akif Ersoy (gest. 1936) und in arabischen Ländern Dschemal ad-ddin al-Afghani (gest. 1897), Muhammad Abduh (gest. 1905) und Raschid Rida (gest. 1935). Sie hielten Reden, verfassten Artikel, um dadurch eine Modernisierung der muslimischen Völker einzuleiten, wobei sie sie zur Rückkehr zu den verloren gegangenen islamischen Werten wie Gerechtigkeit, Freiheit, Beratung, Wissenschaft und freie Urteilsfindung *(idschtihad)* bewegen wollten.

Andererseits traten Personen, Gruppen und politische Parteien auf mit dem Ziel, den fortschreitenden Zerfall des Osmanischen Reiches zu Beginn des 20. Jahrhunderts anzuhalten, sich der Ausbeutung der islamischen Länder durch den Westen zu widersetzen, die Strömungen des Laizismus und Nationalismus in islamischen Ländern zu unterbinden, die die religiösen Werte aushöhlten, und der Zerfahrenheit der islamischen Völker ein Ende zu bereiten, sie unter dem Motto »Die Lösung liegt im Islam« zu mobilisieren und zu organisieren. So begann der erneute Prozess eines am Staat orientierten »politischen Islam«. Doch die Wurzeln dieses Diskurses und dieses Denkens gehen auf die Theorien des politischen Islam zurück, die in der Zeit der omaijadischen bis osmanischen Sultanate von Religionsgelehrten entwickelt worden waren.

Die Befürworter des politischen Islam Anfang des 20. Jahrhunderts wurden beeinflusst von den politischen Theorien von al-Mawardi und Ibn Taymiya (s.o.). Der politische Islam, der nun Anfang des 20. Jahrhunderts durch den Untergang des Osmanischen Reiches und durch die europäische Kolonialisierung einiger islamischer Länder entstand, war vor allem eine Bewegung zur Rettung dieses Reiches, zur Beendigung der Besatzung durch Kolonialmächte oder, als Alternative, zur Gründung neuer islamischer Staaten. Dieser Wunsch nach einem Neubeginn für die Muslime führte zur Bildung von Parteien und Organisationen in islamischen Ländern.

Betrachtet man die Theorien und den Diskurs dieser Gruppierungen, entsteht der Eindruck, dass sie einen theokratischen Staat forderten. Sie richteten sich gegen die damals heftige Strömung des Laizismus und hoben hervor, dass der Islam sehr wohl etwas zur Welt und zum Staat zu sagen habe und dass er nicht einfach in die Grenzen des Gewissens verwiesen werden dürfe.

Auch wenn diese Bewegungen der Gewalt fernblieben, gehörte eine martialische Redeweise, die teilweise jeder Logik entbehrte, zu ihren Charakteristiken. Sie bedienten sich inhaltsleerer und leicht zu missbrauchender Slogans wie »Die Lösung liegt im Islam«. Ihre konservativen Wortführer verfügten über einen äußerst dürftigen theoretischen und wissenschaftlichen Background, agierten mit einer immensen Phantasie, mit starken religiösen und moralischen Ansprüchen und einem fundamentalistischen, umstürzlerischen Ehrgeiz. So konnten sie keine neuen Gedanken, Theorien oder gar philosophische Analysen zur Situation z.B. im Nahen Osten liefern, sondern forderten ein Zurück zur Vergangenheit etwa durch die Wiederherstellung eines Kalifat-Staates. Somit konnten sie den Erwartungen der muslimischen Völker in politisch-gesellschaftlicher Hinsicht nicht genügen.

Das politische Denken des Islam in unserer Zeit hat dieses historische Erbe übernommen. Es ist einem Bild vom Staat verhaftet, das sich im Rahmen der tausendjährigen Geschichte ausgebildet hat. Die politische Phantasie, die in vielen religiösen Kreisen heute noch aktiv ist, orientiert sich an ebendiesem Bild. Inzwischen setzt auch in solchen Strömungen ein Prozess ein, die traditionellen Ideen und Theorien zu hinterfragen, Selbstkritik zu üben und danach einen neuen Diskurs hervorzubringen.

Zeitgenössische muslimische Denker befürworten die Demokratie

Ab der zweiten Hälfte des 20. Jahrhunderts entstand ein neuer islamischer Diskurs, der sich in religiösen Fragen rationaler und gemäßigter, in politischen Fragen demokratischer zeigte. So traten innovative muslimische Denker auf; sie konzentrierten sich auf die Gerechtigkeit als denjenigen Wert, der im Koran am stärksten hervorgehoben wird, sie aktivierten die lange verworfene Methode der freien Urteilsfindung *(idschtihad)* wieder und zogen Parallelen zwischen den politischen Theorien des Islam und dem demokratischen System des Westens, um ein neues Verständnis vom Islam zu entwickeln. Diese politischen Theologen setzten sich mit der Geschichte kritisch auseinander und verurteilten die Glaubenshaltung der radikalen, fundamentalistischen und ultrakonservativen Kreise, denen sie einen Missbrauch des Islam vorwarfen. Dabei kristallisierte sich ein neuer Ansatz heraus, der die Angelegenheiten des Glaubens und der Politik nicht miteinander vermengt, der sie aber auch nicht voneinander isoliert. Die intellektuellen Wortführer dieser Richtung stammten aus verschiedenen Ländern und ihre Ansichten bezüglich des Verhältnisses zwischen Glauben und Politik bildeten das philosophische Fundament, auf dem der künftige »politische Islam« beruhen sollte. Die Grundlage und das Zentrum dieser Philosophie waren »Freiheit, Menschenrechte und demokratische Werte«. Sie gingen dabei sowohl zum Theokratismus als auch zu einem ultra-laizistischen Staatsverständnis auf Distanz und schlugen einen mittleren Weg vor. Lassen Sie uns einige dieser Theoretiker als Beispiel erwähnen:

Fazlur Rahman (gest. 1988) aus Pakistan fasst seine Ansichten so zusammen: »Der Koran ist kein juristisches Buch, sondern ein Buch der Moral und Ratschläge. Die juristischen Regeln im Koran, deren Zahl ohnehin gering ist, sind als Beispiele angeführt, sind also nicht verbindlich für alle Zeiten. Was absolut verbindlich ist, sind die hohen religiös-ethischen Werte und die Vorschriften über die Anbetung. Die **Demokratie** ist diejenige Regierungsform, die dem koranischen Prinzip der Volksberatung *(schura)* am nächsten kommt. Bei dieser Feststellung handelt es sich nicht um die Legitimierung eines westlichen Begriffs durch den Koran, sondern um eine Wiederentdeckung. Im Islam ist das Volk das fundamental Entscheidende. Im Staat haben Muslime und Nicht-Muslime die gleichen Rechte. Wenn der Islam eine politische Haltung hat, dann besteht sie im Streben, eine Ordnung in der Welt zu errichten, die sich auf die Gerechtigkeit und den Frieden stützt. Der Islam verwendet nicht das Mittel der Gewalt zu diesem Zweck. Der Dschihad im Islam ist ein friedliches Bestreben. Die religiösen Quellen als unveränderlich anzusehen, ist eine Haltung, die zur Erstarrung des Islam führen und verhindern würde, ihn von seiner Entwicklungszeit im 7. Jahrhundert auf unsere heutige Zeit zu übertragen. Darum muss diese Haltung überwunden werden. Und das geht nur, wenn man die Logik der Erneuerung *(tadschdid)* wirksam werden lässt. Das Wesen dieser Logik liegt in der Annahme, dass die Religion eine unveränderliche, absolute und universelle Seite hat, die aus den Grundsätzen des Glaubens, Betens und der Moral besteht, und eine veränderliche, historische Seite, die sich auf das Recht und die Politik bezieht.«[28]

---

28 *Islam*, 2nd edition, Chicago 1979. *Islam and Modernity: Transformation of an Intellectual Tradition*, Chicago 1982. *Revival and Reform in Islam*, Oxford 1999.

Folgendermaßen können die Ansichten von **Hasan al-Turabi** (geb. 1932) zusammengefasst werden, der zu den populärsten islamischen Denkern und Gelehrten im Sudan gehört: »Im Islam ist die Regierung nicht in Erbfolge übertragbar; es gibt keine Regierungsformen wie Monarchie, Oligarchie, Diktatur, Theokratie u.Ä. Die Regierenden eines islamischen Staates werden nach den Prinzipien der Beratung in der Gesellschaft und der Volksabstimmung durch das Volk bestimmt. Die Macht bezieht ihre Legitimation vom Volk. In der islamischen Gesellschaft leben Nicht-Muslime in Sicherheit und Frieden. Sie dürfen alle Funktionen im Staat übernehmen, ein Christ darf sogar, wenn er gewählt wird, zum Staatspräsidenten werden. Im islamischen Staat gibt es die Regel nicht, der Abtrünnige *(murtad)* müsse getötet werden. Der Abtrünnige (Apostat) ist nicht jemand, der vom Glauben abfällt, sondern der, der sich gegen den Staat aufgelehnt und den Straftatbestand des Hochverrats zugunsten von Fremden, d.h. eines anderen Staates, verübt hat. Im islamischen Staat darf ein Atheist seine Ansichten einer gottfreien Weltordnung verbreiten, ohne Gewalt anzuwenden; diesen Ansichten wird nur auf der Ebene der Ideen etwas entgegengesetzt. Wir sollten ohne Angst das Freiheitsverständnis des Islam praktizieren.«[29]

Rachid al-Ghannouchi (geb. 1941) ist ein islamischer Denker, der in England im Exil lebt. Seine Gedanken wären wie folgt zusammenzufassen: »Was dem Islam widerspricht, ist nicht die **Demokratie**, sondern die Diktatur. Es ist unsinnig, dass einige Muslime die Demokratie bekämpfen. Die Muslime sollten eigentlich die Diktatur und den Totalitarismus bekämpfen. Daher sollten die Islamisten auch nicht die Demokratie, sondern eigentlich die Regime der Diktatur anklagen und in ihren Ländern für die Weiterentwicklung der bereits erzielten demokratischen Errungenschaften kämpfen. Es

---

29 *Al-Mustalahat al-Siyasiyyah fiy al-Islam*, Al-Saqi, Beirut, 2000. *Al-Siyasah wa Al-Hukm*, Al-Saqi, Beirut 2001.

ist auch äußerst falsch, die Demokratie als ein Instrument zu betrachten, das man nach einer Weile abschaffen müsste. Die Demokratie ist im Wesen des Islam angelegt. Denn der Islam führte das System der Beratung *(schura)* ein, das von der westlichen Welt übernommen und zu einem System entwickelt wurde. Wir müssen die Demokratie noch stärken, indem wir sie mit ethischen Werten bereichern. Der Kosmos ist nicht auf Feindschaft, sondern auf Liebe und Frieden gegründet worden. Es ist kein richtiger Gedanke anzunehmen, dass eine uralte Feindschaft zwischen dem Westen und dem Osten existiert, und es kann die Zukunft der Welt nicht positiv beeinflussen. Dieser Gedanke widerspricht dem Objektivitätsprinzip der Geschichte. Denn ein Blick in die Geschichte der Zivilisation zeigt uns, dass der Westen und der Islam eng beieinandergestanden haben. Beide haben ihren gemeinsamen Ursprung im Glauben Abrahams. Und beide haben sich das rationale Denken zur Grundlage gemacht. Diese beiden Zivilisationen sollten ihre althergebrachten Fehler nicht wiederholen, sondern sie revidieren und beginnen, den Weg des Dialogs anstelle des Konflikts einzuschlagen ...«[30]

Abdelwahab el-Affendi aus dem Sudan, der an der Universität London lehrt, skizziert in seinem Werk über die politische Philosophie folgendermaßen: »Der Kampf des Muslims muss Freiheit und **Demokratie** zum Ziel haben. Ein Staat, ob islamisch oder nicht, darf sich nur auf den freien Willen seiner Bürger stützen. Ein idealer Staat der Muslime hat pluralistisch und freiheitlich zu sein. Er darf seine nicht-muslimischen Bürger nicht als Bürger zweiter Klasse behandeln. Wenn die Diskussionen um die islamische Politik Schlüssigkeit besitzen sollen, so muss man den Begriff des islamischen Staates fallenlassen. Das eigentliche Ziel der Politik ist, die Menschen in Frieden zusammenleben zu lassen, und die

---

30 *Al-Hurriyat al-àmma fi d-daula al-islamiya.* Beirut: Markaz dirasat al-wahda al-islamiya, Beirut 1993.

Grundlage dafür bilden Gleichheit und Gerechtigkeit. Es muss betont werden, dass das Individuum, das seine Religion frei ausüben darf, hierfür eines Staates nicht bedarf. Al-Ghazali, Ibn Taymiya, Chomeini und ihre Nachfolger, die einen islamischen Staat für die Existenz eines islamischen gesellschaftlichen Lebens voraussetzen, propagieren eine Irrmeinung.«[31]

Muhammad Ammara aus Ägypten, der in seinen Büchern oft Begriffe wie Erneuerung, Reform und freie Urteilsfindung *(idschtihad)* hervorhebt, schreibt in seinem Buch *al-islam wa hukuk al-insan (Der Islam und die Menschenrechte)* Folgendes: »Die nach der Französischen Revolution proklamierten und häufig geforderten Menschenrechte sind im Islam nicht einfach nur Rechte, sondern auch Aufgaben. Im Konflikt zwischen dem Staat und den Rechten sind die Rechte vorzuziehen. Denn sie sind die Daseinsberechtigung des Staates. Das Recht auf Ernährung, Wohnung, Sicherheit, Gedanken- und Glaubensfreiheit, Teilnahme und Kritik an der Regierung, Überwachung der Regierung usw. – das sind nicht einfach Rechte, sondern auch Pflichten für jeden Menschen. Der Islam garantierte den Menschen die Freiheit zu glauben oder nicht zu glauben, indem er das Verbot des Glaubenszwanges einführte (Koran: 2/256). Im Islam ist die Beratung, d.h. die Teilnahme der Regierten an der Regierung, nicht nur ein Recht, sondern eine obligatorische Pflicht *(fard)* der Scharia. Viele Prinzipien des demokratischen Systems wie die Freiheit des Denkens und der Rede, Gleichheit, Überlegenheit des Rechts und Gerechtigkeit sind im Islam ebenfalls nicht einfach nur Rechte, sondern zwingende Pflichten *(fard)*. Diese Rechte und Pflichten sind allesamt nur auf friedlichem Weg wahrzunehmen und zu erfüllen.«[32]

---

31 *Who Needs an Islamic State?*, London 1991.
32 Ammara, Muhammad, *al-islam wa hukuk al-insan- daruratun la hukuk*, Jeddah 2005.

Nun zu Philosoph **Mohammed Abed al-Jabri** (gest. 2010) aus Marokko, der mit seinen Arbeiten zur kritischen Auseinandersetzung mit den »Islamisten« Aufmerksamkeit erregte: »Der Prophet Muhammad hat sich niemals als politisches ›Oberhaupt‹ titulieren lassen, sondern er hat sich stets als ›Prophet‹ definiert. Er unterhielt Beziehungen zum Volk, die durch das Prinzip der Beratung *(schura)*[33] geregelt waren. Die Regierenden erhalten die Befugnis zu regieren vom Volk und sie sind in erster Linie dem Volk verpflichtet. Wenn man das Gebot der Beratung im Koran (2/159 und 42/38) im Auge behält, ist die Verbindung der Verwaltungs- und Gesetzgebungsgewalt mit der Despotie und dem Zwang absolut unzulässig. Im Islam ist die Angelegenheit der Regierung nicht durch eindeutige, dogmatische Bestimmungen geklärt, wie es bei der Verehrung Gottes der Fall ist. Der Islam hat keine bestimmte politische Regierungsform eingeführt, die für alle Zeiten gültig bleiben sollte. Er legte lediglich allgemeine Prinzipien fest (bezüglich des Glaubens, der Lebensführung, des Eigentums, Verstandes und Schutzes der Menschenwürde). Den Aufbau einer Rechtsordnung zur Befriedigung der jeweiligen Bedürfnisse der Gesellschaft hat der Islam den Menschen selbst überlassen. Daher ist der Islam seinem Wesen nach säkularistisch. Denn wir haben keinen Klerus. Da es im Islam keine mit der Kirche vergleichbare Institution gibt, besteht auch das Problem einer Trennung der Religion vom Staat nicht. Was unsere Gesellschaften brauchen, ist die Trennung der Religion von der Politik. Dies bedeutet, dass die Religion für politische Zwecke nicht instrumentalisiert werden darf; denn die Religion repräsentiert einen konstanten und absoluten Bereich im menschlichen Dasein. Die Politik hingegen ist relativ und veränderlich. Die Politik wird von Interessen geleitet, und das Bestreben der Politiker orientiert sich an Vorteilen. Die Religion muss aber fern von solchen Überlegungen gehalten werden. Wenn religiöse

---

[33] Schura(-Rat) – arab., wörtl. »Beratung, Rat«. Schura bezeichnet verschiedene beratende oder auch parlamentarische Gremien.

Konflikte von politischen Ambitionen herrühren, bedeutet dies für die Gesellschaft eine Zerreißprobe und kann zum Bürgerkrieg führen.«[34]

İhsan Eliaçık (geb. 1961) aus der Türkei, der in seinen Schriften die bereits 14 Jahrhunderte während Vergangenheit des Islam mutig hinterfragt, setzt der These des theokratischen Staates und dessen Antithese des laizistischen Staates eine neue Synthese entgegen, die er den »Staat der Gerechtigkeit« nennt. Seine Position, die er in seinem Buch *Adalet Devleti – Ortak İyinin İktidarı (Staat der Gerechtigkeit – Die Herrschaft des gemeinsamen Guten)* detailliert zur Sprache bringt, besagt zusammengefasst Folgendes: »Die Aufgabe, das Recht der Scharia nach dem letzten Propheten Muhammad zu erneuern, ist den Menschen überlassen worden. Die Muslime dürfen im Einklang mit den grundlegenden Zielen der Religion das Rechtssystem erneuern. Daher gibt es im Islam auch keinerlei politische Ordnung, die durch starre Schablonen festgelegt wäre. Das Wesen der politischen Philosophie im Islam besteht darin, einen Staat zu gründen, der sich auf Gerechtigkeit stützt. Welche Regierungsform im Lichte dieses grundlegenden Wertes zu bilden sei, müssen die Menschen durch ihre Vernunft selbst herausfinden. Der Islam setzt sich aus Bestimmungen zum Glauben, zum Beten, zur Moral und zum Recht zusammen. Die Bestimmungen des Glaubens und des Betens sind nicht Sache des Staates; die universellen moralischen Bestimmungen sind die geistigen Grundlagen des Staates, während die rechtlichen Bestimmungen der Entwicklung der Gesellschaft zu überlassen sind. Parallel zum Wandel der Lebensbedingungen ändern sich auch die Rechtsbestimmungen (Scharia). Die Scharia, d.h. Recht, ist jeweils alles das, was Gerechtigkeit gewährleistet. Daher muss das z.Zt. weit verbreitete Scharia-

---

34 Al-Jabri, Mohammed Abid, kadaya fi al-fikr al-muasir, Markaz dirasat wahdah al arabiyyah, Beirut 1997. *Democracy, Human Rights and Law in Islamic Thought*, London 2008. *Die »Kritik der arabischen Vernunft«*, Berlin 2009.

Verständnis, das einen theokratischen Staat anstrebt, ersetzt werden durch eine innerliche Religiosität, die das moralische Wesen des Islam hervorhebt. Auch der Staat sollte von dieser moralischen Substanz der Religion nach Kräften profitieren. Der fundamentale Daseinsgrund des Staates ist die Herstellung dieser Gerechtigkeit, einer Gerechtigkeit, die jedem sein Recht gibt. Der Staat hat keine Religion, und das eigentliche Maß des Regierens ist die Gerechtigkeit; daher ist die Bezeichnung ›Staat der Gerechtigkeit‹ bzw. Rechtsstaat angemessener als Islamstaat.«[35]

Des Weiteren leistete ein europäischer Staatspräsident einen wichtigen Beitrag: **Alija Izetbegović** (gest. 2003), ein moderater und aufgeklärter muslimischer Staatsmann mit einem soliden philosophischen Hintergrund und ein Erneuerer im Glaubensverständnis wie in der Staatsführung. Die erstmalige Wahl (1990) eines islamischen Reformers in einem Land mit muslimischer Bevölkerung in Europa lenkte die Aufmerksamkeit des Westens wie auch der islamischen Welt auf Bosnien. Mit Izetbegović sollte zum ersten Mal in Europa das Staatsverständnis eines muslimischen Staatschefs in die Praxis umgesetzt werden.

Sobald er die Macht angetreten hatte, wurde seine Regierung sozusagen per Knopfdruck vor eine Kriegssituation gestellt, was für einen neugegründeten Staat das größte aller Probleme darstellt. Seine Vision hatte ihn im ehemaligen Jugoslawien hinter Gitter gebracht, und er musste jetzt durch eine Prüfung gehen, in der er die Werte, für die er in Friedenszeiten bestraft worden war, im Krieg als muslimischer Staatsmann vertreten musste. Denen, die viel Aufhebens um Bosnien als islamischen Staat mitten in Europa machten, entgegnete Izetbegović gleich zu Beginn seiner Amtszeit Folgendes: »Wir fordern keinen islamischen Staat. Das Einzige, was wir wollen, ist, dass der Islam respektiert wird und dass die Muslime mit anderen ethnischen

---

35 Eliaçık, İhsan, *Adalet Devleti*, Bakış Yayınları, 2003. *İslam'ın Üç Çağı*, Çıra Yayınları, 2004.

Gruppen zusammen in Freiheit ihren Glauben praktizieren dürfen.« Er konnte jetzt aber nicht mehr an seiner Theorie feilen, sondern es war Zeit, sie anzuwenden. Dieser Europäer, der sich als Staatsmann die Sympathien von Freund und Feind, von Ost und West zu sichern wusste, verteidigte ein Modell der Zusammenarbeit zwischen Glauben und Staat, wie es in Deutschland der Fall ist. Izetbegović war ein Staatsmann, der die Politik von *ethischen Werten* und nicht von religiösen geleitet wissen wollte, worin er Konrad Adenauer glich. Er forderte die Gleichberechtigung für Muslime, Katholiken, Orthodoxe und Juden. Er hat nie den Vorwurf eines *christlichen Terrors* erhoben, auch dann nicht, als junge Freischärler in von Priestern gesegneten Aktionen Moscheen bombardierten und Frauen vergewaltigten. Izetbegović verbot es, Grausamkeit mit Grausamkeit zu vergelten. In seinen Reden noch während des Krieges verlangte er mehrfach, dass man die Zivilbevölkerung und Kirchen nicht angreifen, Frauen und Kinder nicht belangen, sich am Allgemeingut und an den Kulturschätzen des Landes nicht vergreifen darf und dass die bereits unterschriebenen Verträge eingehalten werden müssen.

Als der blutigste Krieg nach dem Zweiten Weltkrieg nach dreieinhalb Jahren zu Ende war, willigte Izetbegović im Namen des Friedens einer ungerechten Neuverteilung des Territoriums ein und forderte die muslimische Bevölkerung auf, keine Rache an den Übeltätern zu üben, sondern das Land mit den anderen zusammen wiederaufzubauen und die Wunden des Kriegs heilen zu lassen. Als Jurist wirkte er an der Vorbereitung der Verfassung Bosniens mit und setzte sich für die Gleichberechtigung aller Ethnien hinsichtlich des Glaubens und der Sprache ein. Und das tat er nicht etwa aus Zwang, sondern weil er als überzeugter Anhänger des Rechtsstaates die Freiheit, das Recht und die demokratische Ordnung zu den Grundfesten des Islam zählte.[36]

---

36   Alija Izetbegović, *Izabrana djela*, Sarajevo 2005.

Die hier angeführten Beispiele, d.h. die Theorien und die politische Praxis aufgeklärter und demokratischer muslimischer Denker zeigen Folgendes: Eine Politik mit islamischer Weltanschauung bedeutet Einsatz und Bestrebung für Menschenrechte, Gerechtigkeit, Rechtsstaatlichkeit, Demokratie, Freiheit, Gleichheit, Toleranz und Modernität.

Das politische Engagement der Muslime in Deutschland

Die in Deutschland lebenden Muslime haben kein politisches Bestreben entwickelt, das sich auf religiöse Grundlagen stützt, und sie sollten das auch nicht tun. Für Muslime, die auf dem politischen Gebiet aktiv werden wollen, gibt es demokratische Parteien in genügender Anzahl. In diesem Zusammenhang können und müssen auch die in Deutschland lebenden Muslime politisch aktiv werden wie die Christen, Juden und Atheisten dieses Landes. Die existierenden islamischen Organisationen sollten dabei keineswegs eine politische Agenda verfolgen, was aber Stellungnahmen zu politischen Themen natürlich nicht ausschließt. Denn was die Muslime von religiösen Gemeinden erwarten, ist keine politische Tätigkeit. Wer politisch aktiv werden möchte, der kann in einer Partei zum Wohle der Gemeinschaft tätig werden. Doch ein Muslim, der sich mit der Politik beschäftigt, muss sich im Rahmen der Satzung seiner Partei und der Verfassung des Landes bewegen, ohne dass die Werte seines Glaubens als ein Instrument der Politik missbraucht werden. Cem Özdemir, Aygül Özkan oder Tarek al-Wazir dienen hier als bekannte Beispiele für Politiker ausländischer Herkunft, die in Deutschland tätig sind.

Eine neue politische Struktur auf muslimischer Basis, etwa wie die Gründung eines »Bündnisses für Frieden und Fairness« (BFF) in Bonn sehe ich nicht als eine richtige Entscheidung an, selbst wenn eine solche Partei einem in der Verfassung verankerten Grundrecht entspringt. Denn solche Strukturen führen zu Parallelgesellschaften. Die gemeinsame Basis der in Deutschland lebenden muslimischen und nicht-muslimischen Bürger ist die Verfassung. Und die verfassungsmäßigen Werte – die ja alle mit dem Islam im Einklang stehen – kann jeder Muslim unter dem Dach irgendeiner politischen Partei verteidigen.

Das Verhältnis von Religion und Staat im islamischen Denken

Das Kapitel »Islam und Politik« möchte ich mit den Fragen abschließen, ob der Islam einen Anspruch auf den Staat erhebt und wie das Verhältnis zwischen Glauben und Staat im Islam geregelt ist. Die grundlegenden Quellen des Islam, der Koran und die Sunna, beziehen sich nicht direkt auf ein Staatssystem. Alles, was diese beiden Quellen zur Verwaltung und Administration des Staates beinhalten, sind die Werte der Gerechtigkeit, Kompetenz, Beratung sowie die Werte einer fundamentalen *politischen Moral* im Dienste der Staatsgeschäfte. All diese Werte richten sich auf das Ziel, die allgemeinen Fragen der Gesellschaft zu lösen, die auch die universellen Fragen der Menschheit sind. Dies muss auch der Standpunkt sein, den ein Staat einnimmt, ohne sich in religiöse Angelegenheiten einzumischen, die eher den individuellen Bereich der Gläubigen regeln. So wie es keinen *Staat der Religion* geben darf, so ist auch eine *Religion des Staates* unzulässig. Der Islam sieht eine Trennung bzw. Kooperation zwischen Religion und Staat vor, also einen »Kooperationsstaat« auf der Basis von Werten. Daher ist der »Islamismus« in der in Europa so bezeichneten Form, also der Anspruch auf einen sog. Gottesstaat, mit dem Islam unvereinbar.

Nicht-muslimische Demokraten und demokratische Muslime sollten zusammen gegen die Kräfte arbeiten, die mit unfairen Verleumdungskampagnen die Gesellschaft verunsichern und einen Keil zwischen Muslime und Nicht-Muslime treiben wollen. Wer dem Glauben nach Muslim und der politischen Ansicht nach Demokrat ist, muss einerseits immer wieder die Gleichheit gegen Diskriminierung, den Rechtsstaat und die Freiheit gegen Repressionen, den Pluralismus gegen Monokultur, die Liebe gegen den Hass, den Dialog gegen Ausgrenzung propagieren, und er muss andererseits sein Engagement gegen eine Instrumentalisierung der Religion durch die Politik verstärkt fortsetzen.

DIE SCHARIA UND DAS GRUNDGESETZ

Die Scharia als Propagandamaterial

Bei dem Begriff Scharia denken viele an eine Regierungsform nach religiösen Regeln. Damit verbundene Vorstellungen wie das Abschneiden von Händen bei Diebstahl, die Todesstrafe für Apostasie, Peitschenhiebe bei Ehebruch u.Ä., die teils religiösen Texten entlehnt sind, teils dem Regierungsstil und der Rechtsprechung des Mittelalters entstammen, lassen ein Bild entstehen, das einer Karikatur des Islam gleichkommt.

Da über den Begriff »Scharia« in Europa zumeist in aggressiver Weise geschrieben und gesprochen wird, findet keine objektive oder wissenschaftliche Annäherung statt. Obwohl dieser Begriff im Koran von insgesamt 77 436 Worten nur einmal vorkommt, wird er von allen verwendet, die den Islam anprangern und Ängste in der Öffentlichkeit schüren wollen. Die Tabuisierung der »Scharia« und anderer mit dem Islam zusammenhängender Begriffe in Europa widerspricht der Gedanken- und Meinungsfreiheit. Der Begriff »Scharia« konnte selbst im kommunistischen Jugoslawien frei von Vorurteilen verwendet werden, einem Land mit Einschränkungen in Gedanken- und Glaubensfreiheit. Die religiöse Trauung vor dem Imam, die zusätzlich zur standesamtlichen gefeiert wurde, hieß z.B. in Serbien, Bosnien oder Kroatien (und heißt dort heute noch so) *šerijatsko vjenčanje* und wurde vom kommunistischen Regime keineswegs als Waffe gegen die muslimische Bevölkerung eingesetzt. Dort war unter Muslimen ein Scharia-Verständnis üblich, das als Synonym für ethisch-moralische Werte angesehen wurde. In der kommunistischen Zeit gab es auch zahlreiche Veröffentlichungen, die im Titel das Wort Scharia als ethisch-moralischer Code führten.[37] Es ist heute im demokratischen Deutschland schwieriger als im kommunistischen Jugoslawien, diesen Begriff neutral zu verwenden.

Auf der anderen Seite wurde der Begriff Scharia, genauso wie der Begriff Dschihad, von muslimischen Kreisen im Laufe der Geschichte missbraucht. Sein ursprünglicher Sinn wurde entstellt – aus Unwissen, durch Vorurteile, wegen Ressentiments gegen den Islam oder wegen radikalen Bestrebens –, doch so wurde dem Missbrauch und der Diskreditierung dieses Begriffs Tür und Tor geöffnet. Ich habe in der Moschee von Penzberg in den letzten 15 Jahren über tausend Predigten gehalten und Gespräche geführt, und ich erinnere mich nicht, das Wort Scharia, im Sinne eines Rechtssystems vs. Grundgesetz, ein einziges Mal verwendet zu haben. Das Thema Scharia scheint bei Nicht-Muslimen sogar sehr viel stärker im Vordergrund zu stehen als bei den Muslimen selbst. Dass Scharia als Gegensatz zum Grundgesetzt gedacht wird, ist unter Muslimen eine weitgehend fremde Vorstellung. Die Darstellung in den Medien nimmt nicht zur Kenntnis, dass in der großen Mehrheit der 2600 Moscheen in Deutschland kein Gegenmodell zum Grundgesetz namens Scharia gepredigt wird. Vor wenigen Jahren, als ein hochrangiger Politiker zu einer Wahlveranstaltung nach Penzberg kam, hielt er eine Rede vor der Parteibasis. In seiner einstündigen Rede kam das Wort Scharia dreimal vor. Man kann nun hochrechnen, wie oft er es in seinem gesamten politischen Leben wohl in den Mund genommen hat. D.h., ein Politiker, der in Glaubenssachen nicht kompetent ist, verwendet diesen religiösen Begriff häufiger als ein Imam oder Gelehrter. Ein anderer Politiker kommentiert einen sog. »Ehrenmord« mit den Worten, das hier sei »kein Land, das mit der Scharia regiert werde« und lässt so in der Öffentlichkeit den abwegigen Eindruck entstehen, die Scharia, also

---

37 Đozo, Husein *Vračanje šerijatu*, Glasnik,XLV/1982. *Husein Đozo- knjiga prva, Islam u vremenu*, El-Kalem, FIN, Sarajevo 2006. Karčić, Fikret; Karić Enes, *Šerijatsko pravo u savremenim društvima*, Pravni centar, Sarajevo 1998.

der Islam, befürworte den »Ehrenmord« – für Islamgegner eine willkommene Aussage, die Scharia zu missbrauchen, um weiterhin Angst und Hass zu schüren. Auf der anderen Seite richten radikale Gruppierungen in den Straßen von Somalia, Nigeria oder Pakistan Blutbäder an und versuchen dies mit dem Islam bzw. der Scharia zu legitimieren. Der Begriff befindet sich heute zwischen diesen zwei Extremen, die ihn entweder für die Scharia selbst oder als Waffe gegen die Scharia instrumentalisieren.

Soweit ich sehe, verwendete der Prophet der Muslime das Wort Scharia in seinem Leben kein einziges Mal. Und der Koran? Darin kommt das Wort nur einmal vor. Der Vers, in dem der Begriff Scharia vorkommt, lautet: »*Wir haben dich auf einen Weg (Scharia) gebracht, durch den der Zweck (des Glaubens) erfüllt werden mag.*« (Koran: 45/18). Die Stelle zeigt klar, dass sich die Scharia von der Religion bzw. vom Glauben ableitet. Sie zeigt aber auch, dass sie nicht gleichbedeutend mit der Religion ist. Die Begriffe haben nicht einen festen oder starren Sinn, auch dann nicht, wenn sie im Koran vorkommen. Ich werde unten darauf zurückkommen, dass die Religion und die Scharia zwei verschiedene Dinge sind.

Der im Koran und in den Hadithen derart seltene Begriff war auch bei den Theologen in den ersten drei Jahrhunderten des Islam keineswegs verbreitet. Während dieser Zeit kommt das Wort in ihren Schriften kaum vor. Auf dem Gebiet der Rechtslehre war es nicht anders. Zum Beispiel wird das Wort in keinem der Abu Hanifa (699–767) zugeschriebenen Werke verwendet, der einer der größten Rechtsgelehrten im Islam war. Bei Wissenschaftlern, die sich mit der Überlieferung Muhammads beschäftigten, sieht die Lage ähnlich aus. Was die Hadithe betrifft, die zweitwichtigste Quelle für die Muslime gleich nach dem Koran, so enthält die 18-bändige Sammlung *kutub-i sitte* mit ihrem über 9500 Seiten reichenden Umfang insgesamt nur 8-mal das Wort Scharia.[38] (In einem 70-seitigen Bericht des Bayerischen Verfassungsschutzes für das

---

38 Canan, İbrahim, *Kutubi-i Sitte*, Akçağ, Ankara 1995.

Jahr 2009 hingegen finden wir es in der Kategorie »Islamismus« genau 14-mal!)

Im Westen wird die Scharia als Bezeichnung eines Rechtssystems wahrgenommen, das in Anlehnung an die Offenbarung Gottes im Widerspruch zur Demokratie stünde. Doch im Zusammenhang mit dem oben erwähnten Koranvers liefert der Scharia-Begriff nicht den geringsten Anhaltspunkt, der eine solche Bedeutung nahelegen würde. Es ist keine objektive Herangehensweise, wenn die Scharia dennoch als demokratiefeindlich bezeichnet wird, und es liegt nahe, dass dahinter keine guten Absichten stehen oder aber Unwissenheit.

Wird der Begriff nun häufig in diesem Sinne missbraucht, werden es die muslimischen Wissenschaftler in Europa schwer haben, den wahren Inhalt der Scharia zu klären und zu erklären. Wir leben in einer Atmosphäre, in der die bloße Verwendung des Begriffes Scharia durch die Angst vor aggressiven Reaktionen erheblich erschwert wird.

Die Scharia ist ein umfangreiches System

Ein wichtiger Punkt, den man nie genug betonen kann, ist, dass die Scharia sich nicht auf das Recht beschränkt. Im Laufe der Geschichte haben die muslimischen Gelehrten sich vom islamischen Glauben inspirieren lassen, um Regeln und Bestimmungen zu verschiedenen Fragen des Lebens zu entwerfen – zur religiösen Praxis, zum Recht, zur Politik, Ethik, zum Handel und Finanzwesen, zur Ehe und Ehescheidung u.v.a.m., sodass das System der Scharia entstanden ist. Die verschiedenen Theorien zur Scharia, die von den Gelehrten jeweils nach Maßgabe der eigenen Epoche entwickelt wurden, insbesondere aber ihre Bestimmungen zum Strafrecht, erscheinen uns aus unserer heutigen Sicht recht problematisch. Außerdem wird oft behauptet, die Scharia betreffe nicht nur das Recht, sondern schließe auch die zentralen Angelegenheiten des Islam wie den Glauben, die Glaubenspraxis und die Moral ein. Nach dieser Interpretation sind z. B. auch der Glaube an Gott, Muhammad oder Jesus, die Verrichtung der Gebete oder das Fasten im Ramadan, die Aufrichtigkeit und das Meiden von Heroin schariakonforme Haltungen. Das alles ist aber mit infrage gestellt, wenn ein Politiker davon spricht, dass hier kein Platz für die Scharia sei. Er stellt sich damit pauschal gegen die elementarsten Grundsätze der Glaubensfreiheit wie den Glauben an Gott und seine Propheten und gegen die religiöse Praxis überhaupt. Wenn der Glaube an Gott Teil der Scharia ist, so kommt die Ablehnung der Scharia einer Ablehnung der Religion gleich, was wiederum der Glaubensfreiheit widerspricht. Wendet man sich allerdings mit Recht gegen eine Interpretation der Scharia, wie sie z.B. von Ibn Taymiya im 13. Jahrhundert verwendet wurde, so muss man ausdrücklich begründen, welche spezielle Sichtweise man verurteilt, damit Muslime erkennen können, welche Stellung man zum Islam und zur Scharia einnimmt.

Die Scharia ist Sache der Interpretation

Die Muslime in Europa werden von gewissen Kreisen aufgefordert, sich von »der Scharia« zu distanzieren. Es gab in der Geschichte der Muslime nie einen Konsens über Scharia-Auslegung, deswegen gibt es auch kein Buch »die Scharia«, mit welchem sich Muslime identifizieren oder von dem sie sich distanzieren könnten. Die Scharia ist eine Sache der menschlichen Interpretation und sie ist nicht von Gott vorgegeben. Es gibt Auslegungen und Interpretationen von einigen Gelehrten im Bereich Strafrecht, die mit dem heutigen Verständnis der Menschenrechte nicht kompatibel sind. Von solchen Auslegungen und Interpretationen sich zu distanzieren ist nicht nur möglich, sondern auch notwendig.

Körperstrafen wie z.B. Steinigung für Ehebrecher oder die Todesstrafe für Apostasie beruhen auf Interpretationen, die weder mit der Menschenwürde des islamischen Glaubens noch des Grundgesetzes vereinbar sind und die abzulehnen sind. Dagegen wäre es abwegig, sich von einer Interpretation zu distanzieren, die völlig konform mit den Menschenrechten z.B. Religionsfreiheit für Nicht-Muslime fordert.

Wer sich zum Grundgesetz bekennt, muss dies auch umsetzen. Wenn sich z.B. ein Paar vor dem Imam »islamisch« trauen lassen möchte, sollte der Imam in Deutschland einen Nachweis verlangen, dass der Mann nicht etwa bereits verheiratet ist, weil Polygamie, wie sie in manchen Ländern noch vorkommen kann, nicht verfassungskonform ist. So habe ich als Imam viele Anfragen für Eheschließungen »nur vor dem Imam« abgelehnt, weil eine solche Eheschließung juristisch nicht relevant ist und nachteilig für die Frauen ist. Dasselbe ist der Fall, wenn sich eine Frau für die Scheidung entschieden hat und eine persönliche Beratung nicht mehr weiterhilft, dann werde ich sie an deutsche Gerichte verweisen, um Nachteile für sie auszuschließen. Gleiches gilt beim Erbrecht. Ich bin davon überzeugt, dass das deutsche Recht auf »Gerechtigkeit« basiert und somit islamkonform ist.

Die Religion ist dauerhaft, die Scharia dynamisch

Der Begriff Scharia wird vom 10. Jahrhundert an zu lebenspraktischen und sozialen Fragen verwendet parallel zur Entwicklung eines religiösen Rechtssystems. Da die Gelehrten diesen Begriff vom Religiösen nicht unterschieden, entstand auch für die Gesellschaft eine dauerhafte Verquickung beider Begriffe, obwohl es einen feinen Unterschied zwischen der Scharia und der Religion bzw. dem Glauben gibt. Mit Ausnahme von wenigen Ansätzen wie dem des zweiten Kalifen Omar, beide Bereiche dank eines dynamischen Scharia-Verständnisses auseinanderzuhalten, blieben viele islamische Gelehrte von Anfang an einer Haltung verhaftet, in der Scharia etwas Festes, Universelles, Überhistorisches zu sehen, das unter den Bedingungen der jeweiligen gesellschaftlichen Umstände nicht zu relativieren sei. Auch heute sind sich viele Theologen dieses Unterschieds nicht bewusst. Dabei wurde der Begriff der Scharia im Laufe des Mittelalters von den islamischen Gelehrten und Gesellschaften verändert, erweitert und am Ende für unveränderlich erklärt. Nun ist es unerlässlich geworden, diese enge Sicht aufzubrechen und darüber aufzuklären, dass die moralische Lehre der Religion als etwas Festes und die Interpretation der Scharia als etwas Veränderliches unterschiedliche Entitäten sind.

Dabei betrifft der Begriff Scharia nicht nur den islamischen Glauben. Eine Scharia im Sinn von Rechtsprechung und Regelwerk ist in jeder Religion vorhanden. Wenn eine Religion lebendig ist, so hat sie es auch der Dynamik ihres Rechtssystems zu verdanken. Ohne Recht und ohne Regeln kann eine Religion aber nicht existieren. Nach dem Glauben der Muslime sandte Gott nicht nur Muhammad, sondern auch Noah, Moses und Jesus eine »Scharia« herab, die jeweils den Bedingungen und Bedürfnissen ihrer jeweiligen Zeit entsprach. »*Für jeden von euch (Propheten) haben Wir (jeweils) ein Gesetz und eine Lebensweise bestimmt. Und wenn Gott es so gewollt hätte, Er hätte euch alle sicherlich zu einer einzigen Gemeinschaft machen können: aber (Er wollte es anders,) um euch zu prüfen durch das, was Er euch gewährt hat.*« (Koran: 5/48). Darin drückt sich die gemeinsame Grundlage der Religion *(al-din)* bei unterschiedlicher *Scharia* aus. Die Scharia bedeutet jedoch nicht Religion. Die Religion bzw. Glaubenslehre ist fest, unveränderlich und universell, die Scharia hingegen historisch bedingt und deshalb flexibel und nicht universell.

Die Regeln der Scharia, die Muhammad erhielt (d.h. die Bestimmungen zu Vergehen und Strafen), bezogen sich auf die zu seiner Zeit herrschenden Sitten, den Erlebnishorizont und andere Besonderheiten seines Volkes, waren also gewissermaßen spezifisch für jenes Volk zu jener bestimmten Zeit. Während Muhammad einerseits das universelle und unveränderliche Wesen des Glaubens fortsetzte, ließ er die für seine Zeit angemessene Scharia gelten. Und er deutete an, dass die universellen Werte des Glaubens bestehen bleiben, doch die Scharia dem Wandel unterworfen ist. Sein Tod bedeutete nichts anderes als das Weiterbestehen der Werte bei Anpassung der Scharia an die Gegebenheiten der Zeit. Mit seinem Tod war die Befugnis, Scharia zu interpretieren, d.h. neue Regeln und Gesetze im Einklang mit den Grundzielen des Glaubens einzuführen, den Menschen überlassen worden.

Die Trennung zwischen dem Glauben und der Scharia ist auch in der Lehre von Imam Maturidi (gest. 941) vorgesehen, der als Begründer einer sunnitischen Glaubensschule für die meisten in Europa lebenden Muslime von Bedeutung ist. Der Glaube ist wie der Regen, die Scharia hingegen wie der Boden: Der Regen formt den Boden, auf den er fällt. Die Scharia wird sich also verändern bis zum Jüngsten Tag, da sich die Zeit und die Verhältnisse verändern werden. Nach Abu Hanifa (gest. 767), dem Begründer einer islamischen Rechtsschule, an der sich ebenfalls viele europäische Muslime orientieren, können bestimmte Worte des Propheten (Hadithe) außer Acht gelassen werden, wenn sie historischer Art sind. Für einige zeitgenössische Gelehrte wie Iqbal (gest. 1938), Fazlur Rahman (gest. 1988) und Jabri (gest. 2010) sind sogar einige Rechtsbestimmungen im Koran historisch bedingt, können also in unserer Zeit vernachlässigt werden.

Omar (gest. 644), der zweite Kalif, verstand sehr wohl den Unterschied zwischen dem Glauben und der Scharia, sodass er zur Zeit seiner Regierung zwar nichts am Glauben änderte, doch die Scharia nach den aktuellen Begebenheiten neu regelte. Zum Beispiel wurde in dem so genannten Hungersjahr, das in seiner Regierungszeit mit einer extremen wirtschaftlichen Krise einherging, die Bestrafung der Bürger wegen Diebstahls ausgesetzt, wenn erwiesen war, dass die Tat aus Not geschah. Vielleicht war das der Anlass für

Abu Hanifa, die auf das Recht bezogenen Hadithe des Propheten in seine Sammlung nicht aufzunehmen. Dies entsprach aber auch seiner grundsätzlichen Einstellung, die Rechtsprechung als etwas Historisches zu sehen. Es gab jedoch andererseits auch orthodoxe Gelehrte, die im Unterschied zu Omar und Abu Hanifa die Scharia dogmatisierten und behaupteten, sie sei universell und unveränderlich und damit bindend für jede Epoche und Gesellschaft. Leider fand dieses Verständnis der Scharia größeren Anklang. Doch heute ist dank aufgeklärter muslimischer Wissenschaftler im Westen und im Osten, insbesondere in der Türkei,[39] eine Phase des Umbruchs in Gang gekommen.

Diesen aufgeklärten Ansatz zum islamischen Glauben und zur islamischen Scharia können wir folgendermaßen zusammenfassen: Die von Gott offenbarte Religion und die universellen moralischen Werte dieser Religion sind fest, überzeitlich und keiner Veränderung unterworfen. Die Regeln und Gesetze hingegen, die von den Menschen entweder in direkter Anlehnung an diese Werte oder ihrem Sinne nach festzulegen sind, verändern sich je nach den zeitlichen und gesellschaftlichen Bedingungen. Auf der einen Seite stehen also die unveränderlichen universellen Prinzipien (wie z.B. die Menschenrechte), die in der Verfassung eines Landes ihren Niederschlag finden, auf der anderen Seite das offene System von Regeln (wie z.B. im Rechtsstaat das Wahlgesetz). Mit anderen Worten: Gott hat einen Glauben herabgesandt, der einzig ist, doch die Scharia hat sich im Laufe der Zeit verändert und wird sich auch weiterhin verändern. Sie ist also eine Methode, die dazu dient, die Fragen einer Gesellschaft in Berufung auf einen Propheten (wie Noah, Abraham, Moses, Jesus oder Muhammad) und mit Hinblick auf die universellen und unveränderlichen moralischen Werte der Religion zu beantworten.

---

39 Etwa wie Ankara-Schule – Eine reformorientierte theologische Strömung, die in den 1990er-Jahren an der Universität Ankara entstand und auf moderne Koran-Hermeneutik gestützt ist; zugleich Name eines Verlages, der die Schriften dieser Denkschule publiziert.

Die Scharia ist auch weiterhin Veränderungen unterworfen, weil sie auch weiterhin abhängig bleibt von der Zeit und dem Raum, von der gesellschaftlichen Struktur und den ethnischen, anthropologischen, demografischen, soziologischen und ökologischen Begebenheiten der Völker. Um es an einem Beispiel zu erläutern: Es ist eine Notwendigkeit des Glaubens, Diebstahl zu ahnden, doch die Scharia legt fest, welche Strafe ein Dieb erhalten soll, und dies ist veränderbar. So gesehen könnte man den Glauben mit der Seele, die Scharia hingegen mit dem Körper vergleichen, der ja auch wächst, sich verändert, mit der Zeit alt wird und vergeht.

Nun ein paar Beispiele. Der Glaube sagt: »Besuch die Kaaba, wenn du die Möglichkeit dazu hast«, und die Scharia legt die Modalitäten fest, wie dieser Besuch zu einer gegebenen Epoche durchgeführt wird. Der Glaube sagt: »Heirate, um glücklich zu sein«, und die Scharia verlangt, dass die Trauung öffentlich und vor Zeugen vollzogen wird. Die Religion sagt: »Verdiene deinen Lebensunterhalt, sei aufrichtig und stehle nicht«, und die Scharia zeigt Wege auf, die bei einem Verstoß ein für die Zeit und die Gesellschaft angemessenes Strafmaß bestimmen. Daher ist es das Ziel der Scharia, zum Schutze der sozialen Gerechtigkeit und Ordnung denjenigen zu bestrafen, der sich am Allgemeingut bereichert, sein Kapital auf Kosten der Armen vergrößert, auf dem Schwarzmarkt handelt, Banken ausraubt, Jugendliche zu Sucht und Gewalt verführt, in kriminelle und illegale Machenschaften verwickelt ist, die gesellschaftliche Ordnung gefährdet oder gar einen Mord begeht. Doch diese Bestrafung kann heute nicht mehr mit primitiven Methoden wie Abschneiden von Händen oder Verprügeln erfolgen, sondern hat sich an einem zeitgemäßen Strafrecht zu orientieren.

Wenn die Religion besagt, dass der Zwang im Glauben nicht zulässig ist, sich jeder seinen Glauben frei wählen darf, ja sogar das Glauben oder Nichtglauben jedem freigestellt ist, so zeigt die Scharia den Weg auf, der diese Glaubensfreiheit durch Gesetze sicherstellt.

Ein Fall von »Scharia« aus Europa

Diesen Textabschnitt schreibe ich in der bosnischen Stadt Konjic auf der Terrasse eines Cafés, das an der historischen Neretva-Brücke liegt, erbaut 1682 vom osmanischen Sultan Mehmed IV. Diese herrliche Brücke, an der eine katholische Kirche und wenige Schritte dahinter eine Moschee steht, wurde im Zweiten Weltkrieg vom deutschen Heer beim Rückzug aus dem Balkan zerstört und wurde letztes Jahr mit Unterstützung der Türkei originalgetreu wiederhergestellt. Die Enkel derer, die gestern Brücken bauten, damit die Menschen zueinander finden, restaurieren heute die von anderen zerstörten Brücken und setzen damit ein Signal, das seine Spuren in der Geschichte hinterlassen wird. Bevor ich anfing, diese Zeilen niederzuschreiben, las ich Meldungen über die Feierlichkeiten zum Jahrestag des »Ahidname« (Übereinkunft) genannten Edikts, das Sultan Mehmed II. vor 547 Jahren erlassen hatte. Der Zusammenhang zwischen diesem 1463 in Europa verkündeten Edikt und unserem Thema Scharia verdient es, im heutigen Europa bekannt zu werden.

Als Sultan Mehmed II. nach Bosnien kam, überreichte er Franjo Anđel Zvizdović, dem religiösen Oberhaupt der bosnischen Katholiken, ein Dokument, das ein staatliches Versprechen enthielt. Darin wurde die volle religiöse Freiheit der Katholiken gewährleistet und die Gleichberechtigung der Christen und Muslime hervorgehoben. D.h., Mehmed II. berief sich auf die festen Regeln des Glaubens, die im Koran verankert sind, wie etwa: »*In der Religion gibt es keinen Zwang*« (Koran: 2/256); »*Ihr habt eure Religion, und ich habe meine Religion*« (Koran: 109/6); »*Wer nun will, möge glauben, und wer will, möge nicht glauben*« (Koran: 18/29); »*[…], die unberechtigterweise aus ihren Wohnungen vertrieben worden sind, nur weil sie sagen: Unser Herr ist Gott. – Und wenn Gott nicht die einen Menschen durch die anderen zurückgehalten hätte (indem er ihnen aus ihren eigenen Reihen Widersacher entstehen ließ), wären (alle) Klöster und Kirchen und Synagogen und Moscheen – in denen (allen)*

Gottes Name reichlich lobgepriesen wird – sicherlich (bereits) zerstört worden« (Koran: 22/40). Dies sind die koranischen Grundsätze zur Freiheit und zum Pluralismus des Glaubens und der Glaubensausübung, die mit dem Edikt Mehmeds II. die Grundlage zu einem schariakonformen Gesetz bilden.

Alija Izetbegović, der erste Staatspräsident der Republik Bosnien-Herzegowina, hatte dafür plädiert, den 28. Mai als den Jahrestag der Erlassung des Ediktes feierlich zu begehen. In diesem Jahr (2010) wurde er posthum mit dem Preis »Goldener Ahidname« geehrt, den der Franziskaner Luk Marakešić Izetbegovićs Sohn Bakir überreichte. Das Edikt hebt fünf Ziele hervor, die zu erreichen heute noch für uns wünschenswert sind: Frieden, Freiheit, Sicherheit, Respekt und Dialog.

Der Text des »Ahidname«, der sich im Kloster des Städtchens Fonjica bei Sarajevo befindet, lautet folgendermaßen:

»Ich, Sultan Fatih Mehmed der Eroberer, erkläre hiermit der ganzen Welt, dass die bosnischen Franziskaner, denen dieses Edikt ergeht, unter meinen Schutz gestellt sind, und ich befehle: Niemand darf diese genannten Menschen noch ihre Kirchen stören und schädigen. Sie mögen in meinem Reich in Frieden leben. Sie mögen ohne Furcht in alle Länder meines Reiches zurückkehren und sich in ihren Klöstern niederlassen. Niemand unter den Notablen des Sultanats noch den Wesiren oder Beamten oder meinen Bediensteten darf der Ehre dieser Menschen oder ihnen Schaden zufügen. Niemand darf das Leben, die Güter und die Kirchen dieser Menschen angreifen, verachten oder in Gefahr bringen. Sogar andere Menschen, die von diesen Genannten in mein Reich geholt werden, genießen dieselben Rechte. Hiermit erlasse ich dieses hoheitliche Edikt und schwöre im Namen Gottes, des Schöpfers und Herrn der Erde und des Himmels, im Namen unseres heiligen Propheten Muhammad, des Gesandten Gottes, im Namen der 124 Tausend Propheten und meines Schwertes (meiner

Macht), dass keiner meiner Untertanen dem in diesem Edikt Niedergeschriebenen zuwiderhandeln wird, solange er mir treu bleibt.«

Diese offizielle Verpflichtungserklärung gilt als das erste Schriftdokument der europäischen Geschichte, in dem die Freiheit des Glaubens zugesagt wird. Und dieses Dokument ist 485 Jahre älter als die universelle Erklärung der Menschenrechte der UN, 326 Jahre älter als die Französische Revolution, 313 Jahre älter als die Verfassung der USA, 486 Jahre älter als das Grundgesetz der Bundesrepublik Deutschland und 532 Jahre älter als das Rahmenübereinkommen zum Schutz nationaler Minderheiten des Europarates, das 1995 beschlossen wurde. Dieses Edikt ist ein Akt der Gesetzgebung in Einklang mit dem Wesen der Religion und unter Berücksichtigung der besonderen Bedingungen eines Landes – somit ist er ein Akt der Scharia.

So wurde also die Scharia vor fünf Jahrhunderten in Europa interpretiert. Kann der gesunde Menschenverstand denn gegen dieses Verständnis der Scharia etwas einzuwenden haben?

Doch es gibt leider auch Regime, die vorgeben, ihr Land nach den Regeln der »Scharia« zu regieren, die aber dabei alle Menschenrechte mit Füßen treten, die Freiheiten beschneiden, ihre Bürger unter Repressionen halten, Frauen mit restriktiven Gesetzen von der Gesellschaft isolieren, die Opposition mit Gewalt unterdrücken – Regime, in denen die Regierenden mit Bestechung und Veruntreuung das Allgemeingut plündern, ihre Bürger aber, die gegen Gott sündigen, erhängen oder auspeitschen lassen. Doch solche Regime und ihr Religionsverständnis missbrauchen ihre Macht, rechtfertigen dies durch eine falsche Interpretation von Scharia und schaden so dem Ansehen des Islam.

Grundlagen eines zeitgenössischen Verständnisses der Scharia

So wie der Kosmos ständig im Fluss ist, so ist es auch mit der Scharia bzw. mit dem Recht. Die Aufgabe, die Scharia zu erneuern, überließ der Prophet den kommenden Generationen: »Zu Beginn eines jeden Jahrhunderts wird Gott jemanden in dieser Gemeinschaft berufen, der aufklärend die Religion erneuern und regenerieren wird.«[40] Die Erneuerer unter seinen Nachfahren sind damit beauftragt, die islamische Rechtsprechung und Auslegung *(scharia* bzw. *fiqh)* im Sinne der grundlegenden Ziele der Religion anzupassen. Diese Erneuerer, Personen, Institutionen, Strömungen müssen nicht mit besonderen Privilegien ausgestattet sein. Aus der Gemeinschaft der Muslime kann ein Einzelner, der fleißig, gut informiert, moralisch integer, mutig ist und auch denken kann, oder auch mehrere, diese Aufgabe übernehmen. Da die Zeit der Propheten mit Muhammad abgeschlossen ist, müssen in den Epochen nach ihm die Erneuerer wirken. Diese Reform kann von einer religiösen Autorität, aber auch von einer politischen Autorität oder einer wissenschaftlichen Institution ausgehen. Die Verantwortung für die Erneuerung ist völlig der muslimischen Gemeinschaft überlassen.

Die fundierteste und bemerkenswerteste Untersuchung über die Scharia hat ein Erneuerer des Islam geliefert. Nach der Theorie von al-Schatibi (gest. 1338) ist die Scharia kein Zweck, sondern ein Mittel. Doch es zählt nur der Zweck, und nach der von Schatibi entwickelten Theorie der Ziele der Scharia (Maqasid al-Scharia)[41] ist das Hauptziel des islamischen Rechts, folgende fünf Grundrechte zu schützen und zu erhalten: *Glaube, Leben, Vermögen, Nachkommen* und *Vernunft*. Diese fünf Ziele bei al-Schatibi wurden später von Ibn Aschur (gest. 1972) um ein sechstes Ziel erweitert: *Freiheit*.[42] Ich

---

40 Überliefert von Abu Dawud.
41 *Al-Muwafaqat fiy Usul al-Scharia*, Dar al-Kutub al-Ilmiyyah, Beirut 2003.
42 *Maqasid al-Scharia al-Islamiyya*, Al-Scharika al-tunusiyya li al-tawzi`, Tunis 1985.

füge dem ein siebtes hinzu: die *Gleichberechtigung*. (Siehe Kapitel »Frauen im Islam« und »Unsere gemeinsamen Werte«.)

Diese sieben Ziele, die dem islamischen Recht zugrunde liegen, enthalten, modern ausgedrückt, die Grundrechte und -freiheiten des Menschen:

1. Die Glaubensfreiheit und der Schutz des Glaubens *(al-din)*
2. Der Schutz des Lebens und das Recht aufs Leben *(al-hayat)*
3. Der Schutz der Vernunft vor jeglicher Beschädigung *(al-aql)*
4. Der Schutz des Eigentums und das Eigentumsrecht *(al-mal)*
5. Die Notwendigkeit für die Generationen, sich zu identifizieren und die Sicherstellung der Nachkommenschaft *(al-nasl)*
6. Die Freiheit des Glaubens, Denkens und des Ausdrucks *(al-hurriyah)*
7. Die soziale und geschlechtliche Gleichberechtigung *(al-adl wa al-musawat)*

Wir müssen die religiösen Texte im Einklang mit diesen sieben fundamentalen Zielen interpretieren, um sie für unsere Gegenwart fruchtbar zu machen. Diese sieben Prinzipien hinsichtlich der Bedürfnisse eines jeden Menschen werden eigentlich auch im säkularen Denken vertreten. Es handelt sich dabei also um gemeinsame Werte des Säkularen und des Religiösen. So betrachtet ist der Islam seinem Wesen nach auch »säkular« und bedarf insofern nicht eines »Säkularisierungsprozesses« von außen. Denn die fünf Grundsätze von Schatibi sind viel älter als der Laizismus bzw. Säkularismus als System. Daher müssen also Bestimmungen wie zur Zeugenschaft der Frau, zur Regelung der Erbschaft und zu bestimmten Strafen (Abschneiden der Hände bei Diebstahl, Bastonade bei Ehebruch usw.) im Sinne der Hauptziele und im Geist des modernen positiven Rechts neu interpretiert werden.

Jede Epoche besitzt einen ihr eigenen Geist, und jedes politische und rechtliche System geht von bestimmten Grundsätzen aus. Ein unveränderliches Rechtssystem, das für alle Zeiten gültig sein soll, ist nicht möglich. Texte, die religiöse Bestimmungen enthalten, können nicht einfach buchstabengetreu umgesetzt werden, sondern sie müssen im Hinblick auf ihre Zielsetzung und im Einklang mit der Natur des Menschen interpretiert werden. Denn die Scharia ist nicht dem menschlichen Gewissen übergeordnet, sondern beide ergänzen sich gegenseitig. Es darf keine religiöse Bestimmung geben, die das Gewissen nicht akzeptieren könnte.

Unter diesen Prämissen wird ein Scharia-Verständnis, das sich diese sieben Grundziele zur Grundlage macht, das Leben gegen Mord und Folter, die Menschenrechte und Grundfreiheiten gegen Repressionen und Zwänge, Frieden und Versöhnung gegen Gewalt und Krieg, Pluralismus gegen Monokultur, Toleranz und Sanftmut gegen Engstirnigkeit und Fanatismus verteidigen.

Ein Verständnis vom Glauben oder von der Scharia, das sich von Vernunft und Erkenntnis entfernt, wird dagegen Fanatismus erzeugen und in Widerspruch mit den natürlichen Werten des Lebens geraten. Genau das ist heute der Fall, wenn der Islam mit den Menschen und den Werten unseres Zeitalters in Widerspruch zu stehen scheint: Der Islam ist von den Mechanismen der Vernunft maßgeblich entfernt worden, obwohl der Koran auf diese Fähigkeit des Menschen setzte. Auch die Religionslehre orientiert sich lieber an den »persönlichen Ansichten« einiger Gelehrten, die vor vielen Jahrhunderten gelebt haben, als an den Kriterien des Korans und der Vernunft. Diese Situation ist zu überwinden, indem der Zweck der Scharia zur Richtschnur gemacht wird, wie sie in den von al-Schatibi entwickelten fünf Kriterien, im sechsten von al-Aschur und im siebten von mir formulierten zum Ausdruck kommen, wobei diese Kriterienliste noch erweitert werden könnte. Auf diesem Wege könnten wir zu einem Durchbruch der weiteren Modernisierung und Humanisierung des Rechts gelangen.

Aufgrund dessen müsste eine neue Interpretation von Scharia entwickelt werden, die dem Wandel der Zeit Rechnung trägt, und dazu die vorhandene Scharia reformiert werden, sodass sie hinsichtlich der Humanität keinen Vergleich mit dem positiven Recht unserer Zeit zu scheuen bräuchte. Dies käme einer Revolutionierung der Scharia unter sozialen Gesichtspunkten gleich, was wiederum seitens der Muslime ein freies Denken ohne jegliche Zwänge voraussetzt.

FRAUEN IM ISLAM:
DER WEG ZU NEUEN REFORMEN

Die Diskussion um die Rechte der Frau haben im Westen – und in den letzten Jahren auch im Osten – stark zugenommen. Diese Thematik ist schon im Koran zu finden. Die 58. Sure des Korans hat den Titel »*mudschadala*« (*Diskussion*), oder »*mudschadila*« (*Diskutantin*). Der Offenbarungsanlass dieser Sure war eine Diskussion, die eine Frau zu Lebzeiten Muhammads entfachte. Indem sie eine Angelegenheit, die unter Frauen zu klären war, publik machte, konnte sie diese zu ihren Gunsten entscheiden. Das heißt: Je mehr Mitspracherechte Frauen in der Gesellschaft erhalten und je offener Männer mit ihnen über gesellschaftliche Themen diskutieren, desto schneller gelangt man zur Wahrheit, desto mehr Vorurteile und Missverständnisse können beseitigt werden und desto eher erreicht man Gerechtigkeit und Gleichberechtigung. Diese Ziele sind es auch, die der Koran in seiner Sure »Diskussion« oder »Diskutantin« verfolgt.

Eines der umstrittensten Themen – heute und insbesondere in der Gesellschaft, in der wir leben – ist die Stellung der Frau in den muslimischen Gesellschaften. Durch unvoreingenommene Diskussionen verbessert sich die Lage der Frauen von Tag zu Tag. Analog zu einer gleichberechtigteren Stellung der Frau wird auch die Integration Fortschritte machen.

Während die Gesellschaft die Gleichberechtigung muslimischer Frauen diskutiert, bleibt dieses Thema unter den Muslimen selbst oft nach wie vor ein Tabu. Nicht wenige sind verstört, wenn diese Themen an die Tagesordnung kommen. An einer ernsthaften und intensiven Diskussion sind weder die muslimischen Regierungen noch die muslimischen Gesellschaften interessiert. Es finden viel zu selten von Muslimen veranstaltete Vorträge, Seminare und Gesprächsrunden statt, um diesem Thema mit aller Sorgfalt auf den

Grund zu gehen. Ich habe noch keine Konferenz von umfassender Tragweite und wissenschaftlichem Niveau erlebt, die eine in Deutschland ansässige islamische Organisation ins Leben gerufen hätte. Wenn muslimische Wortführer im Hinblick auf die Vielzahl der verübten sog. »Ehrenmorde« lediglich darauf verweisen, dass diese Tradition mit dem Islam nichts zu tun habe, so ist dies äußerst bedauerlich und wenig zielführend. Die muslimischen Organisationen haben noch immer kein ernstzunehmendes Programm entwickelt, um den Morden vorzubeugen. Dieselben Organisationen empören sich und reagieren mit Protestmärschen, wenn Muslimen irgendwo auf der Welt ein Unrecht geschieht. Natürlich ist es ein demokratisches Recht und eine menschliche Pflicht, die Stimme gegen Unrecht zu erheben. Wenn die Rechte der Frauen aber mit Füßen getreten werden, gehen wir Muslime weder auf die Straße noch diskutieren wir ernsthaft über diese Vorfälle. Anlässlich eines der »Ehrenmorde« in Deutschland bezog ich in der *Süddeutschen Zeitung* folgendermaßen Stellung:

> *»Unser Prophet sagt Folgendes: ›In den Augen Gottes ist es eine geringeres Vergehen, die Kaaba zu zerstören, als einen Menschen zu töten.‹*[43] *Wie würden die Muslime in Deutschland auf einen Bombenangriff auf die Kaaba reagieren? Mit Recht gingen sie auf die Straße, um dagegen zu protestieren. Einen unschuldigen Menschen zu töten, ist in Gottes Augen ein größeres Verbrechen als die Zerstörung der Kaaba. Doch warum gehen die Muslime nicht auf Protestmärsche, wenn eine Frau ermordet wird?«*

Es ist eine von Muslimen gern und mit großem Stolz erzählte Geschichte, wie eine Muslimin im Jahre 838 zur Gefangenen gemacht und entrechtet wurde, wie sie dann zum Herrscher Mu'tasim rief: »Oh, Mu'tasim, wo bist du!« und wie dieser seine Armee mobili-

---

43 Überliefert von Tirmidhi.

sierte, um diese eine Frau zu befreien. Was aber tun wir heute für den Schutz der Rechte, der Freiheit und der Ehre der Frauen, die – ob hier oder dort – gedemütigt, der Mitspracherechte beraubt, als Menschen zweiter Klasse behandelt werden? Jetzt bräuchte man keine »Armeen« zu mobilisieren, denn das Unrecht an Frauen geschieht nicht irgendwo draußen, sondern im eigenen Heim, und nicht durch den Feind wie in der Geschichte über Mu'tasim, sondern durch unsere eigene Hand! Wir europäischen Muslime können die Lage der Frauen verbessern und zum Vorbild für patriarchalische orientalische Gesellschaften werden. Wir leben in einem Umfeld, das uns eine günstige Ausgangsposition verschafft.

Leider ist in der Literatur, im Diskurs, im Denken und im Tun der Muslime nicht wenig »Frauenfeindlichkeit« zu finden, und es wird eine langwierige und mutige Arbeit nötig sein, um sie davon zu reinigen. Dieser Versuch wird in den letzten Jahren von mächtigen Autorinnen und Autoren aufs Intensivste unternommen, die einige grundlegende Fehler beseitigen wollen. Der ägyptische Schriftsteller Abdulhalim Abu Shukkah verwirklichte mit seinem sechsbändigen Werk *Tahriru'l Mar'ah fi asri-risalah*[44] *[Die Emanzipation der Frau zur Zeit des Propheten]* einen sehr wichtigen Vorstoß für die islamische Welt. Inspiriert von diesem in sehr konservativen Kreisen scharf kritisierten Werk veröffentliche ich 1994 meine ersten Übersetzungen und meine Diplomarbeit über das Thema Frau. Muslimische Akademikerinnen und Aktivistinnen wie Hidayet Şefkatlı Tuksal[45] in der Türkei, Suhayla Zainal Abidin in Saudi-Arabien und Rabea Müller in Deutschland unternehmen große Anstrengungen auf unterschiedlichen Gebieten, um die mit Fehlern behaftete muslimische Sicht auf die Frau zu korrigieren. Es gibt überall auf der Welt unzählige andere Musliminnen, die diesen Kampf auf sich nehmen. Margot Badran, eine US-amerikanische

---

44 Abu Shukkah, Abdulhalim, *tahriru'l mar'ah fi asri-risalah*, Dar al-Qalam, Kuweit 2002.
45 Tuksal, Hidayet Şefkatlı, *Kadın Karşıtı Söylemin İslam Geleneğindeki İzdüşümleri*, Kitabiyat Yayınları, Ankara 2001.

Akademikerin ägyptischer Herkunft fasst in ihrem Buch *Feminism Beyond East and West*[46] die Ziele und Erfahrungen der Frauen zusammen, die sich weltweit für Frauenrechte einsetzen.

Ein abwegiges Glaubensverständnis hat zwischen Mann und Frau eine kaum überwindbare Mauer errichtet, sodass es auch zu einer kompletten räumlichen Trennung der Geschlechter z.B. in Moscheen, Versammlungsräumen und bei Veranstaltungen der islamischen Organisationen gekommen ist. Natürlich schlägt sich diese Trennung als eine Kommunikationsstörung zwischen Mann und Frau nieder. Es ist für den Mann unerlässlich, die Rolle der Frau zu überdenken, die Frau als Mensch zu akzeptieren, der »dieselben Rechte und dieselbe Menschenwürde hat« wie er. Diese gesunde Sichtweise ist ebenfalls mithilfe des Korans zu erlangen. Wenn wir die heute umstrittene Stellung der Frau aus dem Blickwinkel des Korans und des Propheten sowie der Vernunft betrachten, erhalten wir ein ganz anderes Bild als das, was gemeinhin für eine islamische Einstellung gehalten wird. Es ist nicht einfach, über dieses Thema zu schreiben und zu diskutieren: es gehört Mut und Aufgeschlossenheit dazu. Wollen Sie mit mir jetzt eine gedankliche Reise unternehmen, um dieses »sensible« Thema sowohl aus der Perspektive des Korans als auch unserer Gegenwart zu betrachten?

---

46   Badran, Margot, *Feminism Beyond East and West,* Neu Delhi 2007.

Die Stellung der muslimischen Frau – ein umstrittenes Thema

1. Schöpfung und Gleichberechtigung der Frau

Unter Muslimen wie unter den Anhängern anderer Religionen und Völker hat sich ein stark negativ geprägtes Frauenbild entwickelt. Die vielfältigen historischen Gründe, die zu diesem Bild geführt haben, können wir hier nicht beleuchten. Der Koran hat jedoch versucht, diese seit Beginn der Geschichte in Männerköpfen grassierende Vorstellung zu überwinden. Dazu setzt das Heilige Buch weit vorne an und betont in seiner Schöpfungsgeschichte eindeutig, dass die Frau und der Mann aus einem einzigen Atemzug erschaffen sind: »*Und zu Seinen Zeichen gehört, dass Er euch aus Erde schuf, worauf ihr Fleisch wurdet und euch vermehrt. Und zu Seinen Zeichen gehört, dass Er euch aus euren Seelen* [oder: *aus euch selbst*] *Partner schuf, damit ihr bei ihnen Ruhe findet, und Er Liebe und Zuneigung zwischen euch schuf. Für Menschen, die nachdenken, liegen darin Zeichen.*« (Koran: 30/20–22). Obwohl der Koran unmissverständlich sagt, dass der Mann und die Frau aus einem einzigen Atemzug bzw. derselben Art von Erde geschaffen worden sind, glauben viele Muslime, dass die Frau, d.h. Eva, aus der Rippe des Mannes, Adams, geschaffen wurde, weil in ihren Köpfen zum einen noch die alttestamentarische Vorstellung der Schöpfung wirksam ist, zum anderen ein unechtes, Muhammad nur zugeschriebenes Hadith auch in diese Richtung geht. Die entsprechende Bibelstelle lautet:

> »*Da ließ Gott, der Herr, einen tiefen Schlaf auf den Menschen fallen, sodass er einschlief. Und er nahm eine von seinen Rippen und verschloss ihre Stelle mit Fleisch; und Gott, der Herr, baute die Rippe, die er von dem Menschen genommen hatte, zu einer Frau, und er brachte sie zum Menschen.*«
> (Genesis, 2, 21–22)

Doch trotz der eindeutigen Koranstelle über die ursprüngliche Gleichheit der Geschlechter gehen viele Muslime fehl, indem sie eine Überlieferung aus der Thora und ein nicht von Muhammad stammendes Prophetenwort wörtlich nehmen und für wahr halten. Wenn die Denkfehler schon bei etwas dermaßen Elementarem wie der Schöpfung der Menschheit beginnen, können sie nur zu vielen weiteren Fehlern in Wahrnehmung und Praxis führen. Der o.a. Koranvers bestätigt in keiner Weise den patriarchalischen Schöpfungsmythos der Thora. Als der Koran offenbart wurde, hatte sich die Situation der Geschlechter bereits gründlich zuungunsten der Frauen verschlechtert, und es wird hier zu zeigen sein, wie der Koran mit der Gesamtheit seiner Verse zum Verhältnis von Frau und Mann darauf gerichtet ist, diese Schieflage zu beheben und die Rechte der Frauen wiederherzustellen.

Der 1. Vers der Sure *Frauen* im Koran berichtet, dass Gott nicht zuerst den Mann und dann aus dessen Rippe die Frau geschaffen habe, wie wir es von der Thora kennen (Genesis 2, 21–22), sondern beide aus »einer einzigen Substanz« *(nafsin wahidah)*. Was die Schöpfung betrifft, wiederholt der Koran konsequent den Begriff »einzige Substanz«, *nafsin wahidah*, und hebt damit die Gleichheit der Geschlechter hervor. Nach dem Koran steht weder Adam noch Eva am Anfang der Schöpfung der Menschheit, sondern die gemeinsame Substanz, aus der beide hervorgegangen sind. Es ist diese nafsin wahidah, aus dem Gott, wie es im Koranvers deutlich heißt, *»viele Männer und Frauen entstehen und sich vermehren ließ«* (Koran: 4/1). Demnach steht im Koran kein »patriarchalisches« Prinzip am Anfang der Schöpfung der Menschen. Davon ausgehend können wir sagen, dass die Wurzel der Geschlechter in ihrer Gleichheit liegt, vergleichbar mit einem Zwillingspaar, einem Mädchen und einem Jungen, die aus dem Schoß einer Mutter hervorgeht. Das Ungleichgewicht und die Ungleichheit sind erst nach dem Schöpfungsakt entstanden.

Die meisten muslimischen Gelehrten sagten, dass im Islam keine Gleichberechtigung von Frau und Mann, sondern eine Gerechtigkeit vorgesehen sei. Frau und Mann seien vor allem aus biologischen, aber auch aus soziologischen und psychologischen Gründen nicht gleich, und Gott habe beiden keine Gleichberechtigung, sondern eine Gleichbehandlung widerfahren lassen, indem er sie mit unterschiedlichen Vorzügen ausgestattet habe. Dazu wurde das im Koran wiederholt verwendete Wort *sawa*, das sich auf die Gleichheit bzw. Gleichberechtigung bezieht, bewusst falsch interpretiert als »Gestaltung«. Dabei kann *sawa* sowohl bedeuten »er gestaltete« oder »er machte« als auch »er stellte gleich«. Unter dem Wort *sawa* wurde alles Mögliche verstanden, nur nicht »er stellte gleich«, und diese Bedeutungsverschiebung schlug sich leider auch in den Koranübersetzungen nieder. Die Abneigung gegen den Begriff »Gleichheit«, der in Koranversen vorkommt, wurde durch verschiedene Deutungen ins Unverständliche gezogen. Dass Menschen mit »unterschiedlichen« Geschlechtern, Hautfarben, Körperformen und -eigenschaften sowie Persönlichkeitsmerkmalen geschaffen worden sind, bedeutet nicht, dass sie ungleich geschaffen seien. Die Unterschiedlichkeit von Mann und Frau als Argument anzuführen, dass zwischen ihnen auch keine Gleichheit vorgesehen sei, widerspricht dem Koranvers »*der dich gleichberechtigt und gerecht geschaffen und ebenmäßig geformt (fa-sawaka fa-'adalaka)*« (Koran: 82/7). Nach diesem Vers geht im Schöpfungsprozess des Menschen die Gleichheit *(sawa)* der Gerechtigkeit *(adl)* eindeutig voraus. Das heißt: das Ziel der Gerechtigkeit ist es, Gleichheit herzustellen; wenn die Gleichheit erreicht ist, hat sich die Gerechtigkeit verwirklicht. Gott sagt über die Schöpfung von Frau und Mann aus der gleichen Substanz unmissverständlich Folgendes:

»*Meint denn der Mensch, er würde sich selbst überlassen sein?*
War er nicht ein Tropfen Sperma, das ausgestoßen wird,
hierauf ein Embryo? Dann schuf und formte er dieses in
gleichem Maß. Dann machte er daraus die beiden Geschlechter, das männliche und das weibliche.« (Koran 75/36–39)

Wie wir sehen, betonen die Verse, die von der Schöpfung der Menschheit erzählen, mit dem Begriff »sawa« die Gleichheit im Schöpfungsprozess. Menschen, die in Gleichheit auf die Welt kommen, beginnen sich hier aus verschiedenen Gründen auseinanderzuentwickeln. Der Koran will gerade verhindern, dass sich die Trennungen zwischen den Menschen aufgrund der Sprache, Religion, Rasse, Hautfarbe und des Geschlechts noch weiter verschärfen, und er will den Menschen ihre Gleichheit zum Zeitpunkt der Schöpfung vor Augen führen (siehe Kapitel »Unsere gemeinsamen Werte« zur Gleichheit).

Die Unausgewogenheit und Ungleichheit in der Gesellschaft ist nicht durch die Religion, sondern durch die »Männer« bzw. männliche Gelehrte entstanden. Gott hat Propheten auf die Erde gesandt, um diese Ungleichheit zu beheben und die Gleichheit in der Entstehung des Menschengeschlechts wiederherzustellen. Diese Propheten haben versucht, die Menschen wieder auf die Linie der Gleichheit einzuschwören. In diesem Zusammenhang spielt Muhammads Wort eine entscheidende Rolle: »*Die Frauen haben den gleichen Wert wie die Männer. Nur die Würdigen würdigen Frauen und nur die Nichtswürdigen erniedrigen sie*«[47]. Wenn sich die Offenbarung in unserer Zeit wiederholen würde, müsste der heutige Prophet für die Unterdrückten und Entrechteten eintreten. Da aber keine Offenbarung und kein neuer Prophet mehr kommen werden, müssen sich dieser Aufgabe jetzt alle Menschen stellen, die Ansprechpartner der bisherigen Offenbarungen.

Da sich diese vom Koran geforderte Gleichheit in der Lebenspraxis der Muslime nicht niederschlagen konnte, entstand ein frauenfeindlicher »Glaubensdiskurs«, der nicht nur das soziale, sondern auch religiöse Leben der Muslime negativ beeinflusst hat. Typische Beispiele dafür sind der Ausschluss der Frauen vom Freitags- und Festgebet, ihre Benachteiligung bei der Erbverteilung oder die Rechtspraxis, nach der die Zeugenaussage eines Mannes

---

[47] Überliefert von Abu Dawud, Ahmed und Tirmidhi.

doppelt so viel zählt wie die einer Frau. Auf diese und andere Beispiele kommen wir später zurück.

Diese Behandlung der Frau stützt sich auf haltlose, angeblich religiöse Schriften, die in Widerspruch mit dem Geist der Logik und des Islam stehen und nur dazu dienen, die Frau zu erniedrigen, zu unterdrücken und von der Gesellschaft zu isolieren. Es ist unmöglich, diese fehlgeleitete Sichtweise, die Frauen zu Menschen zweiter Klasse degradiert, mit dem Islam zu vereinbaren. Wer über die steinzeitlichen Bräuche seines Herkunftslandes einen »religiösen« Deckmantel stülpt und so versucht, die psychologische Unterdrückung der Frau zu legitimieren, begeht nach dem Islam eine Sünde. Mit Bezug auf den Koranvers »*Und die gläubigen Männer und Frauen sind untereinander Freunde*« (Koran: 9/71) revolutionierte Muhammad die Rechte der Frauen. Mit seinen Prinzipien »Die Frauen sind die Geschwister der Männer« und »Frau und Mann sind wie die zwei Hälften eines Apfels« betonte er die Gleichheit der Geschlechter und untermauerte damit die islamische Einstellung zu dieser Gleichheit unmissverständlich. Alle überlieferten Sprüche und Taten, die diesem Prinzip widersprechen, sind später, im Zeitalter des Niedergangs der Muslime entstanden; doch sie sind leider von anhaltender Wirkung bis in unsere Tage. Ich bin überzeugt, dass die europäischen Muslime eine große Rolle bei der Wiederbelebung und Fortführung des Gleichheitsprinzips in der Familie, in der Moschee und in allen Bereichen der Gesellschaft spielen werden und dass sie damit ein Beispiel für die islamische Welt aufstellen werden.

Wenn die deutsche Verfassung sagt: »Männer und Frauen sind gleichberechtigt. Der Staat fördert die tatsächliche Durchsetzung der Gleichberechtigung von Frauen und Männern und wirkt auf die Beseitigung bestehender Nachteile hin.« (GG Artikel 3, Absatz 2), so steht dies in völligem Einklang mit dem Grundsatz der Gleichberechtigung im Koran *(sawa)*, der in den oben erwähnten Versen zur Sprache kommt. Nun, wie sind die Koranverse zu deuten, die eine Ungleichheit zu propagieren scheinen? Weiter unten finden Sie Antwort auf diese Frage.

2. Die Stellung der Frau in der Moschee und in der muslimischen Gemeinschaft

Die häufigsten Fragen, die von nicht-muslimischen Besuchern von Moscheen immer wieder gestellt werden, lauten: Gehen auch Frauen in die Moschee und beten dort? Warum beten Frauen und Männer nicht nebeneinander? Kann eine Frau Imam werden? Darf sich eine Frau an der Leitung einer Moschee beteiligen? Diese und ähnliche Fragen zur Stellung der Frau in der Moschee werden auch in der Glaubensgemeinschaft der Muslime diskutiert. Muhammads Äußerung »Ihr dürft eure Frauen nicht daran hindern, in die Moschee zu gehen«[48] zeigt, dass es seinerzeit schon Männer gab, die ihre Frauen nicht gern in die Moschee gehen ließen, oder aber er sah voraus, dass es in Zukunft solche Männer geben würde. Zu Lebzeiten des Propheten nahmen die Frauen an den täglichen Stundengebeten teil, ebenso am Freitags- und Festtagsgebet, sie benutzten denselben Eingang zur Moschee wie die Männer und sie waren aktiv an allen Veranstaltungen der Moschee beteiligt.

Obwohl dies hinreichend bekannt ist, wurde diese Praxis verdrängt durch die »frauenfeindlichen« Überlegungen und Diskurse, die im 11. Jahrhundert mit der beginnenden Erstarrung des islamischen Denkens um sich griffen und heute noch dominant sind. Heute besuchen die Frauen oftmals die Moschee weder am Freitag noch an den Festtagen, die ja zu den besonderen Anlässen der Muslime zählen – in Deutschland nicht, in den anderen europäischen Ländern nicht und auch in vielen islamischen Ländern nicht. Die Moschee Penzberg und sicherlich einige andere, die mir nicht bekannt sind, bilden da eine Ausnahme. Sie können im Leitungsstab einer Moschee in Deutschland eine Frau antreffen, aber dies ist in der übrigen islamischen Welt fast undenkbar. Die weibliche Beteiligung an der Führung einiger Moscheen in Deutschland ist zwar nicht intensiv genug, doch sie ist eine positive Entwicklung, die wir in vielen islamischen Ländern ganz vermissen.

---

48 Überliefert von Muslim.

Die Frauen sollten, ob inner- oder außerhalb der Moschee, an allen gesellschaftlichen Aktivitäten teilnehmen, die für die seelische und körperliche Entwicklung förderlich sind. Die Integration kann nur gelingen, wenn der Weg für die muslimische Frau geebnet ist, in der muslimischen Gemeinschaft eine aktive Rolle zu übernehmen. Es ist eine mit dem Islam unvereinbare, doch oft dem Islam zugeschriebene Vorstellung, dass Frauen nicht führen könnten. Um dies zu widerlegen, sollten sich Frauen aktiv daran begeben, Führungspositionen in der Gesellschaft zu übernehmen. Ein vorzügliches Beispiel für alle Frauen, die Führungsaufgaben anstreben, bildet Belqis, die Königin von Saba, deren Taten Gott im Koran lobt (Sure 27). Wie weit die Muslime unserer Tage hinter der Zeit herhinken, wird deutlich, wenn man bedenkt, dass sie dieser Königin selbst nach Jahrtausenden nicht nacheifern können. Die Moscheen und auch sonstige islamische Organisationen sollten die nötigen Öffnungsprozesse einleiten und durchführen, um Frauen das aktive und passive Wahlrecht zu gewähren sowie die Möglichkeit, hohe Führungspositionen zu übernehmen. Leider haben islamische Organisationen und Vereine gar keine oder nur wenige Frauen in höheren Positionen vorzuweisen.

In einigen muslimischen Gesellschaften herrscht eine patriarchalische Ordnung, obwohl sie nicht im Islam angelegt ist. Diese Ordnung ist vielmehr ein Überbleibsel aus der Gesellschaftsstruktur der Zeit, in der der Islam entstanden ist. Wenn sich der Koran einer patriarchalischen Sprache bedient hat, um eine durchs Patriarchat geprägte Gesellschaft anzusprechen, so bedeutet dies nicht, dass sein Anliegen eine ebenfalls patriarchalische Botschaft war. Denn die Redeweise und Sprache des Korans sind historisch, aber seine Botschaft ist universell. Heute sollten wir der Art und Weise, wie der Koran die Menschen anspricht, auch einen universellen Charakter geben. Wenn wir die Zeit und die gesellschaftliche Struktur berücksichtigen, in der der Koran offenbart wurde, stellen wir fest, dass er sich damals mit seinem Stil und mit seinen neuen Ideen zur kulturellen Struktur der damaligen Gesellschaft quergestellt hat. Das Ziel des Korans war also, die herrschenden Bedingungen zu überwinden und eine Wende einzuleiten. Der Koran machte – wie bei vielen anderen Themen – auch bei einer Veränderung hinsichtlich der Stellung der Frau einen Anfang, und er überließ die Fortsetzung dieser vielschichtigen, positiven Entwicklung der Vernunft und dem Gewissen des Menschen.

Als eine Notwendigkeit der feudalen und patriarchalischen Struktur der Gesellschaft konnten die Frauen zu dieser Zeit nicht in jedem Bereich hervortreten. Dass es damals für Frauen nicht üblich war, in Moscheen zu predigen, bedeutet aber durchaus nicht, dass sie das heute nicht dürfen. Die Form der Anbetung bleibt so bis zum Jüngsten Tag, wie sie vom Koran und den Propheten beschrieben wurde. Die Möglichkeit der Frau als Predigerin betrifft aber keinen feststehenden Bestandteil des Gebets, sondern sie ist eine soziale Erscheinung. In den späten 90er-Jahren sangen einmal meine Schülerinnen aus der Penzberg-Moschee geistliche Lieder bei einer Veranstaltung einer anderen muslimischen Gemeinschaft. Die anwesenden konservativen muslimischen Männer fanden den Auftritt dieser Mädchen befremdlich, weil sie im Irrglauben befangen waren, das Anhören einer Frauenstimme sei eine Sünde. Ich stelle nun nach zehn Jahren bei Veranstaltungen derselben Gemeinschaft fest, dass die Lieder dieser Mädchen keinen Anstoß mehr erregen: So werden Probleme nach einiger Zeit ganz anders angegangen und so wird das gestern noch Unnormale allmählich normal. So ist auch die Frage, ob Frauen in einer Moschee predigen, dem Wandel der Zeit unterworfen. In diesem Sinne sollte der Blick des Islam auf die Stellung der Frau nicht der Wahrnehmung einer bestimmten Gegend, eines Volkes oder einer Epoche unterworfen werden.

3. Erbverteilung

Vor der Offenbarung des Korans wurden die Frauen bei der Erbverteilung überhaupt nicht bedacht. So war es damals in der Gesellschaft eine verbreitete Praxis. Der Koran setzte dieser Praxis ein Ende und beschloss, dass auch Frauen bei der Erbverteilung zu berücksichtigen sind. Diese Bestimmung des Korans, die bei den Männern wenig Anklang fand, gehört zu den Reformen, mit denen der Koran die Lage der Frauen verbessern wollte. Wenn man die koranische Ordnung der Erbverteilung untersucht, kann man nicht einmal schlussfolgern, dass der Frau ein geringerer Anteil zusteht. Das Kriterium, das der Koran bei der Verteilung zugrunde legt, ist die Bedürftigkeit. Es gilt, dass mehr bekommt, wer von den Erben/Erbinnen den größeren Bedarf hat. Denn das Ziel ist, die Benachteiligungen zu beheben und die Unterdrückten und Verarmten zu begünstigen. Wenn wir uns die Werke derjenigen Experten ansehen, die sich in die *faraid* oder *mewarith* genannten Spezialgebiete des islamischen Erbrechts vertieft haben, stellen wir fest, dass die Kriterien bei der Erbverteilung Gerechtigkeit und Bedürftigkeit heißen.

Das wollen wir an einem Beispiel sehen: Der Vater stirbt, die Hinterbliebenen sind eine Tochter und ein Sohn. Der gut ausgebildete Sohn ist verheiratet, Geschäftsmann, besitzt ein Eigenheim. Das heißt, er lebt in geordneten, wohlhabenden Verhältnissen. Seine Schwester jedoch ist verwitwet, zahlt Miete, hat keine Anstellung und muss Kinder ernähren. Wie würde man in diesem Fall das Erbe des Vaters islamgerecht verteilen? Indem man der Frau zwei und dem Mann einen Anteil zuspricht! Der Geist des Korans würde dies erfordern. Denn das Ziel des Korans verlangt Entscheidungen zugunsten des Bedürftigen.

Wie soll man dann aber den Koranvers verstehen, der »*für den Mann den Anteil zweier Frauen*« (Koran: 4/11) vorsieht?

In der Gesellschaft, in die dieser Vers geschickt wurde, bekamen die Frauen traditionell, wie bereits gesagt, gar keinen Anteil vom Erbe. Von dieser Gesellschaft forderte der Koran erstmals, dass

Frauen überhaupt einen Anteil erhielten. Außerdem war in jener Gesellschaftstradition der Mann der alleinige Versorger der Familie. Der Koran berücksichtigte diese Tradition und machte folgenden Vorschlag: Der Mann sollte den doppelten Anteil vom Erbe bekommen, weil er alle Kosten der Familie zu tragen hatte, und die Frau nur den einfachen, weil sie nicht zur Versorgung verpflichtet war. An einem konkreten Beispiel heißt das: Wenn der Vater zweier unverheirateter Kinder verstarb, sollte der Sohn 2/3 und die Tochter 1/3 des Erbes bekommen. Der Sohn musste von seinem doppelten Anteil bestreiten: 1.) die Kosten des elterlichen Hauses, 2.) seine Hochzeitskosten und das Brautgeld, 3.) nach der Heirat die Versorgung seiner Gattin wie für Nahrung und Bekleidung, 4.) die Miete und alle anderen Kosten seines neuen Haushalts, 5.) alle Ausgaben für seine künftigen Kinder. Mit anderen Worten, er musste für alle Bedürfnisse seiner Familie aufkommen. Die Tochter hingegen war nicht verpflichtet, irgendetwas von ihrem geerbten Drittel auszugeben. Wenn sie heiratete, durfte sie dieses Kapital mit sich nehmen und behalten; sie bekam zusätzlich Brautgeld von ihrem Mann, und ihre sämtlichen Kosten zum Lebensunterhalt wurden von ihm getragen. Fragen wir uns jetzt: Wer genießt mehr Vorteile, der Bruder oder die Schwester? Bezüglich der Familienordnung erkannte der Islam der Frau eine finanzielle Freiheit zu, und er verpflichtete den Mann, alle Kosten seiner Frau zu tragen, damit sie nicht in Bedrängnis kam. Bei solchen Verhältnissen wird das Erbe nach der Formel im Koranvers 4/11 verteilt. In einer Familie jedoch, in der die Frau und der Mann alle Kosten gleichermaßen zu tragen haben, sollte das Erbe selbstverständlich in gleiche Anteile geteilt werden. Denn es gilt das Ziel, dass niemand benachteiligt wird und Gerechtigkeit herrscht. Der Zweck der Erbverteilungsbestimmungen der Verse 4/11 und 4/12 wird mit einem einzigen Satz erklärt, der sich in Vers 4/12 befindet: ghayra mudarr – »Niemandem darf ein Schaden zugefügt werden«. Das Hauptkriterium bei der Erbverteilung ist also, das Erbe gerecht zu verteilen, ohne eine Partei zu schädigen. Die im Koran vorgeschlagene Art der Erbverteilung ist keine für alle Zeiten und alle Länder gültige Formel; was aber für alle Zeiten und alle Länder Gültigkeit hat, ist die Forderung, dass niemand durch die Verteilung der Erbschaft benachteiligt werden darf.

4. Wert einer Zeugenschaft: Die Aussage eines Mannes wiegt doppelt so viel wie die einer Frau?

Im Koran finden wir an sieben Stellen Regelungen zur Zeugenschaft. Nur an einer Stelle werden zwei weibliche Zeugen verlangt, um einen männlichen aufzuwiegen. Bei dieser Forderung geht es um das Schuldenrecht. Es ist der längste aller Koranverse, der das Thema der Verschuldung behandelt und auch als *Schuldenvers* bekannt ist (Koran: 1/282). Zur Zeit der Offenbarung des Korans hatten die Frauen kaum Zugang zu den Zentren, an denen Handel mit Waren und Geld betrieben wurde. Es gab nur wenige Frauen wie Muhammads Ehefrau *Khadidscha*, die im Handel tätig war. Da die Frauen mit Finanzgeschäften nicht vertraut waren und das Schuldenrecht in diese Domäne gehört, wurde vom Koran bei schuldenrechtlichen Verträgen die Zeugenschaft eines Mannes oder zweier Frauen verlangt. Im Hintergrund steht die Sorge, dass jemand, der mit Finanzgeschäften nicht vertraut ist, leichter die Vertragsbedingungen vergessen könnte. Aber der Koran will mit dieser Bestimmung die Frau keineswegs degradieren, sondern er versucht sie gerade mehr in Handelsgeschäfte einzubeziehen und sicherzustellen, dass Frauen Gerechtigkeit widerfährt und ihre Rechte nicht verloren gehen. Die Koranverse dieser Art bezwecken, Präzedenzfälle zu schaffen. Das Ziel ist, die Gerechtigkeit herzustellen. Der Islam hat aber nichts dagegen einzuwenden, wenn die Zeugenschaft einer Frau als der eines Mannes ebenbürtig anerkannt wird, da in unserem Zeitalter die Frau ja bereits am Handelsleben teilnimmt.

Im Übrigen unterscheidet der Koran in den anderen sechs Rechtsgebieten, in denen eine Zeugenschaft verlangt wird, nicht zwischen Frau und Mann. Der Ansatz einiger Islamgelehrten, bei der Trauung zwei Zeuginnen als gleichwertig für einen männlichen

Zeugen zu verlangen, ist eine unzulässige Ausweitung einer handelsrechtlichen Bestimmung. Bei Trauungen in der Moschee Penzberg habe ich stets die Zeugenschaft jeweils einer Person ohne Ansehen des Geschlechts akzeptiert. Denn das ist eher vereinbar mit dem Geist des Gleichheitsprinzips sowohl im Koran *(sawa)* als auch in der Verfassung.

5. Freiheit der Ehepartnerwahl

Nach dem Islam ist es das natürlichste Recht jeder männlichen oder weiblichen Person, ihren Ehepartner aus freiem Willen selbst zu wählen. Ein Zwang seitens der Eltern widerspricht dem islamischen Recht und den Menschenrechten. So hat das Mädchen die absolute Freiheit, ihr Leben mit dem eines Mannes zu verbinden oder nicht zu verbinden. Sie darf wegen ihrer Entscheidung keineswegs bestraft werden. In einer Gesellschaft, in der das Schicksal der Mädchen von ihrem Vater oder ältesten Bruder bestimmt wurde, hat sich Muhammad richtungsweisend zu dieser Frage verhalten. Eines Tages kam ein Mädchen zu ihm, das von ihrem Vater unter Zwang verheiratet werden sollte, und beklagte sich darüber. Muhammad nahm das Mädchen an der Hand und ging mit ihr zu ihrem Elternhaus. Er erklärte dem Vater, dass seine Absicht nicht rechtens ist: Das Mädchen habe das Recht, selbst über ihren Ehemann zu entscheiden. Als der Vater seine Tochter fragte, warum sie mit dieser Angelegenheit zu Muhammad gegangen sei, erwiderte sie: »Um es allen bekannt zu machen, dass muslimische Mädchen frei sind, ihren Ehemann zu wählen.«[49] In einem anderen Fall verlangte Muhammad die Scheidung der erzwungenen Ehe einer Frau, die sich an ihn wandte.[50]

Diese beiden Beispiele zeigen sehr deutlich, dass eine Ehe unabdingbar an die Zustimmung der Frau geknüpft ist. Die Beispiele

---

49 Überliefert von Nesai.
50 Überliefert von Beyhaqi.

zeigen auch, welche patriarchalischen Traditionen in der Zeit vor dem Islam geherrscht haben. Vor allem zeigen die Beispiele aber, wie weit diejenigen hinter den Islam zurückfallen, die ihre Töchter zu einer Heirat zwingen – es ist ein Rückfall in die heidnische Zeit. Wenn diese islamwidrige Tradition heute in gewissen patriarchalischen Gesellschaften verbreitet ist, so trifft den Islam dabei keine Schuld. In meinen ersten Jahren als Imam wohnte ich einer Hochzeit bei, zu der viele Migranten aus der ersten Generation geladen waren. Als ich dort sagte: »Nach dem Islam heiratet ein Mädchen nicht den, den ihr wollt, sondern den, den sie will«, war der Unmut den Anwesenden ins Gesicht geschrieben. Seit mehr als zehn Jahren brauche ich darüber nicht zu sprechen, denn es ist für die junge Generation eine Selbstverständlichkeit, die Wahl des Herzens zu heiraten.

Die islamische Ehe ist rechtmäßig, wenn die Trauung öffentlich vollzogen wird. Grundvoraussetzung für die Rechtmäßigkeit einer Trauung aber ist das gegenseitige Einverständnis und die Liebe der Partner zueinander. Für den Fortbestand einer gesunden und glücklichen Ehe sind Liebe und Mitgefühl erforderlich:

»*Es gehört zu Gottes Zeichen, dass Er euch aus euch selbst Gattinnen erschaffen hat, damit ihr bei ihnen Ruhe findet; und Er hat Zuneigung, Liebe und Barmherzigkeit zwischen euch gesetzt. Darin sind wahrlich Zeichen für Menschen zu sehen, die nachdenken.*« (Koran: 30/21)

Hätten die Muslime gewusst, dass Zwangsehen nach dem islamischen Recht ungültig sind, hätten sie sich auf Muhammad berufen können, der gesagt hat: »*Der beste unter euch ist derjenige, der gut zu seiner Frau ist*«.[51] So hätte niemand einen Imageverlust erlitten und viele »Zwangsehen« oder »Ehrenmorde«, die ja heute nicht zu leugnende Tatsachen sind, hätten verhindert werden können.

---

51 Überliefert von Tirmidhi.

Offensichtlich sind einige nicht nur weit hinter unserer Zeit zurückgeblieben, sondern auch hinter dem Koran!

6. Wird die Frau im Koran geschlagen?

Die Gründe, die Männer zur Gewaltanwendung an Frauen verleiten, sind zum einen ihre körperliche Schwäche und Emotionalität, zum anderen aber auch ihre Intelligenz und ihre Talente. Die Sitte, brutal gegen Frauen vorzugehen, ist so alt wie die Menschheit. Doch ein Mann beweist dadurch keine Stärke, sondern Ohnmacht und Feigheit. Durch die unterschiedlichen Vorzüge, die Gott Mann und Frau geschenkt hat, entstehen Reibungspunkte zwischen den Partnern. Der Mann reagiert darauf, indem er sich der Gewalt bedient. Er versucht dies zu legitimieren, indem er seine Feigheit als Heldentat tarnt. Zur Legitimierung seiner Brutalitäten zieht er darüber hinaus religiöse Texte heran! So glaubt er, eine Koranstelle gefunden zu haben, die sein Verhalten rechtfertigt. Nachdem diese mehrfach übersetzt und ausgelegt wurde, findet man schließlich im vierten Vers der Sure *Frauen*: »*Schlagt sie!*« Grund genug für gewalttätige Männer, diesen »Befehl« auszuführen.

Doch – sagt der Koranvers 4/34 wirklich aus, der Mann solle die Frau verprügeln?

Wie kann Gott, der – wie wir soeben sahen – in seinem Vers 30/21 »Liebe« und »Barmherzigkeit« in der Ehe verlangt, nun das Gegenteil befehlen: »*Schlagt sie!*«? Das hieße ja, dass einer der Verse nicht göttlichen Ursprungs ist – da dies aber nicht möglich ist, müssen wir annehmen, dass es sich bei der Deutung *Schlagt sie!* um einen Fehler handeln muss. Für die meisten Koranexegeten war es ein Leichtes herauszufinden, welche Bedeutungen das Wort *wadribuhunne* außer »*Schlagt sie!*« noch haben kann. Diese Bedeutung wurde allerdings vernachlässigt. Stattdessen versuchte man die Auslegung »*Schlagt sie!*« lediglich abzumildern, indem man in dem Befehl das allerletzte Mittel bei starker Zerrüttung sah, um die Ordnung in der Familie wiederherzustellen. Der

Mann müsse diese Strafe symbolisch mit einer Zahnbürste ausführen, damit die Frau keine Schmerzen leide. Eine wenig ernstzunehmende Deutung! Der Versuch, die Gewalt unter allen Umständen zu rechtfertigen, statt genauer auf den Text zu schauen, hat vielen Frauen unsägliches Leid beschert. Denn welcher Mann hat seine Frau jemals voller Wut mit einem zahnbürstenkleinen Stock geschlagen!?

Wo liegt nun die Wahrheit?

Sie liegt darin, dass das Wort *wadribuhunne* vom Stamm *darabe* nicht »*Schlagt sie!*« bedeutet, sondern: »trennt euch von ihnen für eine Weile!«. Genau diese Lesart liefert uns der moderne türkische Koranexeget İhsan Eliaçık, der auch Sprachwissenschaftler ist. Er übersetzt die Verse 4/34–35 folgendermaßen:

»*Die Männer haben Mitgefühl mit den Frauen; sie beschützen sie. Dies ist deshalb so, weil Gott die einen vor den anderen ausgezeichnet hat und weil sie von ihrem Vermögen hingeben. Frauen, die gut, schön und aufrichtig sind, diejenigen, die die Intimität zu wahren wissen, die zu wahren Gott befohlen hat, und die, die Gott ehrfürchtig ergeben sind. Wenn ihr euch mit euren Gattinnen in einem heftigen Streit befindet, so sprecht zuerst mit ihnen; wenn das nichts nützt, lasst sie in ihren Betten allein; und wenn das auch nichts nützt, **trennt euch von ihnen für eine Weile**. Wenn sie sich mit euch versöhnen, sucht weiter keine Ausreden, um sie abzulehnen. Nur Gott ist erhaben und groß.*« (Koran: 4/34)

»*Wenn ihr eine Neigung zum Bruch zwischen den Eheleuten befürchtet, so lasst je einen Schiedsrichter von den Familien der Parteien kommen. Wenn sie sich wirklich aussöhnen wollen, wird Gott diese Absicht zum Gelingen bringen. Gott weiß alles, hört alles.*« (Koran: 4/35)[52]

---

52 Aliaçık, İhsan, *Yaşayan Kur'an Türkçe Meal/Tefsir*, İnşa Yayınları, İstanbul 2007.

Wie wir sehen, übersetzt Eliaçık das Wort *wadribuhunne (darabe)* nicht mit »*Schlagt sie!*«, sondern mit »trennt euch von ihnen für eine Weile!«. Denn das ist auch die Bedeutung des Wortes. Denn der Stamm *darabe* hat viele Bedeutungen wie »schlagen, prügeln, machen, lassen, sich trennen, zeigen, tun, platzieren« usw. Es gibt auch Stellen im Koran, wo der Stamm darabe im Sinne von »verreisen, vorübergehend weggehen, öffnen, reservieren« verwendet wird. Von diesem Stamm ist z.B. auch das arabische Wort für Hungerstreik abgeleitet: *al-idrab an al-taam*. Das Wort *idrab* hier und das Wort *wadribuhunne* im Vers 4/35 kommen vom selben Stamm (d–r–b). Warum soll das einmal »sich vom Essen fernhalten« bedeuten und das andere Mal unbedingt »schlagen«? Dieselbe Sure, *Frauen*, enthält im Vers 101 noch einmal ein Wort aus dem Verbstamm *darabe*, diesmal in der Bedeutung von »**sich** für eine Reise von seinem Platz **entfernen**«. In einem anderen Vers wird das Wort für **öffnen** verwendet: »*Dann offenbarten wir Moses Folgendes:* »*Gehe nachts mit meinem Volk, und eröffne ihnen einen trockenen Weg im Meer; habe keine Angst, dass ihr gefasst werden könntet.*« (Koran: 20/77). Das Wort *darabe* kommt in vielen anderen Versen vor: Es gibt außer dieser Stelle im Vers 4/34 noch genau 53 weitere dieses Verbstammes. Doch eine Übersicht über die Koranübersetzungen zeigt, dass *darabe* an keiner Stelle außer dieser mit »schlagen« übersetzt wird. Auch die wenigen deutschen Koranübersetzungen weisen (wie die Übersetzungen in viele andere Sprachen) für das Wort *wadribuhunne (darabe)* die Entsprechung »*Schlagt sie!*« auf, sodass die Übersetzer sowohl *sprachwissenschaftlich* als auch *ethisch* einen großen Fehler begehen.

Das Wort *darabe* kann folglich im berühmt-berüchtigten »Frauen-Prügel-Vers« in keiner Weise »*Schlagt sie!*« bedeuten, zumal dies Gottes Prinzipien der Liebe und des Mitgefühls widersprechen würde. Mit diesem Vers beabsichtigte Gott, dass das in jener Gesellschaft verbreitete Prügeln von Frauen unterlassen wird und dass sich die Männer stattdessen für eine Weile von ihren Frauen entfernen sollen.

Vor allem weist das eigene Verhalten Muhammads in diese Richtung, und er hat den Koran am besten verstanden. Kein einziges Mal hat er in seinem ganzen Leben die Hand gegen seine Ehefrauen erhoben, und er hat diejenigen scharf getadelt, die ihren Frauen gegenüber gewalttätig wurden. Als er einmal Schwierigkeiten mit seinen Frauen hatte, sprach er mit ihnen darüber, und er trennte dann sein Lager (für etwa zwei Monate) von ihrem. Nach der Aussöhnung kehrte er später zu ihnen zurück. Diese Überlieferung bestätigt die Annahme, dass das Wort *wadribuhunne* im besagten Vers richtigerweise mit »trennt euch für eine Weile« übersetzt werden muss.

Eines Tages beklagten sich einige Frauen darüber, dass sie von ihren Männern grob behandelt werden. Der Prophet trat vor die Gemeinde und sagte: »Männer, die ihre Frauen schlagen, sollen nicht glauben, sie seien gute Menschen und gute Muslime.«[53]

Die Verse 4/34–35 schlagen bei Streitigkeiten zwischen Eheleuten einen Lösungsprozess in fünf Schritten vor: Erstens: Gespräche und Einvernehmen, wenn das nichts nützt, zweitens: Trennen des Ehebetts bzw. der Zimmer im Haus; drittens, wenn dies nichts nützt, vorübergehendes Fernbleiben von der gemeinsamen Wohnung; viertens, wenn auch diese Maßnahme nichts nützt, die Einbeziehung älterer Personen beider Familien als Streitschlichter und schließlich die Scheidung, wobei der Koran auch die Möglichkeit einer Aussöhnung nach der Scheidung bietet. Das Hauptziel ist also die Versöhnung und der Schutz des Familienglücks. Wir können ohne Weiteres sagen, dass dieser »Lösungsplan in fünf Etappen« eine universelle Hilfe darstellt, nicht nur für muslimische Familien, sondern für Paare in aller Welt. Ist das nicht genau der Lösungsweg, den fast alle Zivilgerichte der Welt versuchen zu gehen?

Die Verse im Koran beziehen sich meist auf eine »real vorherrschende Situation« und bringen sie in Ordnung. Zu den vorherrschenden Praktiken gehörten in der damaligen arabischen Gesell-

---

53 Überliefert von Abu Dawud.

schaft z.B. die Polygamie, das Verprügeln von Frauen und das Halten von Sklavinnen. Der Koran übernahm in einer solchen Gesellschaft die Aufgabe, ihr zu einem Wandel zu verhelfen. Der Koran behandelte diese Themen, die bis dahin als Tabu galten, und startete viele Reformen, die Lage der Frau zu verbessern. Die Frauen waren die Unterdrückten der vorislamischen Gesellschaft, und es ist daher nur natürlich, dass der Koran für die Frauen Partei ergreift. Doch die patriarchalische Struktur der damaligen arabischen Gesellschaft leistete diesen Reformen Widerstand. Und die Verbreitung des Islam bei nicht-arabischen Völkern führte dazu, dass diese nicht nur die Religion, sondern auch die Kultur und die Bräuche der Araber mit übernahmen. Sie übernahmen dabei auch deren Widerstand gegen die Reformen. Gern verstanden alle Reformgegner das Wort *wadribuhunne* als »Schlagt sie!«, weil sie auf die im vorislamischen Arabien ohnehin sehr verbreitete Unart, Frauen zu schlagen, nicht verzichten konnten. Sie haben den Koran nicht nur in diesem Punkt abweichend von seinem Anliegen, dafür im Einklang mit den vorislamischen Bräuchen ausgedeutet, sondern auch in Bezug auf die Polygamie.

7. Polygamie

Als der Koran offenbart wurde, war es bei den Arabern ein verbreiteter Brauch, Frauen in unbegrenzter Anzahl zu heiraten. Die vorislamischen Stämme der Araber führten zahlreiche Kriege miteinander, bei denen viele Männer fielen. In einer Gesellschaft, in der Witwen nicht gern gesehen waren, hielt man es für natürlich, dass Männer mehrere Frauen heirateten. Wie die anderen Männer seiner Gesellschaft war auch Muhammad mit mehreren Frauen verheiratet. Mit der Zeit wurde jedoch die Vielehe auch für ihn eingeschränkt (Koran: 33/52). Die Offenbarung des Korans versuchte in einer Gesellschaft mit der unbegrenzten Möglichkeit der Vielehe regulierend auf diesen Brauch einzuwirken, sodass die Anzahl der Ehefrauen begrenzt sein sollte. Denn die Polygamie verursachte viele Probleme beginnend mit der ungleichen Behandlung der Frauen durch den Mann bis hin zu Erbschaftsstreitigkeiten unter 10 bis 15 Ehefrauen. Darum begrenzte der Koran die Zahl der Frauen, die ein Mann heiraten darf, auf vier. So begannen die Muslime, die mehr Frauen als vier hatten, sich von diesen scheiden zu lassen. Mit dieser Verbesserung reduzierte der Koran die Schwierigkeiten auf ein Mindestmaß. Denn der Grund für den Missstand und das Leiden der Menschen war nicht die Monogamie, sondern die übermäßige Polygamie. Das Ziel des Korans war, die Ehe weiterhin nicht auf vier, sondern eine einzige Frau zu beschränken. Daher formulierte er eine Empfehlung, die den Arabern sehr befremdlich vorkommen musste: »*Wenn ihr fürchtet, in Sachen der Waisen nicht recht zu tun, dann heiratet, was euch an Frauen gut ansteht, (ein jeder) zwei, drei oder vier. Und wenn ihr fürchtet, so viele nicht gerecht zu behandeln, dann **nur eine**, oder was ihr an Sklavinnen besitzt. Dies ist besser, weil ihr so eure Frauen nicht weiter vermehrt.*« (Koran: 4/3).

Also: Seid nicht zu polygam, vermindert die Zahl eurer Frauen auf vier, drei, zwei, sogar eine. Wenn ihr es so handhabt, entgeht ihr sowohl den Ungerechtigkeiten unter euren Frauen als auch der Gefahr, durch den Lebensunterhalt der vielen Frauen das künftige Erbe eurer Kinder zu vermindern. Das ist für euch besser – so lautet die Koranaussage. Der Koran fokussiert auch in diesem Punkt die Frage des Unrechts, also den Begriff der Gerechtigkeit. Es geschieht Unrecht gegenüber Frauen und hinterbliebenen Kindern, und dieses muss dringend behoben werden. Es ist keine Freiheit nach oben vorgesehen noch die Forderung nach einer vierfachen Ehe. Im Gegenteil wird empfohlen, die Ehe nur auf eine Frau zu reduzieren. Daher ist diese als »Polygamie-Vers« bezeichnete Koranstelle nicht an die Monogamen, sondern die Polygamen unserer Zeit adressiert. Angesprochen wird, wer sich heute mehrere Frauen nimmt. Die mit einer Frau verheiratet sind, erfüllen ohnehin schon das Ziel des Verses und brauchen sich nicht angesprochen zu fühlen. Wenn man in diesem Zusammenhang auch an den Vers »Ihr werdet nie die Kraft dazu haben, Gerechtigkeit unter ihnen herzustellen« denkt, so wird klar, dass die Polygamie als Gebot für Männer vom Prinzip her nicht in Betracht kommt, da nicht befohlen werden kann, wozu die Kräfte nicht reichen. Die Adressaten dieses Verses sind also gegebenenfalls diejenigen Gesellschaften, in denen heute noch die Polygamie herrscht.

Als Ergebnis können wir die Haltung des Korans zur Polygamie folgendermaßen zusammenfassen: Der göttliche Wille war unzufrieden mit der Praxis der Polygamie in der Gesellschaft, in der der Koran offenbart wurde. Denn das Heilige Buch sah darin eine Quelle von Ungerechtigkeiten. Woraufhin es auf die Einschränkung der Vielehe drängte. Es stellte die Polygamie unseres Propheten und anderer an den Pranger und verlangte, dass sie sich zur Monogamie hin bewegten. Hier kommt es nicht auf die Anzahl, sondern auf die Tatsache an, dass auf eine Reduzierung hingewirkt wird. Es ging um die Bestrebung, aus einer patriarchalischen Gesellschaft mithilfe ihrer eigenen Sprache und eigenen Kultur eine gerechtere Gesellschaft zu formen, in der das Gleichheitsprinzip gelten sollte. Da alle angedachten Reformen unmöglich in 23 Jahren zu verwirklichen waren, sollte der Erneuerungsprozess fortgesetzt werden, bis das langfristige Ziel der Einehe im Bewusstsein der Gesellschaft verankert war und als Tradition weiterleben konnte. Doch die arabische Kultur wog schwerer als der göttliche Wille, woran diese Reform gescheitert ist.

Die in der deutschen Zivilgesetzgebung geforderte Monogamie steht im völligen Einklang mit dem Islam. Es widerspricht nicht nur dem Gesetz, sondern auch dem islamischen Recht, wenn ein Mann zusätzlich zu seiner gesetzlichen Frau durch eine »religiöse Trauung« eine weitere Ehefrau nimmt.

8. Bedeckung

Bedeckung des Körpers ist nichts, was nur dem Islam eigen wäre. Auch andere Kulturen sehen Körperbedeckung vor. Auch Maria, die Mutter Jesu, ein Sinnbild für Reinheit, trägt ein Kopftuch. Eine der Pflichten, die Gott den Menschen auferlegte, um ihren Unterschied von den Tieren zu etablieren, war die Bedeckung bestimmter Körperteile in Gesellschaft des jeweils anderen Geschlechts. Das heißt, die Körperbedeckung in der Öffentlichkeit wird auch vom Mann verlangt. Das Geschöpf namens Mensch wird schöner, wenn es seinen Körper mit schöner Kleidung versieht. Die Körperbedeckung wird nicht deshalb von beiden Geschlechtern verlangt, weil Nacktheit sexuelle Erregung auslösen würden, sondern deshalb, weil sie besser zum Wesen des Menschen passt als die Nacktheit.

Das Kopftuch ist ein Bekleidungselement, das zur Zeit der Offenbarung des Korans von jeder Frau und auch jedem Mann – wegen der Hitze und des Staubs der Wüste – getragen wurde. Neben den klimatischen Notwendigkeiten zwang auch die Tradition die Menschen dazu. Heute noch tragen viele Männer, die in den Wüsten leben, ebenso wie die Frauen eine Kopfbedeckung. Während die vorislamischen Frauen (und Männer) ohnehin schon den Kopf bedeckten, aber oft die Brust freiließen, gebot nun der Koran dieser Unsitte Einhalt und verlangte, die Brust bedeckt zu halten. Als der Islam über die Wüstengebiete hinauswuchs, wurde auch in anderen Gebieten, deren Brauchtum keine Kopfbedeckung kannte, von den Frauen verlangt, Kopftücher zu tragen, während man es bei den Männern hier natürlich fand, keine Kopfbedeckung zu tragen. Damit begann die Doppelmoral bezüglich des Kopftuchs. Was für den Mann natürlich war, sah man für die Frau als nicht natürlich an. Es gab zwar noch einige konservative Gesellschaften, die sich auch daran störten, dass sich Männer in der Öffentlichkeit ohne Kopfbedeckung zeigten. Mittlerweile ist man aber nur noch verstört, wenn Frauen kein Kopftuch tragen.

Wenn die Kopfbedeckung ein Gebot des Glaubens wäre, so müsste es beide Geschlechter dazu verpflichten. In den Golfländern ist es ein schöner Anblick, wenn eine Frau mit einem langen Kleid und einem Kopftuch von einem Mann begleitet wird, der ebenfalls ein langes Kleid und ein Kopftuch trägt – ein Anblick, der auch mit der Tradition harmoniert. Doch das Bild der Gleichstellung verschwindet, wenn dieses Paar z.B. in München Urlaub macht. Während die Frau sich auch hier so anzieht wie in ihrer Heimat, sehen wir den Mann in T-Shirt und Shorts – dieses Bild des Ungleichgewichts zeigt deutlich, wie sich im Islam das Gebot der Körperbedeckung vom ursprünglichen Sinn entfernt hat. Der eigentliche Grund dieses unausgewogenen Anblicks ist, dass man das Thema Frau nur aus männlicher Perspektive wahrnimmt. Das Religiositätsverständnis eines Mannes, der, selbst im T-Shirt und in Shorts, in der Sommerhitze einer europäischen Stadt von seiner Frau eine vollständige Körperbedeckung erwartet, ist recht bedenklich. Ebenfalls bedenklich ist es, wenn jenes Verständnis von »Religiosität« nicht hinterfragt wird, das zu der Ungerechtigkeit führt, dass eine erfolgreiche Universitätsabsolventin mit Kopftuch wegen ihrer Kleidung keine Anstellung findet, während ein Mann diese Schwierigkeit nicht hat. Es ist genauso bedenklich, darüber hinweg zu blicken, dass eine Abkühlung im Schwimmbecken, See oder Meer für Männer als etwas ganz Normales angesehen, für Frauen aber als eine »Schande« und »Sünde« gebrandmarkt wird. Wenn etwas vom Glauben her »verboten« *(haram)* oder »zulässig« *(helal)* ist, dann muss es ohne Unterschied für Männer und Frauen gelten! Das ist die Lehre des Islam; der Rest ist nur tausendjähriger Einfallsreichtum der Männer.

Dem türkischen Theologen İlhami Güler[54] zufolge verlangt der Islam von der Frau die Bedeckung der Körperteile, die für den Mann sexuell anziehend sind, und das ist der Bereich zwischen dem Hals, den Handgelenken und Knien. Das Ziel hierbei ist, dass die Frau im gesellschaftlichen und individuellen Umgang nicht als ein Wesen mit übermäßig betonter »Weiblichkeit« wahrgenommen

---

54 Güler, İlhami, *Direniş Teolojisi*, Ankara Okulu, Ankara 2010.

wird, sondern in ihrer »Persönlichkeit«. Der Islam verlangt von beiden Geschlechtern nicht die Bedeckung der ästhetisch, sondern erotisch relevanten Körperpartien. Ästhetisch gesehen besteht kein Unterschied zwischen dem Gesicht und dem Haar der Frau. Das Haar und das Gesicht, d.h. den Kopf als eine erotische Zone wahrzunehmen, ist eine Verwechslung des Ästhetischen mit dem Erotischen und damit eine Entartung. Jede Frau hat das Recht, ihren Kopf als einen ästhetischen Teil ihres Körpers mit ihrer Frisur oder einem Kopftuch schön zu gestalten. Die Kopfbedeckung war schon vor dem Islam die gängige Praxis bei den Arabern. Als es jedoch in Mode kam, dass Frauen ihre Brust zeigten, wurde der so genannte »Kopftuch-Vers« (Sure 24, Vers 21) offenbart. Wie aus diesem Vers hervorgeht, trugen die Frauen damals das Kopftuch so, dass ihre Haare hinten zusammengebunden wurden, ihr Hals, ihre Schultern und ihre Brust dagegen freigelassen wurde. Der Vers wendet sich gegen dieses tiefe Dekolletee, das dem Körperbedeckungsgebot widersprach. Der Koran will sagen: »Wenn ihr euch bedecken wollt, dann macht das richtig! Das Kopftuch auf dem Kopf ist kein Accessoire zur Ausschmückung des Brust- und Rückendekolletees; ihr sollt es als sinnvolle Ergänzung eurer Körperbedeckung so tragen, dass es eure Brust und euren Rücken bedeckt.« Das wahre Ziel besteht also darin, die Brust zu bedecken, nicht aber Brust und Haar. Es geht dem Koran also darum, die erotischen Partien des Körpers zu bedecken, und zwar bei beiden Geschlechtern ohne Unterschied.

Die Reinheit ist eine Tugend im Islam. Diese Tugend wird angestrebt, wenn die erotischen Zonen des weiblichen Körpers oder aber darüber hinaus die ästhetischen Partien wie das Haar bedeckt werden. Es herrscht bei muslimischen Gelehrten beiderlei Geschlechts Einvernehmen über die Interpretation, dass die Bedeckung des Kopfes (des Haars) geboten sei. Man kann diese Interpretation respektieren und praktizieren oder mit Gegenbeweisen ablehnen. Frauen, die aus Gründen der Reinheit den Kopf bedecken, sind zu würdigen. Das heißt aber nicht, dass die anderen sündigen. Die aber, die in sexueller Absicht ihre erotischen Stellen zur

Schau stellen, sündigen damit. Der Islam verlangt einen mittleren Weg zwischen der Ganzkörperbedeckung einschließlich des Gesichts (Tschador und Schleier) und dem Entblößen von Brust und Beinen. Er schreibt weder den Schleier und den Tschador vor, also eine Körperbedeckung, deren Ausmaß einer Verleugnung der Persönlichkeit der Frau gleichkommt, noch lässt er eine Entblößung des Körpers zu, die die Frau zu einem Objekt macht.

Was der Islam verlangt, ist also ein vernünftiger Mittelweg zwischen einer extremen Bedeckung und einer extremen Entblößung. Wir haben es also mit zwei Extremen zu tun, einerseits das Gesicht mit dem Schleier bzw. den ganzen Körper mit dem Tschador zu bedecken, andererseits Körperpartien zu entblößen, um seine Reize spielen zu lassen. Der Islam ist eine naturnahe Religion und schreibt nichts vor, was der Natur und dem Wesen des Menschen oder den physikalischen Begebenheiten widerspräche. Ziel des Islam ist es, die Menschen zu einem moralischen Leben zu führen im Einklang mit den gesellschaftlichen Verhältnissen. Es ist ein gemeinsamer Wunsch der Menschen, sich schön zu kleiden, und dies widerspricht der extremen Haltung, den Körper zu verhüllen. Der Vorschlag des Islam, sich zu bedecken, soll die Menschen nicht daran hindern, sich normal zu kleiden. Er ist eher ein Versuch, die Frau in die Gesellschaft zu integrieren. Daher greift der Islam auf eine Bekleidungsform zurück, die die Menschheit seit Langem schon als normal ansieht.

Wie wir sahen, besteht das unumstrittene Gebot des Islam darin, die Beine und die Brust zu verhüllen. Den Kopf (das Haar) zu bedecken, ist hingegen eine Interpretation, die aus diesem Gebot hergeleitet wurde, und eine Tradition, die in muslimischen Gesellschaften seit 14 Jahrhunderten praktiziert wird. Mit Einschränkungen kann man in den islamischen Quellen ein Minimum und ein Maximum an empfohlener Körperbedeckung finden. Der Islam verlangt von der Frau die Bedeckung der Körperteile, die für den Mann sexuell anziehend sind, und das ist der Bereich zwischen Hals, Handgelenken und Knien. Das ist das Minimum. Das Maximum hingegen ist die Bedeckung des ganzen Körpers außer dem Gesicht, der Hände und der Füße. In dieser Hinsicht hat die Körperbedeckung eine Ähnlichkeit mit dem täglichen Gebet. Beide sind Pflicht. Auch zum Gebet gehört ein Minimum und ein Maximum an Handlungen. Der Betende könnte die obligatorischen Teile des Betens (z.B. das Zitieren aus dem Koran) vollziehen und die freiwilligen, ergänzenden Teile auslassen (wie das Sprechen der letzten Gebete im Sitzen) – so wäre sein Gebet dennoch in Ordnung, und er hätte eine gute Tat vollbracht. So ist es auch bei der Körperbedeckung. Die Brust und die Beine zu bedecken, ist das Minimum, das Haar hingegen gehört zur maximalen Bedeckung. Wenn eine Frau ihr Minimum an Körperbedeckung erfüllt, um nicht zu sündigen, hat sie eine gute Tat vollbracht *(thawab/sevap)*; wenn sie darüber hinaus auch noch das Haar bedeckt, so ist dies eine weitere gute Tat im Sinne einer guten Absicht. Was der Islam mit der Körperbedeckung erreichen will, ist Anstand. Und Anstand kann sowohl mit einer minimalen als auch maximalen Körperbedeckung erzielt werden. Wichtig ist es, Bescheidenheit zu üben, weit geschnittene Kleidung zu tragen und nicht die Absicht zu hegen, das andere Geschlecht zu erregen. Der Islam zieht die weite Kleidung einer Frau ohne Kopftuch der engen, figurbetonten Kleidung einer Frau mit Kopftuch vor. Genauso zieht der Islam eine regelmäßig betende Frau ohne Kopftuch, aber mit reinem Charakter derjenigen Frau vor, die zwar ein Kopftuch trägt, aber einen schlechten Charakter hat und ihr Gebet vernachlässigt. Die ideale Frau und der ideale Mann sind diejenigen, die in Körperbedeckung, Charakter und Gebet ein Maximum erreichen.

Das Kopftuch ist kein religiöses Symbol, weil es von der Frau in dem Glauben getragen wird, dass die maximale Körperbedeckung eine religiöse Pflicht sei, und in dem Wunsch, diese muslimische Tradition fortzuführen. Wenn es sich dabei um ein religiöses Symbol handelte, müsste auch für die Männer ein religiöses Symbol vorgesehen sein. Da das Kopftuch kein religiöses Symbol sein kann, kann es auch kein politisches oder anderes Symbol sein. Es steht der Frau frei, ein Kopftuch zu tragen oder nicht zu tragen. Der Frau per Gesetz Vorschriften in Bezug auf das Kopftuch zu machen, ist weder von religiöser Seite noch von rechtlicher akzeptabel. Bei beiden besteht ein Recht auf freie Wahl der Kleidung. Die Pflicht des täglichen Gebets oder des Fastens tritt mit der Erwachsenenreife ein. D.h., der Mensch ist ab der Pubertät für die Erfüllung dieser Pflichten verantwortlich. Das Kopftuch hingegen ist keine Pflicht in Abhängigkeit eines bestimmten Alters. Die Frau hat das Recht, erst dann ein Kopftuch zu tragen, wenn sie davon überzeugt ist, wenn sie es ohne Hemmungen tragen kann und wenn sie sich dazu frei entschieden hat. Somit ist es ein falsches Vorgehen, kleine Mädchen Kopftücher tragen zu lassen. Sicherlich handelt es sich dabei um keine individuelle Praxis wie beim Gebet oder beim Fasten, sondern um einen gesellschaftlichen Akt. Das Kopftuch, das die Frau nur aufgrund ihrer religiösen Überzeugung trägt, falls sie es überhaupt trägt, darf ihre aktive Teilnahme am sozialen Leben nicht verhindern. Das Kopftuch darf nicht zur Isolierung der Frau von der Gesellschaft führen. Es darf sie nicht daran hindern zu studieren, zu arbeiten, zu forschen, Spaß zu haben und zu spielen. Die muslimische Frau, die ein Kopftuch trägt, muss das Wissen und die Überzeugung haben, es überall und jederzeit verteidigen zu können. Sie darf wegen ihres Kopftuchs keine Minderwertigkeitsgefühle erleiden, sie muss es daher mit Bewusstheit tragen. Das Kopftuchtragen verstößt gegen das islamische Recht, wenn es unter Zwang, als Erfüllung des Brauchs oder aus einem anderen nicht überzeugenden religiösen Grund getragen wird. Wenn die Frau das Kopftuch trägt, ohne ihre Seele mit solidem Glauben, ihr Verhalten mit einem schönen Charakter und ihr Leben mit Gebet und guten Taten auszustatten, so ist das Kopftuch nur eine »hohle Figur« bei ihr, nur »Schaufensterdekoration«.

Das Kopftuch hat im Islam nicht den Status eines Dogmas im Gegensatz zur Bildung, Sauberkeit, zum Gebet, Fasten, Pilgern, Almosengeben und zur Arbeit fürs Gemeinwohl. So wie das Kopftuch nicht den Status und nicht den Wert von täglichem Gebet, Bildung und guten Taten angibt, so zeigt auch das Nichttragen des Kopftuchs keine Sündhaftigkeit an. Während der Koran auf Gebote wie das Beten, Almosengeben und Lernen einerseits und auf Sünden wie die üble Nachrede *(giybeh)* und das Verletzen der Menschenwürde ausführlich eingeht, tut er dies in Bezug aufs Kopftuchtragen nicht. Solange die Muslime Frauen ohne Kopftuch, die aber ihr tägliches Gebet verrichten und gut ausgebildet sind, weniger achten als Frauen mit Kopftuch, die weder beten noch sich bilden, dürfen sie nicht erwarten, dass die Frauen mit Kopftuch von Nicht-Muslimen geachtet werden. Auf der anderen Seite sollte die Gesellschaft die Frau, die aus religiöser Überzeugung ein Kopftuch trägt, in sich aufnehmen. Eine Frau wegen ihres Kopftuchs aus der Gesellschaft auszuschließen, ist eine Diskriminierung und eine Verletzung der Menschenrechte.

Was zählt, ist nicht, was die Frau auf dem Kopf hat, sondern was sie im Kopf hat. Auf der einen Seite gibt es Nicht-Muslime, die kein Kopftuch dulden, und auf der anderen Seite Muslime, die kein offenes Haar dulden. Beide Seiten verletzen das Recht auf Freiheit. Das Kopftuch ist weder das Maß der Frömmigkeit noch ein Gegenbeweis für die Integration. Das heißt, eine Frau mit Kopftuch muss nicht zwangsläufig religiöser sein als eine ohne Kopftuch, und eine Frau ist nicht unbedingt besser integriert, wenn sie kein Kopftuch trägt. Es gibt viele Frauen mit Kopftuch, die sich in die Gesellschaft weit besser integriert haben als manche ohne Kopftuch. Umgekehrt gelingt es vielen modern aussehenden und in die Gesellschaft integrierten Frauen, frommer zu sein als Frauen mit Kopftuch. Wenn muslimische Persönlichkeiten wie Daisy Khan und Maria Zepter kein Kopftuch tragen, so hat ihre Frömmigkeit damit keinen Schaden erlitten. Parallel dazu sind eine Rabea Müller oder Hamideh Mohagheghi ohne Zweifel beispielhaft integriert, auch wenn sie ein Kopftuch tragen. Kurz gesagt, ist das Kopftuch für die Frau, die es aus religiöser Überzeugung trägt, ein Teil ihrer Persönlichkeit. Daher müssten muslimische Frauen unbehelligt von allen – beginnend von ihren Eltern bis hin zum Staat – frei über ihr Kopftuch entscheiden können, und alle sollten ihr bei ihrer gesellschaftlichen Entfaltung helfen.

Da der Islam großen Wert auf Sauberkeit und Ästhetik legt, sollte die Kopftuchträgerin sehr darauf achten, dass ihr Kopftuch schlicht, sauber und aktuell ist, mit ihrer übrigen Kleidung farblich harmoniert und im Einklang mit den Vorlieben der Gesellschaft steht. Die abgrundtiefe Ungleichheit zwischen den Geschlechtern macht sich besonders deutlich bei der Kleidung bemerkbar, zumal manche Männer besonders zu moderner, freizügiger Kleidung neigen, während die Frauen an ihrer Seite bedeckt sind. Um dieser Unausgewogenheit vorzubeugen, sollten die Geschäfte für Musliminnen Kleidung anbieten, die in unserer Gesellschaft eher tolerierbar wären. Die Modedesigner Europas haben sich noch nicht der Bedürfnisse muslimischer Frauen angenommen. Darum decken die Musliminnen ihren Kleidungsbedarf im Ausland. Während in der Türkei grell-bunte Kopftücher bevorzugt werden, sind in Bosnien eher schlichte Farben beliebt. Frauen, die Kopftuch tragen wollen, sollten sich nicht an den Gepflogenheiten in der Türkei oder in arabischen Ländern orientieren, sondern nach Formen suchen, die eher in ein europäisches Umfeld passen. Hier ist ein Marktpotenzial in Europa, das mithilfe der Modedesigner und -industrie umgesetzt werden könnte. Gleichzeitig würde dies den Musliminnen eine Integration erleichtern. Der berühmte Designer Pierre Cardin sagte in einem Interview mit der türkischen Zeitung *Zaman*[55], die Musliminnen könnten zugleich die Bekleidungsregeln einhalten und elegant sein; die Modemacher sind also aufgefordert, ihren größtmöglichen Beitrag dazu zu leisten, statt diesen Bedarf zu ignorieren. Ein sehr wichtiger Punkt sollte bei der Diskussion um die Körperbedeckung nicht vergessen werden: die Bedeckung des Menschen durch »gottgefälliges Handeln« *(taqwa)*. Was dem Koran wichtig

---

[55] Zaman, 08. November 2007.

ist, ist nicht die so oder so geartete Körperbekleidung, sondern der Charakter, der die Person kleidet, besser gesagt, schmückt. Das ist die schönste Art, sich zu kleiden. (Koran: 7/26).

Schleier und Burka widersprechen dem Islam und der Menschenwürde

Frankreich, ein Land, das die Religion und den Staat strikt voneinander trennt, verbietet die Burka als ein religiöses Symbol und bringt damit ein altes Thema wieder auf die Tagesordnung. Mit dieser Attacke zeigt das laizistische Frankreich auch, wie weit es mit seinem als vorbildlich gepriesenen Laizismus gediehen ist! Einige andere Länder wie Belgien lassen sich nun von diesem Schritt inspirieren und führen ebenfalls ein Burkaverbot ein. In Deutschland hat auch einmal ein Landesinnenminister ein Burkaverbot für öffentliche Angestellte gefordert, obwohl es gar keine Angestellte mit Burka gab. Die Diskussion um Burka, Schleier und dergleichen versetzen mich in die Mitte des 20. Jahrhunderts zurück. Mein Vater erzählte mir, dass in Jugoslawien unter dem kommunistischen Staatschef Tito der Schleier verboten wurde. Seine Schwester, die auch meine erste Lehrerin war, protestierte gegen dieses Verbot, indem sie ihr Haus eine ganze Weile nicht verließ. Sie sagte mir auch, dass dieses Verbot die Musliminnen noch tiefer in den Konservatismus getrieben hat. Wie jedes Gesetz und jede Einschränkung war also auch das Schleierverbot *kontraproduktiv*.

Nach 60 Jahren erlebe ich nun selbst im antikommunistischen, demokratischen Europa ein Schleierverbot und werde Zeuge davon, wie zwei Politiker aus verfeindeten Lagern wie der kommunistische Tito und der demokratische Sarkozy in puncto Schleier einer Meinung sind. Ein Regime folgt dem anderen, eine Generation folgt der anderen, doch der Schleier bleibt an der Tagesordnung. Wenn die westlichen Medien das Thema »Frau im Islam« behandeln, verwenden sie meistens Fotos orientalischer Frauen, als gäbe es in Europa gar keine Musliminnen. Es sind Bilder arabischer Frauen mit dem Schleier oder afghanischer Frauen mit der Burka. Diese Bilder allein sollten folgende Frage zur Diskussion bringen: Ist im Islam der Schleier oder die Burka vorgeschrieben?

Die kurze Antwort lautet: Nein! Nein, weil der Schleier dem Wesen und der Würde des Menschen widerspricht. Daher ist er auch ein Verstoß gegen den Islam. Der Islam verlangt nicht die Bedeckung des Gesichts. Die Gesichter müssen frei bleiben. Der Koran verlangte zuerst vom Mann und dann von der Frau, dass sie sich nicht wollüstig ansehen und ihre Reinheit bewahren (Koran: 24/30–31). Diese Forderung setzt schon voraus, dass sich Mann und Frau mit offenem Gesicht ansehen, doch dabei ihr Gefühl beherrschen können. Wenn ein Mensch den anderen ansieht, soll die entscheidende Instanz die Moral sein und nicht ein Stück Tuch.

In der Gelehrtenwelt schreiben einige Männer arabischer Herkunft, die muslimische Frau könne ihre Reinheit und ihre Ehre nur dadurch schützen, dass sie ihren ganzen Körper und ihr Gesicht mit der Burka und dem Schleier bedeckt. Also müssen den Preis dafür, dass die Männer nicht vom Weg abkommen, die Frauen zahlen. Es genügt nicht, die Frage der Körperbedeckung nur aus theologischer Sicht zu betrachten, da sie auch eine menschliche und eine ästhetische Dimension hat. Aus unserer europäischen Perspektive sehen wir im Schleier und Tschador den Ausdruck einer schweren Beleidigung der weiblichen Würde. Das Verdecken des weiblichen Körpers und des Gesichts hinter einem schwarzen Tuch ist die Verleugnung des Körpers und des Gesichts als Symbol der Identität. Vor allem steht das Gesicht stellvertretend für die Identität der Person: Wer es versteckt, verheimlicht seine Identität. Das Gesicht ist Ausdruck für die moralische Verantwortung eines Menschen dem anderen gegenüber. Die wertvollste, die heiligste Körperpartie des Menschen ist sein Gesicht, und es ist eine große Schande, ein herabwürdigender Akt, das Gesicht als rein sexuell anzusehen und es zu verstecken. Wenn eine Frau mit Kopfbedeckung und Gesichtsschleier und ein Mann, natürlich mit freiem Kopf und Gesicht, zusammen essen, wird die Frau vor lauter Sorge, die »Sünde« des Gesichtzeigens zu vermeiden, für jeden Bissen den Schleier heben und ihn danach wieder herunterlassen. Was die arme Frau derartigen Qualen aussetzt, während der Mann neben ihr in aller Ruhe sein Mahl genießt, ist nicht die islamische Religion. Ursache dieser Ungleichheit und Ungerechtigkeit ist die abwegige Koraninterpretation orthodoxer Männer.

Man sollte den Schleier und die Burka, die bei europäischen Musliminnen ohnehin nicht beliebt sind, nicht verbieten, sondern man sollte dagegen argumentativ vorgehen, indem man sich der Beweise des gesunden Menschenverstandes und des Islam bedient. Wenn es gelingt, die Argumente der Extremisten für den Schleier durch logische Argumente des Islam zu entkräften, werden die Menschen darüber aufgeklärt, was der Islam eigentlich verlangt, und auf diese Weise wird das Ziel des »Verbots« erreicht. Mit dem Unterschied, dass dadurch kein *kontraproduktives* Verbot hervorgebracht und die demokratischen Prinzipien nicht verletzt werden. Was das Verbot des Schleiers oder der Burka in öffentlichem Raum betrifft, so bin ich überzeugt, dass der Islam aus den oben erläuterten Gründen keinen Einwand dagegen haben wird. Wenn man aber noch weiterginge und nach dem Schleier und der Burka auch noch das Kopftuch verbieten wollte, bedeutete dies genauso eine Verletzung der Menschenwürde, wie wenn man das Tragen von Schleier und Burka anordnete. Denn es passt nur zu einem totalitären Regime, unter Zwang zu verlangen, dass jemand den Kopf bedeckt oder nicht bedeckt.

Die Frau: Respekt und Liebe

Der Koran zählt die Frau an erster Stelle auf, wenn er all das Schöne erwähnt, das den Mann glücklich macht (Koran: 3/14). Jeder Schmuck ist schön; so zeigt sich die Schönheit Gottes in ihren Geschöpfen. Der Prophet Muhammad sagt: »Gott ist schön, und er liebt, was schön ist.«[56] Die elektrisierte Spannung zwischen Mann und Frau ist ein schönes Gefühl, das im Wesen des Menschen liegt. Das gegenseitige Gefühl der Liebe und des Wohlgefallens findet seine Vollendung in der Ehe. Doch die gegenseitigen Gefühle der Partner bedürfen einer ständigen Pflege. Die erste Generation der Muslime und allen voran der Prophet Muhammad haben sich vorbildlich verhalten, wenn es darum ging, die Liebe zu ihren Frauen offen zu bekennen und zur Sprache zu bringen. Sie waren nicht scheu, Liebe und Respekt zu zeigen, die sie als etwas Angenehmes, Schönes und Heiliges erlebten. Muhammad, der seine Empfindsamkeit nicht verbarg, sagte es in aller Öffentlichkeit: »Ich liebe die Frauen, ich trage gern Düfte auf, und das tägliche Beten ist mein Augapfel«[57]. Da er einen guten Charakter hatte, seine Frauen gut behandelte, gut aussah und ein angesehenes Mitglied der Gesellschaft war, mochten ihn die Frauen recht gern. Frauen kamen zu ihm und machten ihm, durchaus in Anwesenheit anderer, einen Heiratsantrag. Seine Ehen schloss er stets auf der Basis gegenseitiger Liebe und Lust. Unter seinen Frauen liebte er Aischa am meisten. Und Aischa war, entgegen der Behauptungen, nicht sieben oder neun Jahre alt, als sie Muhammad heiratete. Bei den Arabern galt eine Frau mit dem Erreichen der Geschlechtsreife als neu geboren, und ihr Alter wurde ab da gezählt. Wenn es hieß, Aischa sei bei ihrer Heirat sieben Jahre alt gewesen, so bedeutete dies, dass sie ihre erste Regel sieben Jahre zuvor gehabt hatte. Wenn sie also mit 12 oder 13 diese Reife erreicht hatte, so muss sie mit 19 oder 20 gehei-

---

56 Überliefert von Tirmidhi.
57 Überliefert von Ahmed und Nesai.

ratet haben. Muhammads große Zuneigung und Liebe zu Aischa lag nicht so sehr in ihrer Jugend begründet wie in ihrer scharfen Intelligenz und starken Persönlichkeit. Es steht leider in den etwas verstaubteren Seiten der Überlieferung der Sunna geschrieben, dass Muhammad zusammen mit seinen Frauen zu den Veranstaltungen in der Stadt ging, an den kulturellen Ereignissen teilnahm, mit ihnen zusammen Sport machte, ihnen bei der Hausarbeit half, mit ihnen scherzte und spielte. Die islamische Kultur kennt ihn so daher kaum.

Diese offene Art Muhammads, seine Liebe zu seinen Frauen zu zeigen, wurde in den Epochen des Rückschritts und der Verbreitung des Konservativismus zunehmend als eine Schande empfunden. Das neue, geschmacklose und grobe Verständnis von Religiosität führte zu vielen Abarten des Glaubens. Was heilig war, wurde zu etwas Beschämendem, der Machismus galt nunmehr als Tugend, und die Liebe verlor ihre Romantik und wurde zum Krampf. Doch es ist keine Schande, zu lieben und die Liebe offen zu zeigen. Was eher beschämend ist, ist der Machismus und der Streit in der Familie. Doch nicht wenige »fromme« Muslime halten es für verwerflich, sich der Liebe zur eigenen Frau zu bekennen.

Obwohl Bildung keine Scham kennt, ist die Sexualerziehung für den überwiegenden Teil der konservativen Muslime immer noch ein Tabu. Und das Thema der Sexualität ist in vielen islamischen Ländern weit davon entfernt, zu Hause, in der Schule oder gar in der öffentlichen Debatte behandelt zu werden. Dies ist ein Bildungsmangel, der bei Jungen wie Mädchen zu Störungen der Persönlichkeit führt. Dazu gehört auch die Reduzierung der Frau als »erotisches« Objekt, wodurch in extrem konservativen Gesellschaften soziale Explosionen ausgelöst werden. Der Mangel an Erziehung bezüglich der Beziehungen von Mann und Frau verursacht extreme Hemmungen in der Wahrnehmung und Behandlung des anderen Geschlechts. Die sexuellen Tabus in konservativen muslimischen Familien müssen aber endlich gebrochen werden. Dazu muss der Sexualkundeunterricht in der Schule wahrgenommen und dazu muss die Sichtweise des Islam auf sexuelle Themen ohne Scheu dargelegt werden. Es ist eine erfreuliche Entwicklung, dass es mittlerweile immer mehr Werke muslimischer Intellektueller gibt, die das Thema wissenschaftlich beleuchten.

Damit die Beziehungen zwischen Frauen und Männern eine natürliche Erscheinungsform annehmen, könnten muslimische Männer und vor allem diejenigen in leitender Stellung beispielsweise ihre Frau mit zu den Veranstaltungen nehmen, zu denen sie eingeladen sind. Dies ist immer noch ein viel zu seltener Anblick. Die orientalische patriarchalische Struktur hat in Wort und Tat den Mann immer in den Vordergrund und die Frau konsequent in den Hintergrund gestellt, was sich anscheinend als eine Art Gesinnung auch in den prominentesten Köpfen niedergeschlagen hat. Doch es gibt auch Ausnahmen in der islamischen Welt. Der Emir von Qatar, Hamad bin Khalifa Al-Thani, verließ die in den Golfstaaten geltenden Bräuche und begann seine übrigens auf sozialem Gebiet sehr aktive Frau, Sheika Mozah, in der Öffentlichkeit zu zeigen. Auch der »demokratisch-islam-konservative« Premierminister der Türkei Tayyip Erdoğan hatte bei öffentlichen Auftritten seine Frau, Emine, an seiner Seite, was seinen laizistischen Vorgängern nicht durchweg gelang. Unter muslimischen Religionsführern ist vor allem Mustafa Cerić zu nennen: Der Obermufti von Bosnien nahm fast zu allen Veranstaltungen seine Frau Azra mit, was vielleicht weltweit kein Mufti vor ihm gemacht hat. Auch Deutschland hat solche Anblicke nötig. So könnten wir zum Ausdruck bringen, dass wir die Frau wertschätzen. Darüber hinaus ist es eine Tugend, der Frau überall und in jeder Hinsicht den Vorrang zu geben. Die Kultur, in der wir leben, erkennt der Frau traditionell schon bei der mündlichen oder schriftlichen Anrede den Vorrang zu. Diese Höflichkeit kommt zum Beispiel in Wendungen wie *Damen und Herren* und *Bürgerinnen und Bürger* zum Ausdruck und unterstrichen wird dies durch die vornehme Geste, der Frau den Vortritt zu lassen, wenn man einen Raum betritt oder verlässt. Leider treffen wir solche Gesten in der muslimischen Gemeinschaft sehr selten an.

Der gute, fromme Muslim ist derjenige, der die Frau im privaten wie öffentlichen Bereich höflich und zuvorkommend behandelt.

Wir gelangen zu dem Ergebnis, dass das große Hindernis beim richtigen Verstehen und Erleben des Islam in den Traditionen und Lebensweisen begründet ist, die die Muslime aus ihren Herkunftsländern mitgebracht haben, und dies gilt ganz besonders für die Behandlung der Frau. Die europäischen Muslime übernehmen – wie in vielen anderen Streitthemen – auch beim Kampf gegen die frauenfeindlichen Diskurse und Bräuche eine Vorreiterrolle.

Während ich die Schlussworte zu diesem Kapitel schrieb, zeigten die Medien die Bilder eines Gipfeltreffens von 20 Ländern in Toronto. Auf dem Gruppenfoto der 20 Teilnehmer war nur eine Frau zu sehen: Angela Merkel. Dieses Foto war ein Beweis dafür, dass im 21. Jahrhundert nicht nur in der islamischen, sondern auch in der übrigen Welt eigentlich immer noch patriarchalische Verhältnisse herrschen. An diesem Tag war ich besonders erfreut darüber, in einem Land zu leben, dessen Kanzlerin dieses patriarchalische Tableau stört. Doch das männerbetonte Gruppenbild zeigt, dass sowohl die Muslime als auch die Nicht-Muslime noch einen weiten Weg zur Gleichberechtigung zu gehen haben.

UNSERE GEMEINSAMEN WERTE

Was eine Gesellschaft aufrechterhält, sind ihre Werte.
Sind sie verloren, ist sie verloren.
(Ahmad Schawqi)

In einer Rede anlässlich einer Reise, an der auch ein konservativer Abgeordneter teilnahm, hatte ich gesagt, dass die demokratischen Werte Europas und die humanen Werte des Islam nicht miteinander in Konflikt stehen. Nach meiner Rede stellte mir der Abgeordnete ironisch die Frage, ob der Islam überhaupt Werte habe. Meine ausführliche Antwort von damals möchte ich in diesem Kapitel etwas ausführlicher wiederholen. Im Grunde ist die Frage des Abgeordneten gleichzeitig eine Frage vieler Politiker und auch vieler Bürger. Deutschland ist ein Land, dem es gelungen ist, viele Werte, die sich sowohl auf das Christentum als auch auf die Verfassung stützen, in die Gesellschaft zu integrieren. Die demokratischen Werte wurden in dem nach dem Zweiten Weltkrieg verabschiedeten Grundgesetz formuliert. Diese Werte werden seit 60 Jahren von der Mehrheit der muslimischen Bevölkerung eindeutig anerkannt und nicht infrage gestellt. Dennoch sind wir mit einer Gruppe von Menschen konfrontiert, die nicht nur der Ansicht ist, diese verfassungsmäßigen Werte würden vom Islam und von den Muslimen missachtet, sie will darüber hinaus ein Gefühl von Bedrohung erzeugen und verstärken.

In letzter Zeit ist häufig davon die Rede, dass es notwendig sei, die »deutschen Werte« vor dieser angeblichen Gefahr in Schutz zu nehmen. Bei einer Konferenztagung, die die Hanns-Seidl-Stiftung veranstaltete, brachte einmal ein ehemaliger Staatssekretär diesen Begriff wiederholt zur Sprache. Nach der Sitzung sprach ich ihn an und bat ihn, mir ein Dokument zukommen zu lassen, auf dem die besagten »deutschen Werte« schriftlich festgehalten sind. Am nächsten Tag wiederholte ich diesen Wunsch per Brief. Kurze Zeit später kam die Antwort. Sie enthielt einen Zeitungsauschnitt, ein Interview mit der türkischen »Islamkritikerin« und Soziologin Necla Kelek. Hier war die Aussage Keleks unterstrichen, die Muslime sollten treu zu den deutschen Werten stehen. Die Reaktion des Staatssekretärs war enttäuschend. Denn ich hatte mit einer umfangreichen, ernsthaften, informativen Antwort über die von ihm viel zitierten »deutschen Werte« gerechnet. Ich konnte nun das Fazit ziehen: Erstens haben wir keine Broschüre, die uns über die »deutschen Werte« informieren könnte, sondern nur diesen Zeitungsausschnitt. Zweitens haben wir keinen deutschen Intellektuellen, der uns die »deutschen Werte« vermitteln könnte, das muss jemand übernehmen, der kein Deutscher ist. Drittens können uns die »deutschen Werte« anscheinend nur von jemandem wie Necla Kelek vermittelt werden, die dem Islam feindlich gegenübersteht.

Im Grunde bin ich, was die »Verfassungstreue und Zugehörigkeit zu Deutschland« betrifft, mit Necla Kelek völlig einer Meinung. Die Öffentlichkeit kennt meine wörtlichen wie schriftlichen Stellungnahmen zu den demokratischen Werten. Diese Werte, die ich nachfolgend aufzähle, kann man als eine Zusammenfassung der Reden und Predigten betrachten, die ich in den Moscheen gehalten habe. Doch während die Positionen von so genannten Islamkritikern gerne übernommen werden, werden meine Aussagen ignoriert oder sogar als »Taqiyya«[58] abgetan. Aber genau solch ein Vorgehen ist es, das eine Verletzung der »deutschen Werte« darstellt.

---

58 Der Vorwurf eines angeblichen islamischen Prinzips »Taqiyya« (auch »Takiyya«) im Sinne von »Verstellung«, also einer quasi von der Religion sanktionierten, wenn nicht sogar gebotenen Täuschung anderer über die eigenen Absichten, um auf diese Weise eine »Islamisierung« nicht-islamischer Länder voranzutreiben, hat keine Grundlage in den Quellen und stellt eine schwere Verunglimpfung dar. Das tatsächlich in der islamischen Tradition vorkommende Prinzip »Takiyya« erlaubt Muslimen – zu ihrem eigenen Schutz! – bestimmte religiöse Pflichten dann dem äußeren Schein nach zu verletzen, wenn ihr nach außen hin sichtbares Festhalten

Ich trete für universelle Werte ein, die auch die europäischen sind, und bin überzeugt, dass sie meinem Glauben nicht widersprechen. Nicht nur widerspricht mein Glauben ihnen nicht, er fordert sogar ihre Einhaltung.

Das Fundament für die Integration in einem Land bildet das Erlernen der Landessprache, die Treue zur Verfassung und das Annehmen der »europäischen Werte«.

Die Existenz der Muslime in Deutschland seit einem halben Jahrhundert zeigt, dass die Verfassung und die »europäischen Werte« von ihnen akzeptiert und nicht ernstlich infrage gestellt werden. Kein vernünftiger Muslim würde verlangen, dass ein Parallelsystem zum gültigen Rechtssystem des Landes gegründet werden soll. Die, die dies gefordert haben, waren marginale Figuren, die nicht nur vom Staat, sondern auch von der Mehrheit der Muslime ausgegrenzt wurden. Wenn eine Parallelgesellschaft der Muslime innerhalb der großen Gesellschaft entstanden ist, so ist das auf die Tatsache zurückzuführen, dass der Staat die Muslime lange Jahre als »Gäste« wahrgenommen hat, die irgendwann sowieso zurückkehren, und es versäumte, in ihre Integration ausreichend zu investieren. Selbst die gefährliche Entwicklung zu einer Parallelgesellschaft wurde lange Zeit ignoriert und nicht ernsthaft problematisiert. Auf der anderen Seite waren viele Muslime im Zwiespalt darüber, ob sie bleiben oder zurückkehren sollten, und es war für viele nicht

---

daran sie an Leib und Leben in Gefahr brächte. Voraussetzung ist, dass die betroffenen Muslime sich in Ländern oder in Umständen aufhalten, in denen die Befolgung der Vorschriften mit massiver Gewalt verfolgt wird. Ein Beispiel war der Verzehr von Schweinefleisch in Zeiten der Inquisition in Spanien unter der Reconquista, mit dem sich Muslime (wie übrigens auch Juden) zu ihrem eigenen Schutz nach außen hin den christlichen Zwangsmaßnahmen beugten. Besonders unter Schiiten war das Prinzip in der Vergangenheit von gewisser Bedeutung, wenn sie in sunnitisch dominierten Ländern mit Verfolgung konfrontiert waren, wenn sie bestimmte schiitische Riten befolgten. Unter Sunniten ist der Begriff kaum bekannt. Umso häufiger wird der Begriff »Takiyya« allerdings seit einigen Jahren in anti-islamischen Schriften und Äußerungen im oben beschriebenen, ebenso wahrheitswidrigen wie diffamierenden Sinn eingesetzt. Der Missbrauch dieses Begriffs ist zu einem zentralen Element in der Angst- und Hasspropaganda anti-islamischer Strömungen geworden. Siehe auch die Definition des Begriffs »Takiyya« aus der *Encyclopedia of Islam*, Leiden 2000.

einfach bzw. vielleicht auch nicht notwendig, sich in die europäische Gesellschaft zu integrieren.

Obwohl die Muslime seit einem halben Jahrhundert in Deutschland sind, wird ihre Identität, Mentalität, Kultur, Lebensweise und Weltsicht erst seit Kurzem hinterfragt, als ob das Land erst vor wenigen Tagen von vier Millionen fremden und sonderbaren Menschen heimgesucht worden wäre. Die Gesellschaft und die Akteure des Staates beginnen erst jetzt zu realisieren, dass die Muslime hier bleiben werden und ihre Glaubenswerte ein Bestandteil dieses Landes geworden sind. Als die Tatsache ihres Bleibens nicht mehr zu übersehen war, gingen Politiker dazu über, der Gesellschaft immer wieder zu erklären, wie die Integration vonstatten zu gehen habe. Ihr häufigster Satz lautete: »Die Muslime müssen sich unsere Werte, wie sie in der Verfassung vorgesehen sind, ohne Diskussion zu eigen machen.« Doch was mit europäischen oder deutschen Werten gemeint ist, bleibt meist vage. Wenn damit Werte wie die Demokratie, Rechtsstaatlichkeit, Gerechtigkeit, Gleichberechtigung und Pluralität gemeint sind, so haben die Muslime doch schon seit 50 Jahren den Beweis erbracht, dass sie diese nicht infrage stellen. Aber abgesehen von der Verfassung bzw. dem Grundgesetz gibt es keine Instanz, die vor allem den Muslimen die Werte Europas näherbringen würde. Auf der anderen Seite werden der Islam und die Muslime dargestellt, als wären sie unvereinbar mit den verfassungsmäßigen Werten. Das hat mich dazu veranlasst, »Gemeinsame Werte« zu formulieren, die als Gesprächsgrundlage dienen könnten. Sollten diese Prinzipien und Werte angenommen werden, wobei ich von der Möglichkeit eines Konsenses überzeugt bin, dann bräuchten weder die Muslime sich vor einer Anpassung zu fürchten noch bräuchte die deutsche Gesellschaft zu befürchten, dass die Muslime eine Parallelgesellschaft beabsichtigten.

Die Wurzel der gemeinsamen Werte

Wir, die wir die Träger von uralten religiösen und moralischen Werten sind – die Abraham, Moses, Jesus und Muhammad uns überliefert haben –, wir teilen die Überzeugung, auf dieser Grundlage gemeinsame Ziele zu verfolgen, die dem Wohl der Menschheit in der Zukunft dienen. Die Quelle unserer gemeinsamen Ziele bilden die Zehn Gebote, die Gebote eines einzigen Glaubens *(al-din)* an ein und denselben Gott sind und sich in den heiligen Büchern der drei Bekenntnisse dieses Glaubens (Judentum, Christentum und Islam) niedergeschlagen haben: in der Thora (Altes Testament), den Evangelien (Neues Testament) und im Koran (Letztes Testament). Die Zehn Gebote, die im Buch Exodus (20, 2–17 sowie in Deuteronomium 5, 6-21) erwähnt sind, werden im Koran – mit Ausnahme vom Sabbat, der als eine regional geprägt bedingte Regel aufgefasst wird – wörtlich wiederholt und bestätigt:

1. »Ich bin der Herr, dein Gott. Du sollst keine fremden Götter neben mir haben.« (Vergleichsstelle im Koran: 17/23) »Du sollst dir kein Gottesbild machen und keine Darstellung von irgendetwas am Himmel droben.« (Vergleichsstelle im Koran: 22/30)
2. »Du sollst den Namen Gottes nicht missbrauchen.« (Vergleichsstelle im Koran: 2/224, 5/89)
3. »Gedenke, dass du den Sabbat heiligst.« (keine Vergleichsstelle im Koran)
4. »Du sollst Vater und Mutter ehren.« (Vergleichsstelle im Koran: 17/23)
5. »Du sollst nicht morden.« (Vergleichsstelle im Koran: 4/29)
6. »Du sollst nicht ehebrechen.« (Vergleichsstelle im Koran: 24/30–31)
7. »Du sollst nicht stehlen.« (Vergleichsstelle im Koran: 5/38, 60/12)
8. »Du sollst kein falsches Zeugnis geben.« (Vergleichsstelle im Koran: 22/30)

9. »Du sollst nicht begehren deines Nächsten Frau.«
   (Vergleichsstelle im Koran: 6/151)
10. »Du sollst nicht begehren deines Nächsten Haus.«
    (Vergleichsstelle im Koran: 5/32)

Gott hat die »Zehn Gebote« sowohl in verschiedenen Suren des Korans offenbart als auch alle zusammenhängend auf einer Seite (z.B. 6/151–153 und 17/22–39). Durch das mehrfache Erwähnen der Gebote sorgt der Koran dafür, dass sie sich den Menschen einprägen. Es sind unveränderliche, universelle Werte, die über den Religionen, Nationen und Epochen stehen; es ist die Inspirationsquelle für alle anderen Werte, die die Menschheit entwickelt hat. Im Zentrum dieser gemeinsamen Werte steht unumstritten die Gerechtigkeit: Die anderen entwickeln sich um sie herum, aus ihr heraus und ergänzen sie. Die gemeinsamen Werte sind: Nicht gesättigt schlafen zu gehen, wenn der Nachbar hungert. Das, was einem lieb ist, auch für andere zu wünschen. Den anderen nicht anzutun, was man nicht angetan bekommen möchte. Sich sicher zu fühlen vor der Hand und vor dem Wort anderer. Sich gegen das Unrecht zu stellen, wer auch immer es ausübt, und den, der im Recht ist, zu unterstützen, wer auch immer es ist. Die Fähigkeit, den Menschen als Mensch anzusehen und die ganze Welt als Familie zu verstehen. Das Wissen und den Glauben zu versöhnen, den Verstand und die Seele nicht voneinander trennen. Die Seele um des Materialismus willen nicht zu töten und die Welt um der Seele willen nicht abzustreifen.

Wer die gemeinsamen Werte der Menschheit sucht, wird sie in der Philosophie von Ibn Ruschd und Thomas von Aquin finden können, in der Soziologie von Ibn Chaldun und Auguste Comte, in den Gedanken von Said Nursi und Max Weber, in der Dichtung von Rumi und Goethe, in der Mystik von Annemarie Schimmel und Sayyed Hosein Nasr, in der Theologie von Abraham Geiger, Mustafa Cerić und Hans Küng, in den die Kulturen überbrückenden Bestrebungen von Charles, des Prinzen von Wales, und des Emirs von Sharjah al-Qasimi, im Humanismus von Shirin Ebadi und von Rupert Neudeck, in der Politik von Konrad Adenauer und von Alija Izetbegović und in den Gedanken von Akademikern wie Tariq Ramadan und John Esposito. Diese und Tausende andere Intellektuelle aus dem Westen und dem Osten haben Ansichten vertreten, denen wir zustimmen, und andere, denen wir widersprechen. Doch sie sind alle bestrebt, die gemeinsamen Werte zu suchen und zu finden, die zum Wohlergehen und Glück der Menschen führen werden.

Ein gemeinsamer Wert ist es, den Ideen der Intellektuellen gleich welcher Couleur gegenüber offen zu sein, wenn sie uns wertvoll erscheinen, und sie abzulehnen, wenn wir sie für nutzlos und falsch halten. Und all den Gedanken, die unseren Kosmos von Wissen, Denken und Kultur bereichern könnten, mit einem offenen Gehör zu begegnen, ohne die einen mit Vorurteilen abzulehnen und die anderen unkritisch aufzunehmen. Ein gemeinsamer Wert ist es, die »Weisheit« des östlichen Menschen mit der »Rationalität« des westlichen Menschen und die »Wärme« des östlichen Menschen mit dem »Verantwortungsgefühl« des westlichen Menschen zu vereinen. Die gemeinsamen Werte schaffen es, wie der pakistanische Islam-Philosoph Muhammad Ikbal, ein Promovent der Münchener Ludwig-Maximilians-Universität sagte, »die östliche Sprache der Liebe, die das Geheimnis des Kosmos enthält, mit der westlichen Sprache des Verstandes, die die Geschicklichkeit des Lebens enthält, zu einer Einheit kommen zu lassen. Es ist die Fähigkeit zu horchen: auf die sich vom Osten erhebende Stimme der Liebe, Gerechtigkeit, Barmherzigkeit und des Glaubens und auf die sich vom Westen erhebende Stimme des Verstandes, der Freiheit, Gleichheit, Liebe, Demokratie und des Rechts.« Diese gemeinsamen Werte müssen sich erheben gegen Lügen, Kriege, Rassismus, die Feindseligkeit gegen Juden, Christen und Muslime, gegen Landbesetzungen, Unterdrückung, Diskriminierung, Ausbeutung, Aufrüstung, den Organhandel und Missbrauch von Frauen und Kindern und sich einzusetzen für Gleichheit, Gerechtigkeit, Aufrichtigkeit, Wohlstand und Frieden.

Die westlichen Werte, die mit der Renaissance und der Aufklärung ihren Anfang nahmen, sind im Grunde genommen Werte, die im Wesen und in der Wurzel aller Religionen enthalten sind. Die Französische Revolution erklärte, dass alle Menschen gleich geboren sind, dass sie sich gegen Unterdrückung zur Wehr setzen dürfen, dass jegliche Macht vom Volk ausgeht und keine Person oder Gruppe eine absolute Macht ausüben dürfe, dass die Regierenden grundsätzlich Verantwortung gegenüber dem Volk tragen und dass niemand wegen seiner religiösen und sozialen Überzeugung geächtet werden darf. Die meisten Muslime in der Welt haben deshalb große Sympathien für Europa, weil die hier entwickelten demokratischen Werte vom Islam anerkannt werden.

Die gemeinsamen Aspekte dieser Werte, wenn man sie nur beiden Seiten vermitteln könnte, müssten zwangsläufig das gegenseitige Verständnis fördern und bei den Muslimen bewirken, sich noch mehr mit dem europäischen Wertesystem zu identifizieren. Wenn Europa, dem wir die Systematisierung der universellen Menschenrechte und der Demokratie verdanken, diese Werte an unterentwickelte Gesellschaften weitergeben will, so wird dies nur mit friedlichen Mitteln gelingen. Kriege und Annexionen oder auch der Versuch, die demokratischen Werte anderen auf eine aggressive Art aufzuzwingen, kann nur zum Scheitern führen. Wenn Europa die von ihm entwickelten demokratischen Werte über den Globus verbreiten und hier die Unterstützung der Muslime für diese Werte gewinnen will, muss es ihnen gegenüber eine Politik der Transparenz und des Respekts führen. Dazu muss es seinen aggressiven und ausgrenzenden Stil den Muslimen gegenüber fallenlassen. Wir müssen als Europäer damit aufhören, unsere Unterschiede hervorzuheben und Spannungen zu erzeugen, da unsere gemeinsamen Werte schwerer wiegen als die Unterschiede. Und wir sollten es vorziehen, diese gemeinsamen Werte in den Vordergrund zu stellen und die unbedeutenden Unterschiede mit Toleranz zu betrachten.

Nicht nur die islamische Lehre und das islamische Rechtssystem, sondern darüber hinaus alle göttlichen Lehren und die daraus hervorgegangenen Gesetze sind im Laufe der Geschichte nur entstanden, um die Grundrechte wie Gerechtigkeit, Frieden, Lebenssicherheit und Frieden zu schützen und zu wahren (vgl. das Kapitel »Die Scharia und das Grundgesetz«). Diese historisch bis heute gewachsenen Werte und Rechte sind nicht Produkt einer bestimmten Gesellschaftsordnung und Philosophie, sondern universelle Werte, die als Allgemeingut der ganzen Menschheit gelten sollten. Die weitere Globalisierung in der ohnehin schon globalisierten Welt vereint auch die menschlichen Werte. Diese gemeinsamen Werte sind Ausdruck der Suche aller Gesellschaften nach Ethik und Moral und entstammen der Humanität, die von der Schöpfung her zum Wesen der Menschen gehört.

Wenn ich unten mehrfach *religiöse Texte* wie Koranverse und Hadithe Muhammads zitiere, so will ich damit einerseits den Beweis erbringen, dass der Islam nicht diesen von Europa entwickelten Werten entgegensteht, und andererseits die Muslime dazu anregen, eine aktive Rolle in der Treue und Wahrung dieser Werte zu übernehmen. Die Frage, ob die vielgelobten »universellen gemeinsamen Werte« in der Tat gute Prinzipien sind, lässt sich dadurch beantworten, dass wir sie einem Koran- und Sunna-Test unterziehen. Ich bin der Überzeugung, dass es aus islamischer Sicht diese Werte sind, die wir Muslime als unsere gemeinsame Basis annehmen sollten:

Unsere gemeinsamen universellen Werte aus dem Blickwinkel des Islam

1. Die Gesetze des Landes zu befolgen ist ein islamischer Wert

Die deutsche Verfassung ist auf den Prinzipien des Rechts, der sozialen Gerechtigkeit und der Gleichheit aufgebaut. Die Muslime sollten sich nicht damit begnügen, ein deutliches und aufrichtiges Ja zur Verfassung dieses Landes zu sagen, das Menschenwürde und Glaubensfreiheit garantiert, sondern sie sollten auch Verantwortung übernehmen, um diese Verfassung zu verteidigen. Die bestehende Ordnung des Landes zu beschützen, ist, über eine Bürgerpflicht hinaus, für die Muslime zusätzlich eine religiöse Pflicht. Gott befahl es, den gewählten Herrschern *(ulu-l-amr)* zu gehorchen, damit keine Anarchie in der Gesellschaft aufkommen kann. »*O ihr, die ihr Glauben erlangt habt! Gebt acht auf Gott und gebt acht auf den Gesandten und auf jene von euch, die mit Autorität betraut worden sind. (ulu-l-amr).*« (Koran: 4/59). Moderne Koranexegeten wie Rashid Rida, Muhammad Abduhu, İhsan Eliaçık und viele andere sind sich darin einig, dass mit *ulu-l-amr* die gewählte (politische) Führung gemeint ist und dieser Vers den Gläubigen den Respekt vor deren Autorität und die Befolgung der Verfassung gebietet. So lautet der Sinn des Verses: »Gehorcht denen, die ihr als kompetent für eure Vertretung angesehen und durch eure Wahl eigenhändig mit Verwaltungsmacht betraut habt.«[59]

Also wird zum einen befohlen, den Gesetzen Gottes und der Propheten Folge zu leisten, aber auch der politischen Führung, die unser Land gemäß dem Grundgesetz regiert. Dies sind keine konkurrierenden Systeme, sie sollten sich vielmehr wechselseitig ergänzen und bereichern. Folglich stellt der Koran mit seinen ethi-

---

59   Eliaçık,İhsan, *Yaşayan Kur'an Türkçe Meal/Tefsir*, İnşa Yayınları, 2007.

schen Unterweisungen für das Leben eines Muslims eine geistig-moralische Orientierung dar, das Grundgesetz mit seinen Rechten und Pflichten eine weltliche.

So erklärten muslimische Gelehrte am 9. Juli 2006 Folgendes: »Muslime, die laut Vertrag die Staatsbürgerschaft des jeweiligen Landes besitzen, sind nach der Sure 5/1 »*O ihr, die ihr glaubt, erfüllt die Verträge*« den Gesetzen des Landes verpflichtet. Wer kein Staatsbürger ist, aber eine vertraglich bestätigte Aufenthaltsgenehmigung besitzt, ist nach Sure 17/34 »*Und haltet die Verpflichtung ein; denn über die Verpflichtung muss Rechenschaft abgelegt werden*« ebenfalls an die Gesetze des Landes gebunden. Wer Gesetze und Vereinbarungen übertritt, wird dazu auch vom Propheten verurteilt: »Wer vertrauensunwürdig handelt, kann keinen Glauben und wer sein Wort bricht, kann keine Religion besitzen.«[60]

Die Verfassung Deutschlands stellt mit ihrer Synthese aus theologisch-ethischer Lehre und menschlichem Erfahrungswissen die höchste Autorität dar und bietet ihren Bürgern somit eine gemeinsame Grundlage. Treue zu unserer Verfassung, die auf den Prinzipien des Rechts und der sozialen Gerechtigkeit aufgebaut ist, liegt in unser aller Interesse und ist ein Gebot des Korans. Das demokratische System nimmt sich das positive Recht zur Grundlage und unterscheidet sich dadurch sowohl vom theokratischen System, das auf religiösen Prinzipien beruht, als auch vom totalitären System, das die Religion und den Glauben ausschließt. Da die Demokratie das System ist, das nicht nur den Prinzipien und Lehren des Islam am nächsten kommt, sondern auch dasjenige, das der menschlichen Logik am meisten entspricht, sollten wir um seinen Fortbestand bemüht sein, es innerlich akzeptieren, vorbehaltlos verteidigen und mit Leben füllen. Ein Blick auf die Länder, in denen Despotie und Totalitarismus herrschen, genügt, um festzustellen, welche Verwüstung ein Mangel an demokratischer Kultur verursacht hat, und wie wichtig die vom Westen entwickelte demokrati-

---

60 European Council for Fatwa and Research, 16. Session, Istanbul, 3.–9. Juli 2006.

sche Ordnung mit ihrem Freiheitsverständnis ist. Die Muslime sollten die »Überlegenheit der Verfassung und des Rechts« in weltlichen Dingen zur Sprache bringen und ihre innige Verbundenheit mit der Demokratie und mit diesem Land in aller Deutlichkeit zu erkennen geben. Sie sollten größte Sorgfalt darin üben, Distanz zu solchen Diskursen und Aktionen zu bewahren, die der Ordnung des demokratischen Rechtsstaates widersprechen. Es müssen sehr ernsthafte Schritte unternommen werden, damit alle erkennen, dass es nicht nur Lippenbekenntnisse ohne Auswirkungen auf Denken und Handeln sind, die die Muslime bezüglich der Treue zur Verfassung und zum Land abgeben. Wir müssen noch viel unternehmen, um das gewünschte Niveau an Verfassungstreue und Identifikation mit diesem Land zu erreichen.

Wir können nie genug unsere Verfassungstreue in Wort und Tat erkennbar machen, um Vorurteile zu widerlegen. Was zählt, sind nicht die Voreingenommenheiten anderer, sondern unsere eigene Bindung zur Demokratie. Obwohl ich einer der Imame bin, die die Treue zur Demokratie in Schrift und Wort am meisten verteidigen, bekam ich von staatlichen Stellen statt einer Würdigung etliche Hindernisse in den Weg gelegt, was aber meinen Glauben an die Demokratie noch verstärkt hat. Denn die Demokratie und der Rechtsstaat ist nicht das Werk einzelner Personen, sondern das gemeinsame Werk von uns allen, unser gemeinsames Schiff in eine bessere Zukunft. Es gibt Menschen in Europa, die sich an den Muslimen in diesem Schiff stören. Sie können diese unliebsamen Fahrgäste zurzeit aber weder über Bord werfen noch sind sie willens, mit ihnen weiterzufahren. Es ist eine Aufgabe, die den Muslimen zufällt, diese Menschen darauf aufmerksam zu machen, dass sie uns alle in Gefahr bringen, wenn das Schiff zu sinken droht. Der beste Weg, den Vorwurf, wir seien »Feinde der Demokratie«, auszuräumen, besteht darin, uns immer wieder zur Demokratie zu bekennen. Wir müssen die Wörter »Demokratie« und »Verfassung« so lange wiederholen, so lange aktive Rollen zum Schutz und zur Lebendigkeit dieser Werte übernehmen, bis das Ziel erreicht ist. In unserer Zeit wird die Demokratie von den Muslimen nicht infrage gestellt, geschweige denn bedroht. Ganz im Gegenteil: Die Demokratie selbst geht in Bezug auf ihre Haltung den Muslimen gegenüber durch eine Prüfung. Daher müssen nun die Muslime zusammen mit anderen Demokraten die Mitverantwortung übernehmen, damit die Demokratie diese Prüfung besteht. Sonst laufen die demokratischen Werte in Europa Gefahr, im Laufe der Zeit zu verderben und zu verschwinden. Wir müssen es nicht nur uns selbst, sondern auch anderen beweisen, dass diese Werte nicht nur den Christen, Juden, Atheisten oder Angehörigen anderer Religionen gehören, sondern auch den Muslimen und dass wir genau dasselbe Recht auf ihre Nutzung haben. So kann die Demokratie der europäischen Zukunft im Schulterschluss mit den demokratischen Muslimen eine neue Beschleunigung erleben.

Europa schaffte es nach bitteren Erfahrungen, Menschenrechte und Grundfreiheiten in ihren Werten zu etablieren und in der Verfassung zu verankern. Damals hatte man die Muslime noch nicht im Blick. Heute stören sich einige an den Vorteilen, die sich auch für die Muslime daraus ergeben. Eine Vielzahl der in Europa beheimateten Muslime stammen aus despotisch regierten Ländern, denen Menschenrechte und Freiheit der Person fremd sind. Das mag auch der Grund dafür sein, warum Muslime in Europa der Demokratie mehr beimessen als manch ein Europäer. Meine Freitagspredigt anlässlich der Feierlichkeiten zum 60. Geburtstag unseres Grundgesetzes fand nicht nur unter Tausenden von Muslimen in Deutschland großen Zuspruch, auch weit darüber hinaus wurde ich hierzu beglückwünscht. Und ich werde mich auch in Zukunft dem Gemeinwohl unserer Gesellschaft widmen, auch wenn Gegenteiliges berichtet wird. Wie auch immer wir uns verhalten, wird es Stimmen geben, die uns beschuldigen: Wenn wir, wie es der Großteil der Bevölkerung erwartet, die Muslime dazu aufrufen, sich in die Gesellschaft zu integrieren und sich mit dem Grundgesetz zu identifizieren, werden uns dennoch »verschleiernde islamistische Expansionsbestrebungen« unterstellt. Tun wir es nicht, ergeht der

Vorwurf der Abschottung und Errichtung einer Parallelgesellschaft. Der Integration und dem friedlichen Zusammenleben wird auf diese Weise immenser Schaden zugefügt. Leider gibt es in der Mehrheitsgesellschaft Kräfte, die eine erfolgreiche Integration von Muslimen zu verhindern versuchen. Staat und Gesellschaft müssen dem gemeinsam entschlossen entgegenwirken.

Die Geschichte kennt genügend Beispiele von Gewalt und Unrecht im Namen Gottes, um in der aufgeklärten Welt den Glauben von Rechtsprechung und Justiz fernzuhalten. Genau für diesen Fall haben wir ein Grundgesetz. Darin sind die Grundwerte dokumentiert, die unsere Gesellschaft zusammenhalten. Darüber kann es keine Debatte geben.

Ich bin überzeugt, dass den Muslimen die Akzeptanz und der Schutz der Demokratie durch islamische Lehrtexte, Argumente und Bezugspersonen, die diese Werte hervorheben, erleichtert wird. In Zukunft werden diese Themen in den Moscheen Europas und auf den Treffen, bei denen es um islamische Fragen geht, immer häufiger auf der Tagesordnung stehen. Die tragende Rolle, die im Islam der Demokratie zukommt, wird eine Stütze für die gesellschaftlichen und universellen Werte sein, wie unten zu zeigen sein wird.

2. Die Menschenwürde zu achten ist ein islamischer Wert

Das wertvollste Wesen auf Erden ist der Mensch. »*Nun haben wir fürwahr den Kindern Adams (Menschen) Würde verliehen und sie über Land und Meer getragen und sie mit den guten Dingen des Lebens versorgt und sie weit über alle Dinge unserer Schöpfung begünstigt.*« (Koran: 17/70). Mit diesen Worten zeigte Gott seine Wertschätzung dem Menschen gegenüber und ernannte ihn zu seinem Vertreter auf Erden (Koran: 2/30). Gott hat alles im Kosmos für den Menschen geschaffen (Koran: 14/32) und unter all seinen Geschöpfen den Menschen, und das ist ein jeder von uns, zum wertvollsten erhoben. Als einmal ein jüdischer Leichenzug durch seine Straße ging und Muhammad aufstand, um dem Toten Ehre zu erweisen, wurde er gefragt, warum er das tue. Daraufhin antwortete er: »Er ist ein Mensch« und betonte damit die Pflicht, auch den Leichnam eines Andersgläubigen zu ehren.[61] Diese Anekdote verdeutlicht nicht nur die Sicht des Islam auf den Menschen im Allgemeinen, sondern sie beweist auch, dass Muhammad kein Gegner der Juden bzw. Antisemit war. Folglich darf ein Muslim nicht Antisemit sein. Als heiligstes Geschöpf Gottes genießt der Mensch Unantastbarkeit: Daher darf niemand aufgrund seines Glaubens oder Nichtglaubens, seines Geschlechts, seiner Sprache, Religion, Rasse, Nationalität, Denkweise, gesellschaftlichen Stellung und Lebensweise getadelt, erniedrigt, verurteilt und getötet werden. Denn das illegitime Töten eines Menschen ist nach dem Islam wie das Töten der ganzen Menschheit (Koran: 5/32). Artikel 1 unserer Verfassung hat ihre Wertschätzung des Menschen in seiner Würde, Ehre und in seinen Rechten mit einem glänzenden Satz zusammengefasst: »Die Würde des Menschen ist unantastbar.« Daher darf niemand einen anderen Menschen mit Worten oder Taten erniedrigen, der anders ist als er selbst, in keiner Weise und an keinem Ort. Ein Muslim sollte nie Worte von sich geben, die einen andersartigen Menschen beleidigen könnten: keine Beschimpfungen, Beleidigungen, hässlichen Vergleiche.

3. Die Freiheit zu verteidigen ist ein islamischer Wert

Das grundlegende Charaktermerkmal des Menschen ist die Freiheit. Und die Freiheit bedarf der Verantwortung. Der Mensch verfügt über einen freien Willen, weil er ein Vernunftwesen ist. Die moralischen und menschlichen Werte entstehen wiederum mithilfe von Vernunft und freiem Willen. Die Religionen sind Hilfestellungen, um den freien Willen zu mobilisieren und ihn von schädlichen Abhängigkeiten zu befreien. Unbeschadet seiner Freiheit muss der

---

61 Überliefert von Bukhari und Muslim.

Mensch eine Moral besitzen, die sich von Pflichtgefühl nährt. Auch Gott schränkt ja seine eigene Freiheit aufgrund der Verantwortung ein, obwohl Er die absolute Freiheit besitzt. So verbietet Er sich selbst zum Beispiel, Unrecht zu verüben. »Ich habe mir selbst das Unrecht verboten.«[62]

Die Freiheit jedes Menschen hört dort auf, wo die Rechte des anderen beginnen. Daher muss auch der Mensch, genau wie Gott, konstruktiv handeln und seinem Wirken die Grenzen der Gerechtigkeit setzen. Die moralischen Regeln grenzen die Freiheit des Menschen ein, um die Freiheit anderer zu schützen; und sie bewahren den Menschen vor Boshaftigkeit. Doch diese Einschränkungen sollten im Rahmen der allgemeinen Menschenrechte bleiben. Was darüber hinaus geht, ist Freiheitsberaubung. Eigentlich wären keine Gesetze und Verbote notwendig, könnten die Menschen miteinander einen guten Umgang pflegen. Da dies nicht immer gelingt, sind zum Schutz der Sicherheit Regelungen, Gesetze und Einschränkungen notwendig.

Das Ziel der moralischen Regeln in den Religionen ist der Schutz der Freiheit. Diese Regeln dürfen niemals als Unterdrückungsmittel eingesetzt werden. Die Moralprinzipien schützen die Freiheit, die Vernunft und die Kreativität und verhindern eine Unterdrückung derselben. Daher verfolgen die Gesetze das Ziel, das Recht auf Religion, Leben, Eigentum usw. zu schützen und damit die Freiheit zu gewährleisten. Der Mensch kann nur im Besitz dieser Rechte sich des Kosmos annehmen und seine Pflicht auf Erden erfüllen. Daher hat jede Regierung die Freiheit zur Richtschnur zu machen. Ein Regierungsverständnis, das die Einschränkung der persönlichen Freiheiten der Menschen vorsieht, verleitet ihre Bürger zu unehrlichem Verhalten. Was sie in der Öffentlichkeit aus Angst unterlassen müssen, tun sie im Verborgenen. Doch ihr Gewissen ist es, das sie daran hindert, im Öffentlichen wie im Geheimen Böses zu tun. Die Regierungen dürfen die persönlichen Frei-

---

62 Überliefert von Muslim.

heiten der Bürger nicht beschneiden. Das bedeutendste Element der Stärke von Europa und Deutschland besteht darin, die Freiheit zu garantieren. Dies ist auch die Grundlage der deutschen Verfassungswerte. »Die Freiheit der Person ist unverletzlich.« (GG Artikel 2, Absatz 2). Viele Muslime, die ihrer Freiheit beraubt worden waren, haben Zuflucht in Deutschland gesucht, um die Gabe der Freiheit genießen zu können. Selbst wenn es keinen anderen Grund gäbe, wäre dies allein Grund genug für die Bürger Deutschlands, folglich auch für die Muslime, Deutschland gegenüber Dankbarkeit zu empfinden. Es ist großer Undank, ja Verrat, diese Freiheiten im Dienste auswärtiger Interessen zu missbrauchen und Unfrieden zu stiften. Die Verfolger solcher geheimer Absichten sind es, die die Länder zu Maßnahmen der Einschränkung dieser Freiheiten veranlasst haben.

Als Muslime dürfen wir die Freiheit, die wir uns selbst wünschen, anderen nicht vorenthalten. Es ist eine Doppelmoral, wenn wir unter uns die Freiheiten einschränken, während wir von außen eine absolute Freiheit fordern. Vor allem müssen wir Muslime die Freiheit anerkennen, anders zu glauben, zu denken und zu leben, die Unterschiede zu achten und zu akzeptieren. Mit dem Koranvers *»Es soll keinen Zwang geben in Sachen des Glaubens«* (Koran: 2/256) erlaubte Gott die freie Wahl eines Glaubens und verbot den Zwang zu irgendeinem Glauben. Welchen Glauben man wählt und welche Meinung man vertritt, entscheidet keine äußere Autorität, sondern das Gewissen. Es bleibt auch der persönlichen Entscheidung überlassen, ob man überhaupt glaubt oder nicht. Die Entscheidungsfreiheit zwischen Glauben und Nichtglauben unterstrich der Koran mit dem Vers: *»Lasse denn an sie glauben, wer will, und lasse sie verwerfen, wer will«* (Koran: 18/29). Der Koran betont wiederholt die Tatsache, dass Gott dem Menschen die Freiheit gegeben hat. Omar, der zweite Kalif, hob die Bedeutung der Freiheit mit seinem berühmten Spruch hervor: »Seit wann macht ihr die Menschen, die frei aus dem Mutterleib kommen, zu Sklaven?« Der vierte Kalif Ali sagte: »Sei nicht jemandes Sklave, Gott hat dich frei geschaffen.« Zu glauben oder nicht zu glauben oder seinen Glauben zu wechseln, ist allein dem Individuum freigestellt. Dies geht mit den Werten der Verfassung konform: »Die Freiheit des Glaubens, des Gewissens und die Freiheit des religiösen und weltanschaulichen Bekenntnisses sind unverletzlich.« (GG Artikel 4, Absatz 1).

Doch die Freiheit bedeutet auch nach unserer Verfassung nicht die Übertretung der Rechte anderer, nicht die Beleidigung des Glaubens und der Glaubenssymbole anderer und nicht die Missachtung der Menschenwürde. »Jeder hat das Recht auf die freie Entfaltung seiner Persönlichkeit, soweit er nicht die Rechte anderer verletzt.« (GG Artikel 2, Absatz 1). So wie jedes Ding seine Grenzen hat, hat auch die Freiheit ihre Grenzen dort, wo das Recht der anderen verletzt wird. Daher lassen sich die Muhammad-Karikaturen und ähnliche Beleidigungen nicht mit dem europäischen Wert der Freiheit rechtfertigen. Ein solcher »(Un-)Wert« steht einem Europa nicht, das mit seiner Achtung der Religionen ein weltweites Beispiel aufgestellt hat. Hinzu kommt noch, dass die Beleidigungen des Islam nicht den Zweck verfolgen, die Freiheiten zu erweitern, sondern beabsichtigen, einen Keil zwischen die friedlich zusammenlebenden Gesellschaften zu treiben und den Glauben einer Milliarde Menschen zu verspotten. Diese Beleidigungen unter dem Vorwand der Ausdrucksfreiheit können weder zu den europäischen Werten der Freiheit etwas beitragen noch bei den Muslimen die Liebe zu ihren religiösen Symbolen infrage stellen. Unsere Werte müssen sich auf eine Philosophie stützen, die selbst die Gefühle eines Einzelnen achtet. Es ist Tatsache, dass diese Beleidigungen dazu geführt haben, dass Muslime, die bisher die eigene Religion kritisch betrachteten sowie Nicht-Muslime mehr Interesse am, ja Zuneigung zum Islam entwickelt haben. Andererseits mobilisieren solche Beleidigungen aber auch die Extremisten auf beiden Seiten, schädigen die wirtschaftlichen Beziehungen Deutschlands und nähren den Hass zwischen den Gesellschaften. Die Haltung der Menschen zeigt sich in solchen Grenzsituationen. So gelangt auch an die Öffentlichkeit, von wessen Feder Liebe, Toleranz, Vernunft oder aber

Beschimpfungen und Respektlosigkeit stammen. Trotz allem dürfen Muslime den Missbrauch der Freiheit in keiner Weise mit Hass und Gewalt erwidern. Wie hätte wohl Muhammad auf den Karikaturen-Streit reagiert? Ich ging in einem Freitagsgespräch auf diese Frage folgendermaßen ein: Er hätte weder Drohungen ausgesprochen noch hätte er mit Gewalt geantwortet. Er hätte den Milliarden von Menschen, die ein Gewissen besitzen, geraten, vor den Verlagshäusern der Zeitungen, die die Karikaturen veröffentlicht hatten, und die Botschaften anstatt mit Steinen mit Blumen zu bewerfen. Er hätte wiederholt, was er seinerzeit über seine Peiniger schon sagte. Im Jahre 610 sagte er nämlich in Taif über die, die ihn beleidigten: »O Herr, bestrafe sie nicht, denn sie haben meine Botschaft nicht erhalten.«[63] Dies ist die sinnvollste Antwort, die man auf jede Beleidigung und Provokation unter dem Deckmantel der Freiheit geben kann. Das Prinzip persönlicher Freiheit, das Europa entwickelt hat und das von allen Menschen mit gesundem Menschenverstand verteidigt wird, müssen aber auch die Muslime mit noch mehr Respekt verstehen lernen, auch wenn es sich nicht mit dem eigenen Verständnis von Freiheit deckt. Folgenden Artikel der Verfassung dürfen wir nicht vergessen: »Jeder hat das Recht, seine Meinung in Wort, Schrift und Bild frei zu äußern und zu verbreiten und sich aus allgemein zugänglichen Quellen ungehindert zu unterrichten. Die Pressefreiheit und die Freiheit der Berichterstattung durch Rundfunk und Film werden gewährleistet. Eine Zensur findet nicht statt. Diese Rechte finden ihre Schranken in den Vorschriften der allgemeinen Gesetze, den gesetzlichen Bestimmungen zum Schutze der Jugend und in dem Recht der persönlichen Ehre.« (GG Artikel 5, Absatz 1 und 2).

Der Islam machte seine ersten Schritte mit Botschaften, die die Freiheiten erweiterten. Einer der ersten Verse der Offenbarung lautete: »faqqu raqabah«, d.h. »*Setzt die Sklaven frei!*« (Koran: 90/13). Einer der Sendungsgründe Muhammads war, die in der vorislami-

---

63 Überliefert von Bukhari und Muslim.

schen Zeit auferlegten Einschränkungen und unnötigen Verbote aufzuheben. »*Er entlastet sie von ihrer schweren Last und den Ketten auf ihrem Rücken.*« (Koran: 7/157). Muhammad, der von denjenigen ausgegrenzt wurde, die keine Gedankenfreiheit duldeten, der seine Heimat verlassen musste, kam 630, nach zehn Jahren, als Religionsführer gestärkt dorthin zurück. Statt Rache zu üben, sagte er zu seinen Peinigern von damals folgende richtungsweisende Worte: »Gott möge es euch verzeihen. Geht, wo ihr hinwollt, denn ihr seid frei!«[64]

4. Für den Pluralismus einzutreten ist ein islamischer Wert

Gott, der Schöpfer aller Menschen, ist einzig. Außer ihm existiert alles in der Mehrzahl. Gott hat verschiedene Glaubensrichtungen, Gesetze, Rassen, Hautfarben, Sprachen, Charaktere … geschaffen, damit die Menschen sich kennenlernen, miteinander kommunizieren und voneinander lernen (Koran: 49/13). Gott wollte, dass wir Pluralisten sind – sonst hätte er uns alle mit derselben Religion und derselben Nationalität erschaffen. »*Und hätte dein Herr es gewollt, so hätte Er die Menschen alle zu einer einzigen Gemeinde gemacht; doch sie wollten nicht davon ablassen, uneins zu sein.*« (Koran: 11/118). Es widerspricht dem Koran, die eigene Religion und Lebensweise anderen aufzuzwingen: »*Und hätte dein Herr es gewollt, so hätten alle, die insgesamt auf der Erde sind, geglaubt. Willst du also die Menschen dazu zwingen, Gläubige zu werden?*« (Koran: 10/99). Man kann der festen Überzeugung sein, dass der eigene Glaube und das eigene Denken richtig sind, aber das gibt einem nicht das Recht, den anderen Glauben und das andere Denken als falsch zu verurteilen. Gott weist mit dem Vers »*Ihr habt eure Religion und ich habe meine Religion*« (Koran: 109/6) darauf hin, dass es mehr als einen Glauben gibt und dass die Andersgläubigen nicht als

---

64 Überliefert von Beyhaqi.

»Ungläubige« bezeichnet werden dürfen. Wer nicht das glaubt, was ich glaube, ist nicht »ungläubig«, sondern »andersgläubig«. Den koranischen Begriff *kafir* als »ungläubig« zu übersetzen, ist etymologisch und terminologisch falsch. Dieses Wort hat mit »ablehnen« und »verleugnen« zu tun und bedeutet nicht »ungläubig«. Es ist falsch, einen Christen oder Juden »ungläubig« zu nennen, denn er glaubt ja etwas, was seiner Überzeugung nach richtig ist.

Was falsch und was richtig ist, dieses Urteil steht nicht dem Menschen, sondern Gott zu: »*Gott wird zwischen euch am Auferstehungstag richten hinsichtlich all dessen, worüber ihr uneins zu sein pflegtet*« (Koran: 22/69). Der Vers »*Es gibt keinen Zwang im Glauben*« (Koran: 2/256) und der Vers »*Für euch eure Religion und für mich meine Religion*« (Koran: 109/6) weist nicht nur auf die unbestreitbare Realität hin, dass mehr als eine Religion existieren, sondern er stellt auch die Forderung auf, niemandem den eigenen Glauben aufzuzwingen. Darüber hinaus weist der Koran darauf hin, dass die verschiedenen Glaubensrichtungen ihre Gebetshäuser haben, die heilig sind und denen man unendlichen Respekt und bedingungslosen Schutz zukommen lassen muss. »*... und würde Gott nicht die einen Menschen durch die anderen im Zaum halten, so wären gewiss die Gebetshäuser, Klöster und Kirchen, Synagogen und Moscheen niedergerissen worden, worin der Name Gottes oft genannt wird.*« (Koran: 22/40).

Wenn es einen Pluralismus in Bezug auf diese äußerst heikle und fundamentale Frage gibt, so ist es eine Notwendigkeit, ihn auch in der Kultur, Politik, Philosophie und in allen anderen Gebieten des Lebens gelten zu lassen. Denn dort, wo es kein pluralistisches politisches System gibt, herrschen Diktatur und Despotie; und wir alle sehen ja heute, in welch erbärmlicher Lage sich die Gesellschaften unter solchen Regimen befinden und welches Ende solche Regime selbst nehmen. Der Islam verteidigt in seiner Lehre die Pluralität der Rassen (Koran: 48/13), der Sprachen (Koran: 30/22) und Religionen (Koran: 11/117), und die Geschichte bezeugt die praktische Anwendung dieses Pluralismus. Die besten Beispiele für einen

Pluralismus in der islamischen Geschichte liefern der »Vertrag von Medina«, der zu Lebzeiten Muhammads verabschiedet wurde und den Charakter einer Verfassung für alle Bürger hatte, und das *millet*-System im Osmanischen Reich. Wie es mit dem Pluralismus im Islam in Theorie und Praxis aussah, wird eindrucksvoll im Buch von Ekmeleddin İhsanoğlu, Generalsekretär der OIC (Organisation der Islamischen Konferenz), dargestellt.[65] Die deutsche Verfassung und die in Europa vorherrschende demokratische Kultur garantieren die Existenz des Pluralismus. Es wäre weder mit dem Islam noch mit den Prinzipien irgendeines demokratischen Landes vereinbar, sich dem Pluralismus zu verschließen und stattdessen die Menschen einander angleichen zu wollen im Sinne von: »Was ich denke, ist richtig, und was die anderen denken, ist falsch.«

5. Die Sicherheit der Menschen und des Landes zu schützen ist ein islamischer Wert

Der Wohlstand, die Stabilität und der Frieden eines Landes sind proportional zu seiner Sicherheit. Es ist nicht die alleinige Pflicht des Staates, die Sicherheit herzustellen. Alle Mitglieder der Gesellschaft sind dafür mitverantwortlich. Der Muslim und der Gläubige überhaupt darf kein Mensch sein, der Angst und Schrecken verbreitet, sondern Vertrauen und Frieden ausstrahlt. Muhammad beschreibt den Muslim als die »Person, deren Hand und Zunge den anderen Sicherheit bereiten«, und den Gläubigen als die »Person, deren Eigentum und Leben den anderen Sicherheit bereiten«[66]. Außerdem bringt er mit dem Spruch »Wer anderen Angst einjagt, ist keiner von uns«[67] zum Ausdruck, dass derjenige, der andere verunsichert, nicht als Muslim gelten kann. Der vierte Kalif Ali hob die Bedeutung des Vertrauens und Wohlstandes hervor: »Das schlech-

---

65 İhsanoğlu, Ekmeleddin, *A Culture of Peaceful Coexistence*, IRCICA, Istanbul 2004.
66 Überliefert von Tirmidhi und Nesai.
67 Überliefert von Abu Dawud.

teste aller Länder ist dasjenige, in dem kein Vertrauen und kein Lebensunterhalt vorhanden sind.« Auf der anderen Seite gibt der Islam viele praktische Ratschläge, Vertrauen zu verbreiten, und einer davon ist z.B. das Grüßen: »Grüßen ist, anderen Vertrauen zu bescheren.«[68]

Und sein Spruch: »Ich schwöre bei Gott! Kein Gläubiger ist derjenige, der nicht seinen Nachbarn Vertrauen schenkt«[69] ist ein Hinweis auf die Notwendigkeit, dass die Herstellung von Vertrauen beim nächsten Mitmenschen anfängt und die ganze Menschheit umfasst. Menschen können nur dann in Ruhe schlafen, wenn sie sich in Sicherheit fühlen, und Nationen und Länder können sich nur dann entwickeln, wenn sie sich in Sicherheit fühlen. Und die Muslime können »aufrichtige Muslime« und »wahre Gläubige« erst dann sein, wenn andere Menschen vor Muslimen sicher sind. Trotz der immensen Fortschritte der Menschheit in Wissenschaft und Technik bedeutet die Unsicherheit eine massive Bedrohung unserer globalisierten Welt. Wenn eine offenkundige Gefahr vorhanden ist, so ist es ein Gebot unserer Religion, mit den staatlichen Institutionen zu kooperieren, die für die Sicherheit des Landes sorgen. Der Vers »*Helft einander vielmehr bei der Förderung von Tugend und Gottesbewusstsein, und helft einander nicht bei der Förderung von Übel und Feindschaft*« (Koran: 5/2) ist ein deutliches Gebot in dieser Richtung. Da es keine höherstehende gute Tat als Vertrauen und Frieden gibt, gehört es zu den selbstverständlichsten Forderungen der Religion, mit den Sicherheitsorganisationen zu kooperieren. Welche lebensnotwendige Bedeutung die Sicherheit im Islam einnimmt, zeigt schon die Tatsache, dass dieses Wort im Koran 22-mal erscheint. Die Muslime müssen der Öffentlichkeit klare und vernehmbare Signale darüber senden, dass sie ein verlässlicher Faktor für die Stabilität und Sicherheit des Landes sind, in dem sie leben. Niemals zuvor war es so wichtig für uns alle, uns bewusst zu wer-

---

68 Al-Tabarani, *Mu`dscham al-Kabir*.
69 Überliefert von Bukhari.

den, dass gegenseitiges Verständnis und Zusammenarbeit die Grundbedingungen für unsere Existenz und unseren Fortschritt sind. Und nur durch gegenseitigen Respekt können wir unsere Zukunft auf den Prinzipien von Gerechtigkeit und Sicherheit aufbauen.

In der bayerischen Landeshauptstadt München wird seit einem halben Jahrhundert eine »Internationale Sicherheitskonferenz« veranstaltet, an der die Sicherheitspolitik unter Fachleuten erörtert wird. Dass diese Konferenz immer an Freitagen beginnt, stellt für die Imame besonders in diesem Land einen passenden und fruchtbaren Anlass dar, um über die »Wichtigkeit der Sicherheit im Islam« zu predigen. Dies ist bei uns, in der Moschee Penzberg, inzwischen eine Tradition. Der Konferenzausschuss zeigte dieses Jahr ein beispielhaftes Entgegenkommen im Zeichen gegenseitiger Zusammenarbeit und veröffentlichte meine Freitagsrede vom Eröffnungstag auf der offiziellen Webseite der Konferenz. Es wäre sehr treffend, eine solche Rede, die ich allen Imamen anrate, mit folgendem Gebet Abrahams abzuschließen: »*Herr! Mache dieses Land zu einem sicheren Ort!*« (Koran: 2/126).

6. Den Frieden zu sichern ist ein islamischer Wert

Ein Leben ohne Kriege dürfte der gemeinsame Wunschtraum der Menschheit sein. Dem Frieden gilt der gemeinsame Ruf aller Religionen. Indem der Koran an 36 Stellen den Begriff »Salam (Friede)« wiederholt, ermahnt er die Menschen zum Frieden und zeigt damit auch, dass der Islam für den Frieden einsteht. Der wahre Muslim, der während seines fünfmaligen Gebets täglich dieses Wort mehrmals ausspricht, ist derjenige Mensch, der in Frieden mit Gott, mit sich selbst, seiner Umgebung, allen Menschen, Tieren und Pflanzen sowie mit dem ganzen Kosmos lebt. Das Normale, das Erwünschte ist der Frieden, und der Krieg ist der verhasste Ausnahmezustand. Der Krieg ist nur zum Ziel der Verteidigung zulässig, wenn ein

Land angegriffen wird, und fällt ausschließlich in den Zuständigkeitsbereich des Staates. Wenn unser Land zu einem Krieg gezwungen wird, werden die Muslime für den Frieden alles opfern, sie sollten das auch. Als eine Konsequenz aus dem koranischen Gebot »*Ihr, die ihr glaubt! Tretet allesamt ein in das Heil (in den Frieden)*« (Koran: 2/208) und »*Wisse, dass Gott den Menschen einlädt zur Bleibe im Frieden*« (Koran: 10/25) und dem Grundgesetzartikel: »Das Deutsche Volk bekennt sich darum zu unverletzlichen und unveräußerlichen Menschenrechten als Grundlage jeder menschlichen Gemeinschaft, des Friedens und der Gerechtigkeit in der Welt.« (GG Artikel 1, Absatz 2) müssen die Muslime in Deutschland (und in der ganzen Welt) lautstark ihre Parteinahme für den Frieden entschieden und unmissverständlich, überall und unablässig kundtun und gegen all diejenigen laut protestieren, die den »Dschihad« für ihre ideologischen Zwecke missbrauchen. Unser Land ist ein Land des Friedens, in dem die Beziehungen der Muslime zu den anderen ebenso vom Frieden geleitet sein müssen.

Gott verlangt von den Muslimen, sich im Verhältnis zu den anderen nach den Maßstäben der Güte *(birr)* und der Gerechtigkeit *(qist)* zu richten: »*Was solche angeht, die nicht wegen (eures) Glaubens gegen euch kämpfen und euch auch nicht aus euren Heimstätten vertreiben, Gott verbietet euch nicht, ihnen Güte (birr) zu erweisen und euch ihnen gegenüber völlig gerecht (qist) zu verhalten: denn, wahrlich, Gott liebt jene, die gerecht handeln.*« (Koran: 60/8). Der Begriff *birr*, dieses Maß der Beziehungen zwischen den Muslimen und den Nicht-Muslimen, beinhaltet *alles, was mit dem Guten zusammenhängt*. Gott verlangt von uns, uns auch gegenüber unseren Eltern mit *birr* zu verhalten, die diejenigen Wesen sind, die nach Gott die höchsten Ansprüche auf uns haben. Damit will Gott den Muslimen sagen: So wie ihr das schönste Verhalten zu euren Eltern an den Tag legt, so müsst ihr auch denen das gleiche Verhalten entgegenbringen, die in Frieden mit euch zusammenleben.

Die Zukunft der Welt werden nicht die Verursacher von Kriegen bestimmen, sondern die Friedfertigen, denn diese sind die Stärkeren.

7. Toleranz zu üben ist ein islamischer Wert

Ich verstehe den berühmten Satz des bedeutenden Mystikers Rumi »Sei wie das Meer mit deiner Toleranz« folgendermaßen: *Sei so tief wie das Meer* im Respekt vor dem, der dir in allem entgegengesetzt ist, und dein Horizont möge so weit wie das Meer sein, damit du die Möglichkeit offenlässt, selbst von ihm etwas zu lernen. Toleranz gegenüber unterschiedlichen Glaubensrichtungen, Rassen, Sprachen; Toleranz gegenüber Kleidung und Lebensweise, die uns seltsam erscheinen mag; Toleranz gegenüber denen, die uns kränken, die uns brandmarken und in den Schmutz ziehen, und immer wieder Toleranz. Denn die Intoleranz nährt in einer Gesellschaft den Hass und die Feindschaft, führt zu Auseinandersetzungen und Kriegen zwischen den Religionen, ja zwischen den Konfessionen einer Religion. Toleranz! Weil der Tolerante nichts zu verlieren hat. Wer verliert, ist der Intolerante.

Die Muslime müssen sich dessen bewusst sein, dass sie in der deutschen Gesellschaft leben, die eine große Kultur der Toleranz besitzt, die ihnen ermöglicht, ihr religiöses, kulturelles und soziales Leben auszuleben. Sie müssen die Tugendhaftigkeit dieser großherzigen Gesellschaft zu schätzen wissen, die Millionen Einwanderern aus fremden Kulturen mit Toleranz begegnet und ihnen ohne Ansehen der Rasse hilft. Sie dürfen nicht vergessen, dass wir die Wahrung unserer Identität der Toleranz dieser Gesellschaft und dieses Staates zu verdanken haben, während es einige muslimische Länder gibt, die die Identität ihrer Minderheiten nicht anerkennen. Dieser Toleranz müssen wir selbst mit Toleranz begegnen. Ein Muslim, der sich Muhammads Spruch: »Sie sollen wissen, dass in unserer Religion Flexibilität besteht. Ich bin zu einer toleranten Glaubensgemeinschaft gesandt worden«[70] zum Prinzip macht, geht zuerst mit Toleranz auf die anderen zu, bevor er Toleranz von ihnen erwartet. Die Toleranz ist die höchste Tugend. Sie erfordert Mut, daher sind die Toleranten die Mutigsten. Wenn es an Toleranz zwischen den

---

70 Überliefert von Ahmed.

Mitgliedern einer Gesellschaft mangelt, dann ist das auch ein Zeichen dafür, dass dort eine schwache oder eine extreme Religiosität herrscht – aber keine wahre, gute Religiosität. Ein Gebet von Mustafa Cerić, dem geistlichen Oberhaupt der Muslime in Bosnien, sollte uns in unserem Leben immer begleiten:

»Oh Gott! Lehre uns, dass Toleranz der höchste Grad von Stärke und das Bedürfnis nach Rache das erste Zeichen von Schwäche ist! Oh Gott! Wenn wir gegen Menschen sündigen, dann gib uns die Kraft zur Entschuldigung! Und wenn Menschen gegen uns sündigen, dann gib uns die Kraft zu verzeihen!«

8. Die Gerechtigkeit zu gewährleisten ist ein islamischer Wert

Omar, der zweite Staatsmann der islamischen Geschichte, erhob die Gerechtigkeit zur Grundlage für die Regierung eines Landes, indem er sagte: »Gerechtigkeit ist das Fundament des Besitzes.« Die Gerechtigkeit ist der Wert, der im Koran am häufigsten gelobt wird. Und ihr Gegenteil, *Unrecht* und *Unterdrückung*, sind die Begriffe, die am häufigsten und schärfsten verurteilt werden. Um die Menschen davor zu warnen, wiederholte Gott das Wort »Unterdrückung« 289-mal im Koran. Als angemessene Haltung für einen Menschen rät er auch dann zur Gerechtigkeit, wenn er Hass, Feindschaft und Unrecht erfahren hat. *»O ihr, die ihr glaubt! Steht in Gerechtigkeit fest, wenn ihr vor Gott bezeugt. Der Hass gegen (bestimmte) Leute verführe euch nicht zu Ungerechtigkeit. Seid gerecht, das entspricht mehr der Gottesfurcht.«* (Koran: 5/8). Der Koran besteht auf der Unerlässlichkeit der Gerechtigkeit und hebt hervor, wie wichtig dieses Prinzip für den Frieden in einer Gesellschaft ist. Was ein Land stark macht, ist das sich auf die Gerechtigkeit stützende Rechtssystem und die gerechte Behandlung der Bürger durch seinen Staat. Wenn ein Staat Zugeständnisse an die Ungerechtigkeit macht, so führt ihn das zur Vernichtung. Die Gerechtigkeit wird im Rechtssystem und in der Regierung des Landes durch *Gesetze* hergestellt; sie wird aber unter den Mitgliedern der Gesellschaft durch das *Gewissen* am Leben erhalten. Daher ist die grundlegendste Komponente unserer Verfassung die Gerechtigkeit. Diese Grundlage durch die Erfüllung von Pflichten und die Übernahme von Verantwortung zu schützen, ist Aufgabe sowohl des Staates als auch seiner Bürger. Georges Benjamin Clemenceau, französischer Politiker, sagt: »Ein Land ohne Gerechtigkeit ist nichts als ein Schlachthaus.« Um uns nicht in einem »Schlachthaus« wiederzufinden, dürfen wir in keinem Fall von der Gerechtigkeit abweichen.

Wir müssen unseren Glauben an die Gerechtigkeit der Justiz auch dann bewahren, wenn manchmal Urteile gesprochen werden, die dieses Vertrauen zu verletzen drohen. »Gott erhält einen gerechten Staat, auch wenn er nicht muslimisch ist, und lässt einen ungerechten Staat verkommen, auch wenn er muslimisch ist.«[71] Dieser Spruch geht unter den Muslimen seit Generationen von Mund zu Mund, er sollte es auch weiterhin tun. Der höchste Repräsentant unseres Staates, der Bundespräsident, schwört auf Gerechtigkeit und leistet bei seinem Amtsantritt vor den versammelten Mitgliedern des Bundestages und des Bundesrates folgenden Eid: »Ich schwöre, dass ich meine Kraft dem Wohle des deutschen Volkes widmen, seinen Nutzen mehren, Schaden von ihm wenden, das Grundgesetz und die Gesetze des Bundes wahren und verteidigen, meine Pflichten gewissenhaft erfüllen und Gerechtigkeit gegen jedermann üben werde. So wahr mir Gott helfe.« (Artikel 56). Der Islam fordert von einem Politiker nicht mehr und nicht weniger als das: Gerechtigkeit.

---

71 Ein Spruch von Ibn Taymiya.

9. Die Menschen als Geschwister zu betrachten ist ein islamischer Wert

Der Islam kennt zwei Arten von Brüderlichkeit: unter Muslimen und unter Menschen. Doch die Tragweite der »Menschenbrüderschaft« hat sich bei den Muslimen nicht so sehr entwickelt wie die der »Glaubensbrüderschaft«. Doch die Menschenbrüderschaft wiegt schwerer, wenn man den Koran und die Worte Muhammads untersucht. Die ganze Menschheit auf Erden ist wie eine Familie mit vielen Mitgliedern (Koran: 4/1). Im Koran werden Völker, zu denen Gott seine Propheten sandte, als »Brüder« bezeichnet (Koran: 7/65 und 27/45). Folgendes Gebet, das Muhammad nach jedem Beten las, fasst die islamische Sichtweise der ganzen Menschheit zusammen: »O unser Herr und Herrscher über alle Dinge! Ich bezeuge: **Alle Menschen sind Brüder.**«[72] Diese Lehre des Propheten weist uns die Richtung, in der wir alle Mitglieder einer Familie sind; wir sind alle Geschwister. Wenn *Hasan* mein Bruder im Glauben ist, so ist *Hans* mein Bruder in der Menschheit. Wenn *Amina* meine Schwester im Glauben ist, so ist *Katharina* meine Schwester in der Menschheit. Das größte Bedürfnis und die schwierigste Aufgabe unseres Zeitalters ist, in die Köpfe der Menschen die Idee einzupflanzen, andere Menschen als Geschwister wahrzunehmen. Welche Pflichten ich als Muslim gegenüber meinen Geschwistern im Glauben und der Menschheit habe, erläutern folgende Verse:

> »Alle Gläubigen sind doch Brüder. Darum (wenn immer sie uneinig sind,) stiftet Frieden zwischen euren beiden Brüdern und bleibt euch Gottes bewusst, auf dass ihr mit Seiner Barmherzigkeit begnadet werden mögt.«

> »O ihr, die ihr Glauben erlangt habt! Keine Männer sollen (andere) Männer verspotten: es mag gut sein, dass jene (die

---

72 Überliefert von Ahmed.

sie verspotten,) besser als sie selbst sind; und keine Frauen (sollen andere) Frauen (verspotten): es mag gut sein, dass jene (die sie verspotten,) besser als sie selbst sind. Und ihr sollt einander auch nicht verleumden noch einander beleidigen durch (schimpfliche) Beinamen: übel ist alle Unterstellung von Frevelhaftigkeit, nach (dem einer) Glauben (erlangt hat); und diejenigen, die (dessen schuldig werden und) nicht bereuen – sie sind es, die Übeltäter sind!«

»O ihr, die ihr Glauben erlangt habt! Vermeidet die meisten Vermutungen (übereinander) – denn, siehe, manche (solcher) Vermutungen ist (an sich) eine Sünde; und spioniert einander nicht nach, und erlaubt euch selbst auch nicht, schlecht übereinander hinter euren Rücken zu reden. Würde irgendeiner von euch das Fleisch seines toten Bruders essen mögen? Nein, ihr würdet es verabscheuen! Und seid euch Gottes bewusst. Wahrlich, Gott ist ein Reueannehmender, ein Gnadenspender!«

»O Menschen! Siehe, Wir haben euch alle aus einem Männlichen und einem Weiblichen erschaffen und haben euch zu Nationen und Stämmen gemacht, auf dass ihr einander kennenlernen möget. Wahrlich, der Edelste von euch in der Sicht Gottes ist der, der sich Seiner am tiefsten bewusst ist.« (Koran: 49/10–13)

Diese Verse haben wir in der Islamischen Gemeinde Penzberg als religiöse »Weltanschauung« angenommen.

Folgende Worte Muhammads beschreiben die Prinzipien des Verhältnisses zwischen den Geschwistern: »Vermeidet Unterstellungen. Bemüht euch, nicht die Fehler der anderen zu sehen oder zu hören. Forscht nicht das Privatleben der anderen aus. Um weltliche Dinge und Vorteile wetteifert nicht in Gier. Klatscht nicht übereinander. Hasst einander nicht. Dreht euch nicht den Rücken zu. **Oh Menschen Gottes, werdet Geschwister!«**[73] Der Prophet sagte dies eine kurze Zeit vor seinem Tod auf dem Hügel Arafat in Mekka vor einer Menge von über hunderttausend Menschen. Ich möchte Ihre Aufmerksamkeit noch einmal auf den Schluss dieser Rede lenken: Nicht: »Muslime, werdet Geschwister«, sondern: »Menschen Gottes, werdet Geschwister«! Das heißt: Deutsche, Italiener, Türken, Bosnier, Araber, Muslime, Juden, Christen, Atheisten, Menschen des Ostens, Menschen des Westens, Schwarze, Weiße, Reiche, Arme! Bewohner der Zentren und der Vorstädte! Alle, die in der Stadt leben, ohne Ausnahme! Keiner von euch ist besser, keiner privilegiert. Teilt miteinander, werdet Geschwister!

Ich war in München zum Empfang der *Woche der Jüdisch-Christlichen-Brüderlichkeit* eingeladen. Das Zustandekommen solcher Veranstaltungen trotz tiefer historischer Konflikte macht mich sehr glücklich. Ich schlug den Veranstaltern vor, wir könnten dem Namen der Woche das Wort muslimisch hinzufügen und durch diese *Woche der Jüdisch-Christlich-Muslimischen Brüderlichkeit* der ganzen Welt von München aus eine Botschaft des Friedens senden. Was mich zu diesem Vorschlag inspirierte, war ebendieser Ruf von Muhammad, »*kunû yâ ibadallahi ikhwâna! – Oh, Menschen Gottes, werdet Geschwister!*« Das ist das höchste Ideal der Menschheit!

10. Die Gleichheit zwischen den Geschlechtern und in der Gesellschaft herzustellen ist ein islamischer Wert

Bei jedem Anlass hebe ich hervor, dass der Islam die Gleichheit zwischen Frau und Mann vorsieht. Wie bereits im Kapitel über die Frau dieses Buches zu lesen war, steht im Koran, dass Frauen und Männer gleich geschaffen worden sind. Der Koran wird in einer frauenfeindlichen Kultur und Tradition offenbart, und er revolutioniert dieses Umfeld, indem er der Frau Bürgerrechte zuerkennt. Und er überlässt mit dem Abschluss der Offenbarung die noch an-

---

73 Überliefert von Muslim.

stehenden Revolutionen und Reformen dem Menschen. Gottes Erwartungen an den Menschen in dieser Hinsicht sind klar. So wie in der Schöpfung angelegt, soll der Mensch in der Rechtsprechung und in den Gesetzen und in allen anderen Angelegenheiten Gleichberechtigung und Gerechtigkeit herstellen! So ist der Satz: »Männer und Frauen sind gleichberechtigt« im Grundgesetz (Artikel 3, Absatz 2) völlig islamkonform. (Siehe Kapitel »Frauen im Islam«.)

Unter »Gleichberechtigung« versteht man in Deutschland a priori die Gleichheit von Mann und Frau. Doch darüber hinaus benötigt die Menschheit eine »soziale Gleichheit« zwischen den Mitgliedern der ganzen Gesellschaft. Das arabische Wort für Gleichheit, *sawa* oder *musawat* ist ein Begriff aus dem Koran. D.h., der Gleichheitsbegriff ist dem Koran nicht fremd, und er wird im Koran als etwas Wünschenswertes dargestellt. Gott verlangt von den Menschen, alle Ressourcen der Erde, alle Güter und alle Macht unter sich »gleich« zu teilen (z.B. Koran: 16/71). Eine ungleiche Verteilung zugunsten der Reichen und Mächtigen ist nicht in seinem Sinne (Koran: 59/7). Er fordert, dass die wirtschaftlichen und politischen Machtressourcen sowie die natürlichen Reichtümer »gleich« verteilt werden, sodass sie allen Menschen zugutekommen (Koran: 41/10). Dass die Menschen unterschiedliche Geschlechter, Hautfarben, Weltanschauungen und Charaktere haben, bedeutet nicht, dass sie ungleich geschaffen sind. Im Gegenteil, gerade wegen dieser Unterschiede wird »Gleichheit« gefordert. Denn es ist das Prinzip der »Gleichheit«, das inmitten dieser Unterschiede das Gleichgewicht herstellt, die Gerechtigkeit installiert und den inneren Frieden einer Gesellschaft sichert. Die durch die Schöpfung entstandenen Unterschiede werden wir behalten, aber wir werden unter gleichen Bedingungen leben. Die Ungerechtigkeit und Ungleichheit auf Erden, die aufgrund der Religion, Sprache, Hautfarbe, Qualifikation, Nationalität, des Besitzes und Geschlechts entstehen, führen die Welt zu Polarisierung und Gewalt, zu Diskriminierung und Ausgrenzung, zu Hass und Krieg. Der Islam betont die Gleichheit und bekämpft den Rassismus, indem er sagt: »*Alle sind Adams*

Söhne, weder der Schwarze ist dem Weißen überlegen noch der Weiße dem Schwarzen«[74], er verhindert das Auseinanderklaffen von Arm und Reich, indem er sagt: *Teilt euren Reichtum mit den Armen,* er beugt Glaubenskriegen vor, indem er sagt: *Ihr seid alle eine Glaubensgemeinschaft,* und er unterbindet die Diskriminierung zwischen den Geschlechtern, indem er sagt: *Frauen und Männer sind einander ergänzende Teile.* Eins der Ziele des islamischen Rechts (Scharia) ist die Herstellung der Gleichheit und Gerechtigkeit in der Gesellschaft. Jedes Gesetz, das nicht zu diesem Ziel führt, widerspricht dem Geist und dem Wertesystem des Islam. Ebenso fordert auch das Grundgesetz: »Niemand darf wegen seines Geschlechtes, seiner Abstammung, seiner Rasse, seiner Sprache, seiner Heimat und Herkunft, seines Glaubens, seiner religiösen oder politischen Anschauungen benachteiligt oder bevorzugt werden. Niemand darf wegen seiner Behinderung benachteiligt werden.« (Artikel 3, Absatz 3). All das darf nicht nur auf dem Papier stehen!

11. Glaube und Religion(en) bewahren ist ein islamischer Wert

Der Glaube an Gott ist in der Natur des Menschen angelegt. Daher kann der Mensch nicht unabhängig von Gott leben. Nichts hat je eine so große Wirkung auf den Menschen ausgeübt wie der Glaube. Der Materialismus und der Modernismus haben es nicht geschafft, den Menschen vom Glauben vollständig zu entfremden. Der Glaube an Gott, der im Menschen in den Tiefen der Seele, des Herzens und des Geistes verborgen blieb, kam immer wieder zum Durchbruch und wurde nicht nur in der Landbevölkerung, sondern auch in Künstlern, Politikern, Intellektuellen, Wissenschaftlern, Geschäftsmännern u.a. wirksam. Der Glaube ist der wichtigste Faktor, der dem Menschen einen inneren Frieden gibt. Die Religion und der Glaube werden im Gewissen der Menschen immer ihre

---

74 Überliefert von Ahmed.

Lebendigkeit erhalten, solange sie frei von politischen Manipulationen einzig dem freien Willen unterworfen sind.

Die unerlässlichen Bedingungen für das Muslimsein sind: der Glaube an den einzigen Gott, der Glaube an alle von Gott herabgesandten Propheten und der Glaube an alle Bücher der göttlichen Offenbarung. Das heißt, an Moses, Jesus oder Abraham zu glauben, ist ein genauso elementarer Bestandteil des Glaubens wie der Glaube an Muhammad. Der Gläubige darf sie nicht voneinander unterscheiden. »*Sprecht: ›Wir glauben an Gott und an das, was uns von droben erteilt worden ist, und das, was Abraham und Ismael und Isaak und Jakob und ihren Nachkommen erteilt worden ist, und das, was Moses und Jesus gewährt worden ist, und das, was allen (anderen) Propheten von ihrem Erhalter gewährt worden ist: Wir machen keinen Unterschied zwischen irgendeinem von ihnen. Und Ihm ergeben wir uns.‹*« (Koran: 2/136). Im Wertesystem des Islam steht ganz oben, an die göttliche Offenbarung und an alle Propheten zu glauben und sie zu ehren. Daraus ergibt sich für Muslime nicht nur, dass die Religionen und Glaubensrichtungen Achtung verdienen, sondern auch die Pflicht, sie in aktiver Überzeugung zu verteidigen.

Der Koran verlangt von Juden, Christen und Muslimen, mit der Wurzel des Glaubens verbunden zu bleiben und sich Gott anzuvertrauen: »*Er verordnete für euch die Religion, die Er Noah anbefahl und die Wir dir offenbart haben und die Wir Abraham und Moses und Jesus anbefohlen haben. Nämlich (die), in der Einhaltung **der Religion** treu zu bleiben und euch deswegen nicht zu spalten.*« (Koran: 42/13). Es ist nicht nur ein Wert, die Religion Gottes (d.h. die Offenbarungen Moses, Jesu und Muhammads) richtig zu verstehen, sie zu leben und sie am Leben zu erhalten, sondern es liegt auch im Interesse des Menschen. Gott als der gemeinsame Nenner der Religionen ist ein Licht, das die Welt erhellt, und kein Faktor des Streits und der Feindseligkeit. Mit Gottes Hilfe überbrücken wir Unterschiede, leisten Widerstand gegen Schwierigkeiten und überwinden gesellschaftliche Missstände. Religionen und unterschiedliche Glaubensrichtungen dürfen uns niemals daran hindern, Gedanken hervorzubringen, die Gesellschaft voranzubringen, materielle Entwicklung zu erzielen, uns zu modernisieren, rational zu denken und friedlich mit allen Menschen zusammenzuleben.

Die westliche Aufklärung und Renaissance entstanden aufgrund einer konfrontativen Haltung der Kirche zum Verstand. Der Modernismus, der Fortschritt und all das, was heute die westliche Zivilisation ausmacht, konnte erst verwirklicht werden, nachdem man eine Trennlinie zwischen dem Weltlichen und dem Heiligen zog. Doch auch die religiöse Identität des westlichen Menschen begann schwach zu werden: Der Säkularismus und Materialismus machten sich in allen Lebensbereichen breit, die Kirchen wurden nicht mehr besucht, und in den Seelen der Menschen entstand eine Leere. Mit seiner berühmten Regensburger Rede hatte Papst Benedikt XVI. beabsichtigt, auf diese seelische Krise in Europa hinzuweisen. Doch die Verbindung, die er zwischen dem Islam und der Gewalt herstellte, nahm alle Aufmerksamkeit für sich in Anspruch, sodass die päpstliche Botschaft an die Europäer kaum Gehör fand. Europa ist zur Zeit auf dem Weg, sich mit der Religion zu versöhnen, und damit geht einher eine Versöhnung zwischen Religion und Verstand. Denn die wahre Aufklärung kann nicht ohne den Einsatz des Verstandes erfolgen, so wie sie ohne den Glauben mangelhaft bleiben wird. Europa setzt jetzt die Aufklärung fort, indem es die religiösen Werte hinzuzieht. Davon zeugt das Wiederaufblühen religiöser Gefühle in Europa. Im Grunde genommen liegen die Wurzeln der europäischen Aufklärung in den immateriellen Werten, die die Lehren aller Religionen verkündet haben. So stützt sich die europäische Aufklärung auch auf die islamische Philosophie und das islamische Kulturerbe, die beide vor der Epoche der Aufklärung vorherrschten. Wie groß der Beitrag des Islam zur Aufklärung in der westlichen Welt auch gewesen ist, so bleibt doch unumstritten, wie auch der türkische Denker Ali Bulaç feststellt, dass dieses Umdenken von den Europäern verwirklicht wurde.[75]

---

75 Türkische Tageszeitung Zaman, 30. September 2006.

Europa darf nun in seinem Rückkehrversuch zu seinen religiösen Wurzeln nicht der Versuchung nachgeben, dies durch die Unterdrückung anderer Religionen durchzusetzen. Sonst wäre eine neue Krise unumgänglich. Auf der anderen Seite müssen die Muslime die christliche Struktur Europas akzeptieren, diese Struktur als ein wertvolles Element im Schutze des globalen Gleichgewichts schätzen lernen und dabei aktiv behilflich sein, dieses Gleichgewicht zu schützen. Wenn sich der europäische Mensch im Herzen, Denken und Handeln vom Glauben an den einen Gott aller drei Offenbarungsreligionen, bei allen Unterschieden zwischen ihnen, leiten lässt, so wird dies Europa sowohl materiell als auch geistig stärken. Der deutsche Soziologe Walter Benjamin vertrat die Ansicht, dass die modernen Gesellschaften in Zukunft die religiösen Werte am meisten benötigen werden. Daher stellt auch der amerikanische Philosoph Oliver Leaman die Prognose auf, dass sich die Religion und der Säkularismus im 21. Jahrhundert in einer Harmonie miteinander entwickeln werden, ohne einander auszuschließen oder gar zu bekämpfen.[76] Wenn die Muslime mit ihren geistigen und sozialen Werten einen Beitrag zur Rückkehr des europäischen Menschen zu seinen eigenen Glaubenswerten leisten, so ist dies ein Gewinn für Europa. Allerdings, eine Religiosität ohne Hinterfragung und Selbstkritik und ohne Auseinandersetzung mit der Vernunft ist nicht der Glaube, den zu bewahren Gott uns aufgefordert hat!

12. Den Verstand zur Richtschnur zu machen ist ein islamischer Wert

Der Glaube und der Verstand können nicht getrennt voneinander gedacht werden. An vielen Stellen betont der Koran mit der Frage »*Denkt ihr denn nicht?*« die Bedeutung des Verstandes, und er tadelt das blinde Nachahmen, ohne zu hinterfragen. Er sagt: »*Lies!*«,

---

[76] http://www.setav.org/public/HaberDetay.aspx?Dil=tr&hid=13533

bevor er sagt: »*Glaube!*«, denn der Weg zum Glauben führt über die Ratio (Koran: 34/6). Die Tatsache, dass der Koran dem Befehl »*Lies!*« den Vorrang vor »*Glaube!*« einräumt, ist ein Hinweis darauf, dass ein Glaube, der vor allem Wissen ansetzt, fehlgeleitet bleiben muss. Der Islam gibt dem Menschen die Freiheit zu denken, zu forschen und zu hinterfragen, nicht nur in Bezug auf die »profanen«, weltlichen Themen, sondern auch auf die »heiligen«, religiösen Fragen. Die Muslime erster Generation konnten als Zeugen der göttlichen Offenbarung und des Wirkens von Muhammad Fragen stellen und auch der Lehre auf den Grund gehen.

Mit dem Tod Muhammads wurde die Offenbarung ein für allemal abgeschlossen, wodurch diese Quelle für theoretische wie praktische Fragen versiegte. Die Zeit des aktuellen Live-Gesprächs zwischen Gott und dem Propheten war vorbei. Nun hatten die Muslime anstelle der lebendigen Offenbarung deren dokumentierte Form, den Koran. Die Suche der Muslime nach Lösungen für ihre Fragen ging aber weiter. Sie fanden diese Lösung im Heranziehen des Korans und der Sunna, den überlieferten Worten des Propheten. Ihr ganzes Denken stützten sie auf den Grundsatz, im Koran und in der Sunna seien die Antworten auf alle Fragen enthalten, und versuchten, ihre Not dadurch zu beheben. Als dies später nicht mehr reichte, kamen zwei Methoden hinzu: Konsens der Rechtsgelehrten (*idschma*) und Analogieschluss (*qiyas*).

Auf der anderen Seite wurde alles Neue, also die späteren Erfindungen, als *bid'at*, Böses, abgelehnt. Die Befugnis zur Kreativität und zu Neuerungen wurde als ein Privileg des Propheten betrachtet, sodass jegliche Erneuerung nach seinem Tod als Häresie galt. Soweit dieses Prinzip zum Schutz der fundamentalen Form und Prinzipien der Religion diente, war es richtig und notwendig. Doch diese Haltung führte mit der Zeit dazu, dass jede Art von Erneuerung und neuer Initiative mit Argwohn aufgenommen wurden und das Denken eingefroren wurde. Die konservativen Gelehrten konnten keine neuen Gedanken mehr entwickeln, sondern nur noch das Überlieferte bewahren. Dies ist eine Zeit, in der jede Frage nach dem Dogma entschieden wurde. Das muslimische Bewusstsein wurde lieber nicht seinem eigenen Verstand und Gewissen überlassen, sondern es wurde stets, unter Hervorhebung der Nachteile im Gebrauch des Verstandes, auf die Notwendigkeit der Treue zu den Texten hingewiesen. Dieses muslimische Bewusstsein musste alles in diesen Texten begründet finden, d.h. alles, was es zu sagen hatte, irgendwie als islamkonform dargestellt wissen. Die Exegeten, die erklärten, was Gott mit dem Wortlaut des Korans meinte, bewegten sich stets eng am Text. Sie konnten ihn nicht transzendieren, weil sie ihn dogmatisierten und aus Sorge, ihnen könnte ein Fehler unterlaufen, verließen sie sich nicht auf den eigenen Verstand. Diese Denkweise blieb im Rahmen theologischer Diskussionen vorherrschend. Freilich gab es unter den Exegeten eher konservative *(ahlu-l hadith)* und eher rational denkende *(ahlurra'y)*. Auch unter den heutigen Muslimen gibt es konservative und rational orientierte Vertreter.

Die rationalistische Bewegung der *Mu'tezila*, die zunächst in der Frühepoche der Abbasiden entstand, versetzte in politischer Hinsicht die abbasidischen Kalifen in Sorge, in dogmatischer Hinsicht die konservativen Religionsgelehrten. Da die Muteziliten in jeder Frage dem Verstand den Vorzug gaben und die konservativen Kreise einer extremen und maßlosen Kritik unterzogen, sahen sich die Gelehrten genötigt, die soziale Integrität durch ein rigides Regelwerk im islamischen Recht zu schützen. So wurde die Bewegung des *Idschtihad,* der vernunftgeleiteten Rechtsfindung, gestoppt. Die muslimischen Massen jedoch, die ohne eine weite Perspektive in den Tag hinein lebten, fanden die Lösung dieses Streits im blinden Nachahmen der konservativen Gelehrten. In der darauffolgenden Zeit der mongolischen Invasionen, als die muslimische Identität mit der Gefahr der Vernichtung konfrontiert war, stellten die Gelehrten das Thema der Einigkeit und des Zusammenhalts in den Vordergrund, um den Zusammenschluss der islamischen Welt zu sichern. Im Namen dieser Einheit und des Konsenses wurde jegliche Erneuerung abgelehnt. So hörte alle Beweglichkeit auf, der

Geist des *Idschtihad* erstarb, denn es ging den Gelehrten nur noch darum, die Vergangenheit in Ehren zu halten, um den Zerfall zu verhindern.

Den Vertretern des rationalistischen Flügels hingegen gebührt die Ehre, die goldenen Seiten der islamischen Zivilisation hervorgebracht zu haben. Denn diese Zivilisation entstand durch den Fleiß von Menschen, die profunde Theologen und Wissenschaftler zugleich waren, Menschen, die den Text und die Ratio nicht voneinander trennten. Als Beispiele dieser Bewegung seien in der Philosophie Ibn Ruschd (gest. 1198, Averroës), in der Medizin Ibn Sina (gest. 1037, Avicenna), in der Soziologie Ibn Khaldun (gest. 1406), in der Chemie und Technik Ibn Firnas (gest. 888), in der Tiermedizin Ibn al-Baitar (gest. 1248) und in der Geographie al-Idrisi (gest. 1166) genannt.[77] In den Epochen, da die Muslime den Verstand einbezogen, waren sie produktiv und erzielten im Weltlichen Fortschritte, und immer wenn sie ihn ausschlossen, produzierte ihr Denken Gebilde, die der Religion widersprachen, sodass sie im Weltlichen wie auch im Geistigen zurückfielen. Dieser Rückfall sorgte dafür, dass etliche »unlogische« Glaubensinhalte unter den Muslimen Fuß fassen konnten.

Folgende Tatsache muss von den Muslimen wie Nicht-Muslimen erkannt werden: Weder die Religion kann ihre Botschaft ohne den Verstand vervollständigen, noch kann der Verstand ohne die Religion auskommen. Die Wiederbelebung der Religionen in Europa macht es notwendig, die vorhandene Aufklärung im Einklang mit den Prinzipien der Moral zu beseelen und so zu einer neuen Aufklärung zu gelangen.

---

[77] Al-Hassani, Salim, *1001 Inventions: Muslim Heritage in Our World*, FSTC, London 2007.

13. Stets im Dialog zu bleiben ist ein islamischer Wert

Im Vers 64 der Sure *Al Imran*, der den Namen der Familie Jesu trägt, spricht der Koran die Christen und Juden folgendermaßen an: »*Kommt zu dem Grundsatz, den wir und ihr gemeinsam haben*« (Koran: 3/64). Diese göttliche Aufforderung ergeht über den Koran an die Angehörigen der drei Religionen, damit sie sich um »gemeinsame Werte« sammeln. Als Bindeglied nennt der Koran Folgendes: »*Wir glauben an das, was uns von oben erteilt worden ist, wie auch an das, was euch erteilt worden ist: denn unser Gott und euer Gott ist ein und derselbe, und ihm ergeben wir (alle) uns.*« (Koran: 29/46). Und er stellt auch die Kriterien auf, in welchem Stil man miteinander reden sollte, wenn man wegen eines gemeinsamen Zieles und gemeinsamer Werte zusammengekommen ist: »*Streitet nicht mit dem Volk der Schrift, es sei denn auf die beste Art und Weise.*« (Koran: 29/46). Wer im Laufe der Geschichte diesem Ruf, der Juden, Christen und Muslimen galt, Gehör schenkte, war stets im Vorteil. Muhammad, der auf diesen Ruf hörte, pflegte innige Beziehungen zu den Mitgliedern der anderen Glaubensgemeinschaften. Um nur ein paar Beispiele seiner Bereitschaft zum Dialog zu nennen: Er heiratete eine Jüdin namens Safiya und eine Christin namens Maria, erlaubte einer Gruppe von Christen, Gottesdienste in seiner Moschee abzuhalten, ging ein Bündnis mit den christlichen und jüdischen Sippen in Medina ein.

Es gab im Islam immer welche, die diese Haltung des Propheten zum Dialog als seine »Sunna« bzw. prophetische Tradition in Ehren hielten, aber es gab auch welche, die sie ablehnten. Die Mehrheit bildeten aber immer diejenigen, die den Dialog als einen *religiösen Wert* betrachteten und praktizierten. Es ist unerlässlich für das Überleben des Pluralismus und des Geistes der Brüderschaft unter den Menschen, zu kommunizieren und den Dialog aufrechtzuerhalten. Denn Probleme, Schwierigkeiten, Missverständnisse oder Vorurteile können nur im Dialog überwunden werden. Um verschlossene Türen und Herzen wieder zu öffnen, müssen vor allem wir in Europa lebenden Muslime, Christen und Juden uns zu der Verantwortung bekennen und Modelle eines friedlichen Zusammenlebens wiederbeleben, wie es jahrhundertelang in Andalusien und auf dem Balkan praktiziert wurde. Es ist zu hoffen, dass dieser Trialog die gegenseitig bestehenden Ängste beseitigen und die Hoffnung auf ein friedliches Zusammenleben in uns Europäern wiedererwecken kann.

Unter Dialog ist nicht einfach nur ein »theologischer Dialog unter Gelehrten verschiedener Religionen« zu verstehen. Es wird hier ein Dialog gefordert, der alle Teile der Bevölkerung umfasst und sich mit der Zeit von einem »Dialog« in eine »Freundschaft« verwandeln kann. Seit meinem Amtsantritt 1995 als Imam konnte ich eine Entwicklung im realen Alltag miterleben, die einem glücklichen Märchen aus einem Buch glich: Eine islamische Gemeinde machte ihre ersten Schritte im Dialog mit der großen Gesellschaft und schaffte es schon nach wenigen Jahren, diesen Dialog zu einer Freundschaft weiterzuentwickeln. Diese Geschichte eines friedfertigen Zusammenlebens, eines Wandels vom »Dialog« zur »Freundschaft«, vom »Sie« zum »Du«, schrieben alle gemeinsam: Muslime und Nicht-Muslime, Gemeinderäte und Beamte, Schulleiter und Lehrer, Pfarrer und Polizisten, Journalisten und Multiplikatoren.

Von dieser Erfahrung ausgehend empfehle ich allen Muslimen, mit den Mitgliedern der Gesellschaft, in der sie leben, mit staatlichen Stellen, zivilgesellschaftlichen Organisationen, religiösen Gemeinden und mit den Andersdenkenden innerhalb der Muslime ohne Unterbrechung im Dialog zu bleiben.

Es gibt jedoch einige, die sich am Dialog zwischen den Muslimen und Nicht-Muslimen und auch innerhalb der Muslime stören. Ihr Ziel ist es, Brüche innerhalb der Gesellschaft zu erzeugen und den erwünschten Dialog zu verhindern. Das böse Spiel derjenigen, die die in Penzberg entstandene Freundschaft sabotieren wollten, konnte jedoch durch diesen Dialog vereitelt werden. Die Arbeit der klugen und mutigen Menschen, die sich trotz aller Bemühungen extremistischer Kräfte für den Dialog zwischen den

Muslimen und der Gesellschaft einsetzen, wird sicherlich von Erfolg gekrönt sein.

In Deutschland können die Probleme zwischen den Muslimen und dem Staat bzw. der Gesellschaft nur im Dialog gelöst werden, der Konflikte, Vorurteile und Missverständnisse zu überwinden hilft. Die Schwierigkeiten, die die Moschee in Penzberg durch einzelne Personen bekommen hatte, wurden auch durch die Initiative vernünftiger und gewissenhafter Menschen überwunden. Das Problem wurde nicht von »Richtern«, sondern »gerechten« Menschen, nicht von den Dialogscheuen, sondern von den Aufgeschlossenen gelöst. Allen voran ist Alois Glück zu nennen, ein prominenter Katholik und kluger Politiker, und der protestantische Landesbischof Johannes Friedrich, der in einer beispielhaften Ramadanfest-Botschaft forderte: »Die Muslime sollen ihren Glauben in der Mitte der Gesellschaft leben.« Es gibt Tausende nicht-muslimische Lehrer, Geistliche, Politiker, Rechtsanwälte, Ärzte, Künstler, Aktivisten usw., die sich um die Lösung der Probleme bemühen, mit denen Muslime in Europa konfrontiert sind. Das sind vorbildliche Menschen, die auf die Stimme ihres Gewissens hören. Solche Menschen hat es schon immer gegeben und wird es auch weiterhin geben.

Der katholische Theologe Eugen Biser sagt: »Wir leben in einer Stunde des Dialogs und überleben nur, wenn die wachsenden Konfrontationen durch eine Kultur der Verständigung überwunden werden können.« Diese Analyse hat mich an die Zerstörung Jugoslawiens errinnert, welche ich selbst erlebt habe. In diesen Zustand ist das Land geraten durch eine Politik der Diskriminierung und Ausgrenzung gegenüber Minderheiten und insbesondere gegenüber Muslimen. Ein vernünftiger Dialog in Augenhöhe fehlte. Das hat erst zu Parallelgesellschaften geführt, Hass gegenüber anderen erweckt und schließlich Zerstörung, Krieg und Leid verursacht. Nur eine Dialog-Kultur hat gefehlt, um alles das zu verhindern. Heute spüre ich die gleiche Sorge. Damit wir diese Spaltung verhindern, benötigen wir einen ernsthaften Dialog, gegenseitigen Respekt und Vertrauen. Die staatlichen Instanzen, insbesondere die

Verfassungsschutzämter, müssen mit allen muslimischen Strömungen und Institutionen einen Dialog führen. Eine Diffamierung und Stigmatisierung des friedfertigen Muslims wird Muslime viel eher isolieren, und das wird zur Parallelgesellschaft führen. Wenn wir wirklich eine gelungene Integration wollen, dann ist Dialog mehr als Luxus. Durch Dialog werden alle gewinnen. Dialog kann nur fruchtbar sein, wenn am Tisch alle Muslime sitzen, von Konservativen bis zu Liberalen. Denn früher oder später werden dadurch einige verstehen, dass sie sich reformieren müssen.

14. Erziehung, Bildung (einschließlich Sport und Schwimmen) und Wissenschaft sind islamische Werte

Es hat uns alle besorgt gestimmt und auch nachdenklich gemacht, dass die Pisa-Studie unserem Land ein nicht gerade erfreuliches Niveau an Bildung bescheinigte. Wenn wir in Europa in der Bildung den ersten Platz abtreten mussten, so liegt das zumindest teilweise daran, dass muslimische wie auch nicht-muslimische Schüler kein ausreichendes Interesse an ihrer Bildung zeigten. Deutschland gilt mit den Möglichkeiten, die es im Bildungsbereich bietet, als »Bildungsparadies«. Es ist leider deutlich, dass sich die Muslime die immensen Möglichkeiten, die Deutschland bereitstellt, nicht zunutze machen. Der relativ niedrige Bildungsstand der muslimischen Erwachsenen schlägt sich in der neuen Generation nieder. Es besteht eine große Kluft zwischen den Arbeitsmigranten, die größtenteils einen niedrigen Bildungsstand besitzen und der viel besser ausgebildeten deutschen Gesellschaft.

Die Ungleichheit im Bildungssystem hat dieses negative Bild noch verschärft. Die Muslime erscheinen noch weit entfernt davon, die Anweisungen Muhammads zu erfüllen, der sagte: »Bildung ist Pflicht für jede Muslimin und jeden Muslim«[78], oder: »Weisheit [Wissenschaft, Technik und Kunst] sind wie verlorene Güter für die

---

78 Überliefert von Ibn Majah.

Gläubigen: sie mögen sie sich nehmen, wo immer sie sie auch finden.«[79] Wenn wir das gleiche Interesse, das wir einer zur Schau getragenen, förmlichen Frömmelei erweisen, für die Bildung aufgebracht hätten, wären wir heute auf einem deutlich besseren Niveau angelangt. Unser größtes Problem liegt darin, dass wir die erste Offenbarung, die erste Pflicht der Muslime nicht verstanden haben: *Iqra – Lies!* Die Bildung beginnt, wie Muhammad sagte, in der Wiege und dauert bis zum Grab. Das heißt, sie ist nicht nur auf den Schulunterricht beschränkt. Bildung und Wissenschaft dürfen nicht in Ketten gelegt werden, da sie weitestgehender Erfahrungen und einer grenzenlosen Kultur bedürfen.

Das Wissen kennt keine Scham. Damit stellt der Islam sich gegen den Vorbehalt im Namen der Religion, mit der die Sittsamkeit gegen das Lernen ausgespielt wird. Es mag sein, dass man das Schwimmen und die Sexualkunde in der Schule als verwerflich wahrnimmt und von diesen Stunden fernbleiben möchte, aber man darf dies nicht mit der Religion begründen, denn die Religion erkennt dort keine Scham an, wo Pädagogen einen Nutzen sehen. Leider wollen einige die Tatsache verschweigen, dass Muhammad den Muslimen den Sport und die Sporterziehung empfohlen hat. Dabei ist es recht bekannt, dass er mit seiner Frau Aischa *gejoggt* ist. Er hat Spaß mit der Ehefrau und Schwimmen empfohlen.[80] Eine Überlieferung, die entweder dem Propheten Muhammad oder dem zweiten Kalifen Omar zugeschrieben wird, besagt Folgendes: »Bringt euren Kindern das Schwimmen, Bogenschießen und Reiten bei!« Wenn wir diesen vernünftigen Ratschlag aus dem 7. Jahrhundert beherzigt hätten, wäre es heute, im 21. Jahrhundert, nicht mehr nötig, Gerichte mit dementsprechenden Klagen über den Schwimmunterricht zu behelligen.

Der Urheber des oben zitierten Ratschlags, »Bringt euren Kindern [Töchtern und Söhnen] das Schwimmen bei!« sagte dies in ei-

---

79 Überliefert von Tirmidhi.
80 Überliefert von Beyhaqi.

ner Landschaft, in der es keine Schwimmbecken und Seen gab, und zu einer Zeit, da diese Sportart noch nicht entwickelt war. Wenn dieser weitsichtige Mensch heute am Leben wäre, würde er – nach meinem Dafürhalten – muslimischen Mädchen und Jungen raten, sich in den heutigen, weiter entwickelten Sportarten zu betätigen.

Die niedrigen Leistungen im Bereich der Bildung innerhalb und außerhalb der Schule sind eine große Tragödie, und es ist eine Flucht vor der Wahrheit, die Verantwortung dafür anderen in die Schuhe zu schieben. Wir können ruhig zu dem Schluss kommen, dass die größte Schuld für das Ausbleiben des Erfolgs der Integration in der Tatsache liegt, dass wir das Schreiben und Lesen nicht wertschätzen. Die wichtigste Bedingung für eine geglückte Integration ist das Beachten des ersten Befehls im Koran: »*Lies!*« (Koran: 96/1–5). Wer die *erste* Hausaufgabe Gottes versäumen und schon die *zweite* machen will, bleibt sitzen!

In der Penzberger Moschee haben wir das Thema Bildung stets großgeschrieben, die Schulen begleitet und ständigen Kontakt zwischen Moschee und Schulen bzw. Lehrer und Eltern gehalten. Im Jahr 2000 erreichten von 50 Kindern, die damals Religionsunterricht in der Moschee besuchten, nur 2 Abitur oder mittlere Reife. Heute, nach 10 Jahren, sind von 50 Kindern, die Religionsunterricht in der Moschee besuchen, fast die Hälfte im Gymnasium, in der Realschule und auf der Universität. Mir ist nicht bekannt, dass von ihnen jemand ein Schulangebot aus religiösem Grunde abgelehnt hat.

15. Liebe zu Gott, den Propheten, Menschen, Tieren und zur Natur ist ein islamischer Wert

Einmal kam ein Mitbürger zu mir und stellte mir aus Sorge um die »Liebe« folgende Frage: »Der Koran ist doch ein Buch voller Hass. Sagen Sie mir doch, wo geht es im Koran um Liebe?« Ich sagte: »Nach meiner Untersuchung kommt im Koran 88-mal das Wort *hubb*, also ›Liebe‹ vor«, und ich begann ihm einiges aufzuzählen: »*Wahrlich, Gott liebt diejenigen, die Gutes tun.*« (Koran: 2/195);

»*Gott liebt jene, die sich in Reue zu Ihm wenden, und er liebt jene, die sich rein halten.*« (Koran: 2/222); »*Gott liebt jene, die geduldig in Widrigkeit sind.*« (Koran: 3/146); »*Wahrlich, Gott liebt jene, die sich Seiner bewusst sind.*« (Koran: 9/4); »*Gott liebt jene, die gerecht handeln*« (Koran: 5/42). Danach gab ich noch fünf Beispiele dafür, wen Gott nicht liebt: »*Gott liebt nicht Übeltäter.*« (Koran: 3/57); »*Gott liebt nicht jene, welche die Grenzen dessen überschreiten, was recht ist.*« (Koran: 5/87); »*Gott liebt keinen, der das Vertrauen bricht und bar der Dankbarkeit ist.*« (Koran: 22/38); »*Gott liebt nicht die Verbreiter von Verderbnis!*« (Koran: 28/77); »*Gott liebt keinen, der aus Eigendünkel auf prahlerische Weise handelt.*« (Koran: 31/18). Der Prophet Muhammad sagt: »Keiner von euch ist ein Gläubiger, solange er nicht seinem Bruder wünscht, was er sich selber wünscht.«[81] Die Antwort von diesem Mitbürger war schlicht: »Mir wurde gesagt, dass im Islam keine Rede von Liebe sei!«

Wie man sieht, sagt der Koran an keiner Stelle etwa: »Gott liebt die Muslime« oder: »Gott liebt die Christen und Juden nicht.« Gott bezieht seine Liebe oder Nichtliebe auf die Taten und Haltungen der Menschen. Seine Liebe zu den Einzelnen ist nur abhängig von einem liebenswürdigen Charakter. Daher ist das Maß von »Gottes Liebe« der Charakter des Einzelnen. Die Liebe zwischen Gott und Mensch ist beidseitig; damit ist die Liebe auch das Maß der guten Beziehung zwischen Gott und Mensch. Darum heißt es: »*Die Glauben erlangt haben, lieben Gott mehr als alles andere.*« (Koran: 2/165).

Der Mensch teilt die von Gott erhaltene Energie der Liebe mit anderen Menschen, den Tieren und der Natur. Wenn wir uns umsehen, stellen wir fest, dass alles auf der Basis der Liebe geschaffen ist. Die Liebe ist der Grund des Daseins. Alles wird von Liebe erzeugt und setzt sein Sein mit der Liebe fort. Der Glaube an Gott und der Wunsch nach der Ewigkeit setzen die Liebe des Menschen zum Menschen voraus. Der Prophet Muhammad sagt Folgendes: »Solange ihr nicht glaubt, könnt ihr nicht ins Paradies eintreten,

---

81 Überliefert von Bukhari und Muslim.

und solange ihr einander nicht wirklich liebt, ist euer Glaube nicht wahr. Keiner von euch gilt als ein wahrhaft Glaubender, wenn er das, was er sich wünscht, nicht auch für seinen Bruder wünscht.« Was in der physischen Welt das Gravitationsgesetz ist, das ist das Gesetz der Liebe in der Welt des Menschlichen. Die Liebe vereint, der Hass trennt.

Alles, was die Menschen auseinanderbringt und Hass sät, ist eine Sünde und eine Straftat. Gemäß dem bayerischen Verfassungsschutzgesetz sind dies: »Bestrebungen im Geltungsbereich des Grundgesetzes, die gegen den Gedanken der Völkerverständigung, insbesondere gegen das friedliche Zusammenleben der Völker gerichtet sind« (Artikel 3, Absatz 4). Wenn diese Bestimmung eines Tages nicht mehr nur ein Gesetzesparagraph bleibt, sondern in den Köpfen angekommen ist, werden sich für die Gesellschaft die Nächte in hellen Tag verwandeln.

Wie Rumi sagte, verwandelt die Liebe das Bittere in Süße, die Erde in Gold, die Krankheit in Heilung, den Kerker in einen Palast, das Unheil in Gewinn und den Fluch in Segen. Was das Eisen weich macht, den Stein auflöst, den Toten auferstehen lässt und die Kriege beendet, ist die Liebe. Der einzige Weg für den Menschen, sein eigentliches Ich zu finden, heißt Liebe. Nur der liebt, verdient es, geliebt zu werden. Im Islam haben viele Dichter, Literaten, Künstler, Philosophen und insbesondere Mystiker im Laufe der Geschichte in unzähligen Werken die Liebe besungen. Der berühmte Mystiker und Dichter Yunus Emre hat sich in muslimischen Köpfen mit folgendem Vers verewigt: »Das Geschöpf lieben wir wegen des Schöpfers.«[82]

---

82 Siehe über Liebe im Islam: Hatemi, Hüseyin, *İnsanlık ve Sevgi Dini İslam*, Birleşik Yayıncılık, Istanbul 1998. Al-Bouti, Said Ramadan, *Al-Hubbu fi al-Qur`an wa dawrul hubbi fi al hayat al insan*, Dar al-Fikr, Damaskus 2009. Bin Talal, Ghazi, Al-Hubbu fi al-Qur`an al Karim, Dar al-Razi, Amman 2010. Ghazi ist Prinz von Jordanien und der Initiator des berühmten Briefes an Papst Benedikt XVI, den 138 islamische Wissenschaftler gemeinsam verfasst haben. Ghazi wurde 2008 für sein Engagement im Bereich des Dialogs zwischen den Religionen mit dem Eugen-Biser-Preis geehrt.

Die Themen, die wir unter der Überschrift »Unsere gemeinsamen Werte« behandeln, sind ihrem Wesen nach in einem einzigen Vers des Korans zusammengefasst:

> *»Gott gebietet*
>   *Gerechtigkeit*
>   *und Gutes zu tun*
>   *und Großzügigkeit gegenüber (den) Mitmenschen;*
> *und Er verbietet alles,*
>   *was schmachvoll ist*
>   *und alles, was der Vernunft zuwiderläuft*
>   *wie auch Neid;*
> *Er ermahnt euch (wiederholt), auf dass ihr (alle dies) im Gedächtnis behalten möget.«* (Koran: 16/90)

Dieser Vers wird von jedem Imam bei jeder Freitagspredigt verlesen. Das heißt jeden Freitag in über zweitausend Moscheen in Deutschland. Und auf diesem Wege leisten wir Imame einen großen Beitrag zum friedlichen Zusammenleben.

Wenn ich das deutsche Grundgesetz lese, so finde ich nicht die kleinste Spur eines Verstoßes der soeben erwähnten islamischen Werte. Daher ist das deutsche Grundgesetz islamkonform. Insofern greift, wer den Islam angreift, auch das Grundgesetz an und wer sich gegen das Grundgesetz positioniert, stellt sich auch gegen den Islam. Das Deutsche Grundgesetz gehört zu den großartigsten modernen Fundamenten, die ein Volk sich »im Bewusstsein seiner Verantwortung vor Gott und den Menschen« geschaffen hat. Was auch immer die Zeiten und Kulturen in ihrer gottgewollten Verschiedenheit hervorbringen: wo das politische System die Würde und Gleichheit des Menschen garantiert, die Religionsfreiheit, die Meinungsfreiheit, den Schutz von Eigentum und Nachkommenschaft – dort ist auch der Islam zuhause. Die oben genannten islamischen Werte erlauben uns nicht nur, uns treu und loyal zum Gesetz des Landes zu verhalten, sie fordern uns klar und deutlich dazu auf!

Für einige mögen solche Werte umstritten sein, doch muss für uns alle, Muslime und Nicht-Muslime, unbestritten gelten: Das demokratische und pluralistische System in der Bundesrepublik Deutschland schafft sich nicht ab und wird sich nie abschaffen!

»60 JAHRE DEUTSCHLAND«

Eine Botschaft an die Muslime in Deutschland

Freitagspredigt anlässlich des 60. Jahrestags der Gründung der Bundesrepublik Deutschland und des Inkrafttretens des Grundgesetzes

Penzberger Moschee, Freitag 22. Mai 2009

»*O Menschen! Siehe, wir haben euch alle aus einem männlichen und einem weiblichen Wesen erschaffen und haben euch zu Nationen und Stämmen gemacht, auf dass ihr einander kennenlernen möget.*« (Koran: 49/13)

Liebe Geschwister,
am 23. Mai 1949 wurde das Grundgesetz verkündet. Mit seinem Inkrafttreten war die Bundesrepublik Deutschland gegründet. 60 Jahre sind seitdem vergangen. Nach dem Ende der Diktatur des Nationalsozialismus begann in Deutschland eine neue Ära. In kurzer Zeit wurde die Bundesrepublik durch ihre erfolgreiche Wirtschaft und beispielhafte Demokratie eines der angesehensten Länder in der Welt. Alle ihre Bürger und auch die so genannten Gastarbeiter haben zu dieser Entwicklung beigetragen und dürfen heute stolz darauf sein. Die ersten muslimischen Arbeiter kamen 1961 nach Deutschland und verhalfen der Wirtschaft dieses Landes zu weiterem Aufschwung. Damit legten sie erste Mosaiksteinchen für ein Deutschland, in dem Muslime von nun an dauerhaft lebten. Die Pläne dieser Menschen, nach kurzer Zeit wieder in ihre Hei-

matländer zurückzukehren, wurden in vielen Fällen verworfen. Sie blieben!

Der wohl immer noch größte Teil dieser Migranten lebt zwar an ihrem neuen Wohnort, doch das Herz hängt weiterhin an ihrem Geburtsland. Häufig stammen die Muslime, die die große Mehrheit der ersten und oft auch noch zweiten Generation in Westeuropa darstellt, ursprünglich aus ländlichen Regionen oder aus dem Arbeitermilieu mit entsprechend niedrigem Bildungsstand. Durch sowohl eigene als auch staatliche und gesellschaftliche Versäumnisse bedingt, haben sie bis heute die größten Schwierigkeiten, wirklich heimisch zu werden. Nachdem sie zu einem erheblichen Teil zum wirtschaftlichen Erfolg und steigenden Wohlstand Deutschlands beigetragen haben und nun eigentlich ein geruhsames Rentnerdasein genießen sollten, fehlt es weitgehend an geeigneten Betreuungsmöglichkeiten.

Und heute?

Heute wächst in Deutschland eine neue Generation heran, die sich selbst als »europäische Muslime« definiert. Sie verlinkt die Kulturen, verbindet den Islam und die Moderne, arbeitet konstruktiv und an weltlichen Maßstäben orientiert. Sie will der Gemeinschaft, dem Land, ja der Menschheit insgesamt dienlich sein. Die neue Generation von Muslimen ist Träger einer neuen Identität. Menschenrechte, Demokratie und Rechtsstaat, uneingeschränkte Glaubens- und Meinungsfreiheit, Pluralismus des Denkens, der Religionen, Sprachen und Ethnien, Sicherheit des Einzelnen wie des Landes, Bildung und Erziehung, Toleranz und Vertrauen innerhalb der Gesellschaft, Gerechtigkeit und Gleichheit zwischen den Individuen, Bewahrung der Schöpfung sind die Grundwerte, auch für die Muslime in Deutschland. Für diese Generation der Muslime ist Deutschland zu ihrer Heimat geworden.

Liebe Gemeinde,
anstatt in Kategorien von »Wir« und »die Anderen« zu denken, muss uns die sich immer rasanter entwickelnde und vernetzte Welt

als ein von Gott zugunsten der gesamten Menschheit geschaffenes »gemeinsames Erbe« gelten. »*Gottes ist der Osten und der Westen: und wohin immer ihr euch wendet, dort ist Gottes Antlitz.*« (Koran: 2/115), so und ähnlich wendet sich der Koran an elf Stellen gegen die Polarisierung der Welt in konkurrierende Blöcke. Überall wo Muslime leben, sind sie aufgefordert, gemeinsam mit allen Bürgern in gegenseitigem Vertrauen an der Entwicklung des jeweiligen Landes zu arbeiten. Darum ist der Mensch, gemäß dem Islam, erschaffen worden: damit er die Erde gestaltet, bebaut, entwickelt, sie schützt und für Sicherheit sorgt. »*Er (Gott) hat euch aus der Erde ins Dasein gebracht und euch darauf gedeihen lassen.*« (Koran: 11/61).

Der Muslim, der nach seinem Glück strebt, ist verpflichtet, konstruktiv und produktiv zu sein und nur Gutes zu tun, wo immer er sich befindet. Im Koran heißt es: »*Tut Gutes, auf dass ihr einen glückseligen Zustand erlangen möget!*« (Koran: 22/77).

Diese Glaubensprinzipien sind heute mehr denn je unverzichtbar. Muslime in Deutschland müssen mit ihren Händen arbeiten, aber ebenso mit Herz und Kopf für dieses Land einstehen, nicht nur aus bürgerlicher Pflicht heraus, sondern auch aus religiösem Selbstverständnis. Dazu gehört, dass wir die Geschichte, Kultur, Traditionen, die Sprache, die staatliche und gesellschaftliche Ordnung, die typischen Eigenschaften des Landes kennen und vertreten. Dazu gehört weiter, dass wir es als unsere religiöse, menschliche und nationale Aufgabe betrachten, in gegenseitiger Achtung gemeinsam mit der Gesellschaft und den entsprechenden Institutionen des Landes gegen un- und anti-demokratische Entwicklungen, gegen mangelnde Bildung, moralische Wertelosigkeit, Rassismus, Intoleranz, Gewalt, Extremismus, Hass gegen Juden, Christen oder Muslime vorgehen.

Wir als muslimische und nicht-muslimische Bürger sind verpflichtet, dieses Land gemeinsam zu beschützen und zu erhalten für unsere Nachkommen. Und nur durch gegenseitigen Respekt können wir unsere Zukunft auf den Prinzipien der Freiheit, Gerechtigkeit und Sicherheit aufbauen.

Wir schließen uns dem Gebet des Gesandten Abraham aus dem Koran an: »*O mein Erhalter! Mache dies zu einem sicheren Land und gewähre seinen Leuten fruchtbare Versorgung!*« (Koran: 2/126).

Ich bitte Dich, Gott!

Lehre uns, Dich und das von Dir erschaffene höchste Geschöpf, den Menschen, ein Leben lang zu ehren und zu lieben. Barmherziger Gott, schenke uns die Hingabe Abrahams, wenn wir uns verlassen fühlen, den Mut und die Gerechtigkeit Moses, wenn wir Angst verspüren, die Liebe Jesu, wenn uns mit Hass begegnet wird und den Frieden Muhammads, wenn wir zerstritten sind!

O Herr, mache, dass Friede an Stelle der Kriege tritt und Sicherheit und Freiheit im Leben aller Menschen einen Platz bekommen! Bestärke uns im Glauben, dass Liebe, Wahrheit und Gewaltlosigkeit letztlich größere Macht haben als Hass, Rache und Gewalt, und festige uns in der Hoffnung, dass unsere Arbeit und unser Ringen um Frieden nicht vergeblich sind!

Gott, außer dem es keinen anderen gibt, hilf den Muslimen zu verstehen, dass sie mit ihrer Integration in die hiesige Gesellschaft Deinen Rat des guten Handelns befolgen! Führe sie von dem falschen Verständnis weg, dass Integrationsforderungen mit Assimilation gleichzusetzen sind! Gib der deutschen Gesellschaft und uns allen die Einsicht, dass Muslime weder Last noch Gefahr sind, sondern Vielfalt in Deiner Einheit und eine Bereicherung für dieses Land! Lass uns nicht länger Fremde in der Fremde sein! Stärke in uns allen die Verbundenheit zu diesem Land, den Respekt zueinander, lass uns zum gegenseitigen Nutzen voneinander lernen und lass uns das Nebeneinanderher überwinden!

Begleite uns in unseren Begegnungen und Gesprächen und mach uns frei von Misstrauen und Vorurteilen! Lass uns dies zuteilwerden! Gib uns die Kraft, für ein friedliches Miteinander einzutreten, und zeige uns den Weg zum Verstand und zu den Herzen der Menschen! Verschließe die Tür der Voreingenommenheit und der Vorurteile, die den Weg zum Dialog und zum Miteinander versperren! Befähige uns, Böses mit Gutem zu erwidern, so wie es die Schüler Deines Propheten Jesus einst lehrten: »Sehet zu, dass keiner dem anderen Böses mit Bösem vergilt, sondern bemüht euch immer, einander und allen Gutes zu tun!« (1. Thessalonicher 5:15).

Barmherziger Gott, auch wenn wir Unterdrückung, Ungerechtigkeit und Hass erfahren sollten, führe uns auf den Weg der Vernunft, der Weisheit und der Versöhnung! Gib denjenigen keine Chance, die die Saat ihres Hasses verbreiten wollen! Mache Europa zu einer Stätte der Sicherheit und der Ruhe, lass nie wieder Menschen die Erfahrung des Holocaust, des Genozids von Srebrenica oder von Terroranschlägen erleiden! Bewahre uns vor Armut, Krankheit und Umweltkatastrophen!

Lass uns auch hier weiterhin in Frieden leben, beschütze unser Land vor Rassismus, Gewalt und Terror! Wie Dein großer Prophet Abraham betete: »*Herr, mache diesen Ort zu einer Stätte der Sicherheit und des Friedens!*« (Koran: 14/35).

Amin!

Der türkische Mann – ein schwaches Geschlecht

Zwölf Lebensgeschichten, die sich wie ein Mosaik aus über 40 Jahren Integrationsgeschichte zusammensetzen und Einblick in eine weitgehend geschlossene Gesellschaft geben.

Isabella Kroth
HALBMONDWAHRHEITEN
Türkische Männer in Deutschland – Innenansichten einer geschlossenen Gesellschaft
224 Seiten. Klappenbroschur
ISBN 978-3-424-35022-7
Diederichs Verlag, München

Diederichs
Wissen der Welt